创新管理与持续竞争力丛书

创业理论与研究
——建构人与机会互动的创业观念模式

刘常勇　著

科 学 出 版 社

北 京

内 容 简 介

本书从创业管理的回顾与展望中，汇整创业观念模式，并深入分析个人（创业家/团队）、创业机会、心智模式、创业环境的内涵及其互动连接关系。内容汇集大量过去的创业研究成果与发现，从理论与实证的角度，梳理出创业观念模式的关键点，让创业学不再只是缺乏理论基础的经验之谈，并使读者能够快速掌握数十年来创业研究发展的脉络。

对于创业研究者，本书可提供完整的理论基础，以及全球创业观察报告的中国台湾创业数据，将有助于发掘关键创业议题与未来研究趋势；对于创业教学与课程研修者，其需要了解创业的理论架构，以及具科学基础的研究观点，本书将有助于迅速掌握创业的核心知识与主要论点；对于创业政策制定者，本书可提供大量的文献与数据，将是不可或缺的工具书。

图书在版编目（CIP）数据

创业理论与研究：建构人与机会互动的创业观念模式/刘常勇著. —北京：科学出版社，2019.6
（创新管理与持续竞争力丛书）
ISBN 978-7-03-061114-7

Ⅰ. ①创… Ⅱ. ①刘… Ⅲ. ①创业-研究 Ⅳ. ①F241.4

中国版本图书馆 CIP 数据核字（2019）第 080363 号

责任编辑：陈会迎 / 责任校对：杨聪敏
责任印制：张 伟 / 封面设计：无极书装

科 学 出 版 社 出版

北京东黄城根北街 16 号
邮政编码：100717
http://www.sciencep.com

北京虎彩文化传播有限公司 印刷

科学出版社发行 各地新华书店经销

*

2019 年 6 月第 一 版 开本：720×1000 1/16
2019 年 6 月第一次印刷 印张：17
字数：320 000

定价：136.00 元
（如有印装质量问题，我社负责调换）

总　序

　　"十二五"伊始，我国进入了经济发展方式转变、结构转型和产业升级的关键期。特别地，随着全球金融危机影响的不断深化，经济的结构性缺陷和创新能力缺乏的痼疾进一步显现，加快转型升级和创新发展，建设创新型国家，已经成为关系到我国经济和社会可持续发展成败的重大国家战略之一。

　　"创新管理与持续竞争力"研究是兼容战略管理、技术管理、营销管理、信息管理、组织行为理论、项目管理、人力资源管理、财务管理、系统分析以及产业经济学等经济科学的集成式管理科学学科领域。随着创新经济理论、新制度经济学、技术变革经济学、技术创新管理学、组织学习与学习型组织理论、知识管理学等理论的不断发展和成熟，围绕创新管理和持续竞争力的相关理论与现实问题研究已经成为当代管理学、经济学、社会学、教育学乃至工学的重要学术研究领域。而在当前全球化背景下，中国经济社会所进行的大规模制度变迁和产业升级、发展模式转变，为开展相应的重大现实问题导向的理论前沿研究提供了极其肥沃的土壤，孕育着实现具有世界性学术前沿意义的重大理论创新的历史机遇。

　　当前，创新管理领域出现了四大趋势，即开放式创新的出现、创新的全面化、用户驱动的创新、设计驱动的创新。近两年创新发展研究的焦点，越来越转向全球化背景下的创新体系建设、面对全球竞争的产业和企业技术创新能力建设、应对全球竞争的产业转型升级等学科交叉性的前沿问题。

　　在实践中，中国经济在取得巨大成就的同时，资源消耗型增长模式所形成的隐患加速突显。三大瓶颈严重地制约着中国向现代化迈进的步伐，即过度依赖重度消耗自然资源（尤其是矿物质能源）和人口资源所形成的"资源瓶颈"；缺乏自主知识产权，过度依赖外来技术和外资的"拉美化"增长所导致的"自主知识产权瓶颈"；当代科技革命所要求的现代管理范式转变与大量企业和部门的基础管理水准仍低于泰勒制科学管理要求的双重"管理升级瓶颈"。显然，没有创新的推动，中国国家、区域、产业和企业各层面上的竞争力就无法提升，就不能形成真正的持续竞争力。

　　为此，实现中国经济发展模式必须实现重大的战略性转变：一是竞争力基础的转变，即从自然资源的密集消耗向知识资源的创造性应用转变；二是资源利用途径的转变，即从封闭环境下的区域性资源消耗向开放环境下的全球资源共享转变；三是创新模式的转变，从引进、模仿性创新向原始性创新、突破性创新、完善的自主知识产权体系构建等自主创新模式转变。

浙江大学创新管理与持续竞争力研究中心是"985 工程"国家哲学社会科学创新基地，是我国创新管理领域的重要研究基地，以其最早在国内开展技术创新管理和持续竞争力研究，形成了体系化的丰硕研究成果和广泛的国际协作网络著称。创新基地现有全球化制造与创新，创新管理与政策，服务创新与发展，电子商务与新兴产业，非营利组织创新与管理，知识、专利和标准战略等六个研究所，拥有管理科学与工程国家重点学科及企业管理、公共管理等省级重点学科，覆盖 5 个博士点、2 个博士后流动站。在中国电子科技大学、宁波理工学院等建有分基地。

围绕"构筑大平台，凝聚大团队，承担大项目，培育大成果"为核心的"985 工程"建设指导思想，创新管理基地已基本形成了特色鲜明的研究平台，拥有一支具有重要国际影响的研究团队，并聘请了来自斯坦福大学、剑桥大学、华威大学、莱斯大学等的多位国际知名学者为"浙江大学光彪讲座教授"。在承担国家级重大项目、国际重大合作项目等高水平研究方面不断取得重要的突破，取得了包括成功获批国家重点学科、国家社会科学基金重大项目在内的一系列重大建设成果。

基于长期脚踏实地的实证研究，针对改革开放以来的重大现实与理论问题，创新基地在以企业为主体的技术创新管理研究与探索中，创造性提出了以"二次创新—组合创新—全面创新管理"为主线的原创性创新管理理论和范式，形成了独特的以中国实践为基础、与国际理论前沿接轨的中国特色创新管理理论体系，为我国企业的有效创新管理实践，为各级政府自主创新相关政策的设计、制定和执行，提供了重要的科学依据，对推动我国技术创新理论的发展与实践作出了突出贡献。

针对我国当前面临的产业转型升级与社会贫富加速分化的重大挑战，从 2008 年起，由浙江大学创新基地的研究团队牵头，与中国科学院专家、印度创新管理专家组成课题组在国内率先开展了对欠发达地区"创新推动包容性发展"的研究，并取得了丰富的阶段性成果，在国内外引起了重视。"包容性发展"问题涉及面较宽，从静态的视角看，要从提供更合理的分配政策入手，使底层民众能够更为公平地参与发展利益的分配。而从动态的视角来看，则更应重视如何提升边缘社会群体和欠发达经济区域参与主流经济发展的创新能力。在该领域的开创性研究进一步显示了浙江大学研究团队在创新管理领域中的开拓、务实精神和走在时代前列的引领作用。

近年来创新基地搭建了一流的国际创新合作网络。与剑桥大学制造学院、MIT 斯隆管理学院、哈佛商学院、斯坦福大学管理科学与工程系、西北大学凯洛格商学院、百森商学院、法国 EM 里昂商学院、马里兰大学商学院、隆德大学商学院、CIRCLE、SPRU、加拿大 IDRC 等国际一流高校、机构及海尔集团、中集集团等领先的创新型企业等建立了紧密的学术合作关系，将中国的研究更积极有效地融入国际主流学术网络，形成了"以四个联合研究中心为依托，以三大系列国际会议为平台，以紫金创新论坛和青年创新论坛为特色"的产学研结合的国际一流创新合作网络。

"四个联合研究中心"是指浙江大学—剑桥大学"全球化制造与创新管理"联合研究中心、浙江大学—海尔集团"创新管理与持续竞争力"联合研究中心、浙江大学—中集集团"创新管理与持续竞争力"联合研究中心、浙江大学—美商 IEG 集团"创新与创造力开发"联合研究中心。

"三大系列国际会议"是指本基地主办的技术与创新管理系列国际会议（IS-MOT）、全球化制造与中国（GMC）国际会议、中国创新学术网络国际会议（CICALICS）等三大系列国际会议。

"十一五"期间，创新基地与科学出版社合作，在国内推出了"创新管理与持续竞争力"系列丛书，现已经出版 11 部，形成了以"二次创新—组合创新—全面创新"为核心的较为完整的原创性中国特色创新管理理论体系，为建设创新型国家提供了智力支撑和决策参考。

值此"十二五"的新开端，我们针对当前和今后一段时间国际国内经济与社会发展领域面临的新的重大理论与实践问题，结合最新的理论研究成果，推出此新一轮创新管理与持续竞争力丛书。这是创新基地各位研究骨干辛勤努力、踏实工作的创新性成果的最新结晶，它们大多为高水平科研项目的成果，以实证研究为主，务实而不失创新。作者们都力图体现浙江大学多年来一直坚持不懈的"求是、创新"精神，展示自己的真知灼见，与各界同仁分享探索真理的快乐。

中国崛起，以其新时代的鲜明特征呼唤着我们去无畏地探索真理，用科学精神去解开现实中的奥秘，用求是的智慧去揭示中华民族伟大复兴的细节之妙和科学规律。本丛书的出版期望能够起到抛砖引玉之功效，带动国内创新管理相关研究的持续发展，亦期望以此丛书为桥梁，在无边界的研究群落中为更多的同道架起沟通、互动、争鸣、协同的桥梁。

吴晓波

前　言

创业学术研究至今仍面临许多问题，其中最为学者们所忧心的是缺乏一套完整的理论基础（Shane and Venkataraman，2000）。Busenitz 等（2003）指出创业研究面临建立正当性（legitimacy）的挑战，必须经由强化研究的深度与广度，明确划定研究边界（boundary），来建立学术界对于创业研究的认同。Gartner（1985）、Low 和 MacMillan（1988）、Venkataraman（1997）、Shane 和 Venkataraman（2000）、Ucbasaran 等（2001）等学者，对于如何在学术圈建立创业研究的正当性，亦持类似的看法。目前创业研究仍处于百家争鸣的状态，需要一套专有的理论架构，能清楚界定研究议题，促成研究共识，使得从事创业研究的学者能在相同的平台上交换研究心得，并进一步完善创业管理的理论系统。

由于创业研究具有跨领域与独特性的特征，亟须进行各项理论的系统整合以及建立观念性架构模式，在此研究缺口之下，本书针对创业管理学术研究进行文献回顾，系统地整理认知理论（cognitive theory）、社会网络理论（social network theory）、资源基础理论（resource-based theory）、制度理论（institutional theory）的观点，希望能为创业管理学术研究奠定理论基础。在回顾重要观念后，我们提出一个创业的观念模式（conceptual model），为本书界定范围，并深入分析个人（创业家/团队）、创业机会、心智模型、创业环境的内涵以及互动连接关系。

创业是一个多面向的议题，但是过去的研究大都只就单一面向诠释创业活动，难免以偏概全。本书提出连接关系（nexus）的概念，将人与机会连接起来（individual-opportunity nexus）建构创业的概念架构（conceptual framework）。这个概念架构的内涵除了探讨人（创业家）与机会的关联，也将探讨机会对于意图与行动的影响。

最后，根据前述人机互动的观念架构，结合 Saravathy 的效果论主张，从创业行动的角度提出效果导向的创业发展模式，并深入探讨专业创业家的心智模式，以具体呈现创业过程的实际面貌。

本书另一位主要贡献者谢如梅副教授是我在台湾中山大学任教时期指导的博士生，也是台湾地区少数以创业学作为研究主题的青年学者，她目前任教于台湾中山大学。谢如梅副教授与我长期参与全球创业观察组织（Global Entrepreneurship Monitor，GEM）在台湾地区进行的研究调查计划，对于我国台湾地区创业环境与创业活动基础资料有深入分析。因此，本书也将比较全面地探讨台湾创业生态系统与创业活动现况，运用 GEM 统计数据库进行台湾创业成长期待以及女性创业意图与行动关联等两项研究，并据以呈现台湾创业活动的特征与问题。本书内容多数来自谢如梅副教授与我的共同研究成果，如果没有她的支持，本书将难以呈现丰富内容，在此感谢她对本书的贡献。

本书的撰写与出版获得浙江大学创新基地、台湾中山大学、台湾地区青年创业总会等机构及部分研究成果的共同作者（温肇东教授、陈意文副教授、蔡依伦副教授）的支持，科学出版社的大力协助让本书得以付梓，在此一并表示感谢。

刘常勇

台湾中山大学企业管理系教授

浙江大学创新基地海外研究员

目　　录

第一章 绪 论

第一节 缘 起

"创业"可能是区别人类与其他动物在这个星球上活动表现的主要差异之一，人类在地球上出现之后，不只是追求生存，还将探索、开创、发展作为存活的重要目的。因此，人类用社群、部落、国家等组织方式，汇聚资源，抓住在地球上所看到的每一个机会。更重要的是，人类会运用智慧与思想，发掘问题的解决方法，并因此开创新局面。创业（entrepreneurship）的本质意涵就是探索、开创、发展，用现代企业管理的用语就是探索市场机会、开创新事业，以及发展新市场，因此有人形容创业是资本主义形成与现代企业制度的房角基石（cornerstone）。

2010 年 GEM 台湾年报显示，我国台湾地区有 2300 万人口，18～64 岁的 1600 万成年居民中，就有 128 万人（8%）正投入创业早期活动中。创业议题在台湾经济与社会发展中的重要性与日俱增，尤其在大学教育中，有关创业课程、创业育成、创业竞赛活动更是日益普及，甚至有些学校定位为创业型大学，以彰显学校特色与教育的价值。在这种对创业重视度不断增加的趋势下，创业研究工作却未受到同等的重视。而缺少学术领域对创业活动本质的深刻理解，也将造成创业教育发展的局限性，以及知识创新到开创新产业之间的巨大缺口。

因此，本书希望能够填补其中的部分空白，对过去 20 年的全球创业管理研究领域做一些基础性的文献整理工作，将创业理论与观念模式系统地呈现。本书内容除了包括文献回顾与台湾创业环境调查分析、介绍数项具有代表性的创业观念模式，还提出一套人机互动的创业观念模式，作为探讨创业家、创业机会、创业行动等三项构面互动关系的理论基础。由于行动与实践是创业活动的核心，本书也将运用效果导向的创业发展模式，将人、机会、行动、环境、成果之间的连接加以具体化呈现，以便更清楚陈述专业创业家的心智模式以及创业专业能力养成的过程，作为创业教育规划的依据。

第二节 创业的核心要素

一、创业的定义

简单地说，创业就是"创造一个新事业"（Low and MacMillan，1988）。19

世纪法国经济学家赛伊（Jean-Baptiste Say）指出，创业就是"将资源从生产力较低的地方转移到较高的地方"（Drucker，1985）。然而，这样的定义不足以显示创业的内涵，由于创业是一个多构面的概念，学者们从不同角度来阐释创业，导致创业的定义至今仍相当模糊（Cooper，2003）。

Schumpeter（1934）对创新的定义是："将原来的生产要素重新组合，经由改变功能来满足市场需求，从而创造利润，创业者就是实践这些创新组合的人。"从创业的内涵来看，Shane 和 Venkataraman（2000）认为创业应该包括"如何（how）、谁（who）以及什么（what）因素会影响机会发现、评估及利用"，因此主张将创业研究聚焦于"机会来源"，"发现、评估、利用机会的过程"，以及"发现、评估及利用机会的个人"。另有学者从创业特征来加以定义，如 Dollinger（2003）提出创业的三项主要特征，分别为"创造力与创新、资源的结合与经济组织的成立，以及在风险与不确定环境下的成长机会与能力"。

Timmons 和 Spinelli（2007）对于创业精神的定义是"善于发掘机会，并勇于采取行动，愿意承担风险，成立事业组织，实现创业目标"。他们认为创业家并非赌徒，因此在创业过程中创业家将充分利用外部资源，精算各项行动方案的风险与报酬，以求提高自己的胜算与投资报酬。创业家在各项资源不足的情况下，设计有效的商业营运模式，在环境变动下，能弹性调整以追求整体组织的最大效益，并将成果利润分享给所有的组织成员，创业家个人在这个过程中也将获取到最多有形与无形的成果效益。

本书延续 Schumpeter（1934）、Shane 和 Venkataraman（2000）、Dollinger（2003）、Timmons 和 Spinelli（2007）的说法，将创业定义为"在风险及不确定情况下，进行创新与创造活动，经由发掘、评估、利用创业机会，建立新的经济性组织，结合内外资源与设计商业模式，为创业家与他的团队成员带来利润"。此外，本书对于创业研究采取广义的界定，不限于探讨某一产业（高科技产业、服务业、制造业等）或某一分析层次（个人、群体、组织、国家等），仅就创业这一实务活动，做观念性分析与建构理论。

二、创业观念的六个核心要素

不同的学者站在不同的学术领域位置，对于创业的定义似乎有较大的差异。经济学者重视宏观环境引导创业活动，企管学者强调创业的行动过程，策略管理学者更关心核心资源取得与运用，心理学家则专注在人的因素。如此多元的观点主要因为各学科领域背景与理论基础的差异，并无对错、是非可言。但是站在创业专属学科领域来定义创业，则以下六点是诠释创业观念架构不能忽视的核心要素。

（一）机会发掘、评估、利用

创业是一种机会发掘、评估、利用活动，亦即创业与机会的关系相当密切。虽然机会是环境变迁所产生的客观结果，但是创业机会发掘、评估、利用与创业家之间存在密切关系，也就是说，所谓创业机会是机会与人之间互动的结果。因此，创业机会同时具有环境客观性及创业家个人的主观性。

（二）创业家与团队成员

创业与创业家的关系也是非常密切的，因为创业是一种由人所推动的风险活动。在同样的环境场域中，可以看到不同的人进行不同类型的创业活动，对于同样的机会采取不同的态度及不同的评估结果，因此没有两个人会创造出同样的企业，纵然在同一时点针对同一市场机会投入在同一产业中，他们的创业活动内容及创业结果可能也会有很大的差异。而且创业是一种因人而异的新事业开发活动，就如同胎儿受到父母基因的影响，没有两个新生儿会是一样的。

创业经常是以团队方式进行，而且在创业过程中团队成员会出现较高的变动性，纵然是某特定人士开始的创业活动，但在过程中可能也会经过数次换手。所以创业家是创业活动的核心，是创业团队的领导，但现有研究显示创业家并非一定是某位特定人士，或并非一定要具备特定才能与人格特征。

（三）风险承受

风险承受（risk bearing）则是创业的第三个特征。机会本身具有很高的不确定风险，创业家虽然力图辨识具有获利潜能的市场机会，但除非加以利用实践，否则机会难以转化为利润与成功的新事业。但在机会利用与实践过程中，由于环境变化、期待的市场需求未能出现、竞争力不足、供应链失调、执行力不足、未能及时取得配套资源等诸多原因，创业可能失败。也就是说，创业是一种高风险活动，愿意承担创业过程中的不确定风险及可能失败的风险，将是创业的必要条件[①]。

（四）组织活动

创业活动需要组织力（organizing）。所谓组织力，并非一定指创业需要正式成立新事业组织，而是创业活动需要有效地组织各项资源，包括人力资源、财务资源、市场资源、网络资源等，且需要一套营运模式，让资源创造最大的效益产出。创业起始于机会发掘，但利用与实践机会则必须仰赖创业的组织能力，不但

---

① 风险趋避虽然是人性的本质，但追求利益满足欲望更是人性的本质，因此只要在适当的环境情境下，人是愿意冒险以取得利益满足欲望的，最典型的例子就是婚姻！

要能够取得所需的资源，还需有方法能将资源更有效地重组与利用，方能击败竞争对手、赢得市场。

创业活动未必一定要成立正式企业组织来实践创业机会，有些创业活动专注在技术创新活动，例如，大学研究中心通常会选择出售技术，而非自主创立新公司来生产销售商品。小型生物科技公司大都采取出售知识产权或接受委托研究的方式来维持营运，它们并无具体的产品，也不从事市场营销。有些属于市场投机型的创业活动，创业家只是不断地在市场中寻找猎物，像狩猎民族一样，却没有成立正式组织的企图（Casson，1982）。虽然组织力是创业活动中的重要项目，但组织形式可以非常多元化。

（五）创新特质

创业活动需要具备某种程度的创新（some degree of innovation）。虽然大部分创业活动均未达到熊彼得（Schumpeter）期待的破坏性创新程度，但也不能百分之百模仿复制。纵然是连锁加盟所开设的新店，也会选择不同的商圈位置设店，而不同经营团队的服务质量也会有所不同。奥地利经济学家柯兹纳（Kirzner）认为创业机会发掘与辨识的关键在于出现新的需求，因此需要创新的作为来满足新需求。创新与创业的关系极为密切，不但因为创业需要有创新的作为，创新也使创业活动具有经济价值，并且创新是创业成功的关键因素。创新的本质是改变，新事业以不一样的方式营运，差异可能是产品、服务、店址、商业模式、流程、价格等，但能提供给顾客新的价值，填补未被满足的需求或创造新的需求。创新成果要依靠创业活动来扩大价值，创业则需要依赖创新成果来实现事业的愿景目标。

（六）创业环境

创业环境的影响因素包括以下几方面。

（1）政府政策与法律环境（government policies and law condition）。有利于创业的政府政策与法律环境有：简化设立新公司的流程、给予新设公司税赋优惠与减免、对于新设公司的补贴与融资、提供政府采购机会、补助新设公司的研发与协助取得技术、减少对企业的管制、排除影响企业自主经营与生产力的各种限制法规、对企业营运提供法律保障、以法律来保障企业的有形与无形财产、制定公平交易法规、降低新企业的市场进入障碍、制定合理的破产法规降低企业退出风险。一般而言，越是落后地区则越需要依赖政府政策来创造良好的创业环境以提升创业精神。然而可惜的是，越是发展落后国家，政府对于新创企业的管制就越多，行政效率较低且官僚横行，任由少数特权垄断市场，钳制新企业的设立，打击创业家与扼杀创业精神。总之，政府政策与法律环境对于社会整体的创业活力及创业型社会的形成有着重要影响力。

（2）社会经济环境（socioeconomic condition）。有利于创业的社会经济环境有：社会舆论对创业的认同程度、创业家的社会形象与影响力、创业家的数量与典范扩散、中小企业占总体企业数量的比例、持续比较高的经济成长率、高度开放的经济与金融体制、多元化且开放思想的社会、宽松移民政策与人力流动、社会整体对于创新与创业的重视与支持程度、对家族企业的认可等。

（3）技术与市场环境（technologies and markets condition）。有利于创业的技术与市场环境有：快速变迁的技术与市场环境、出现许多新兴科技、开放的利伯维尔场竞争、市场全球化程度、政府与企业对研发创新的投入程度、较大且多元化的市场、产业结构出现大幅变动、产学合作、技术转移与扩散机制、市场与技术信息流动及取得。

（4）资源取得环境（financial assistance condition）。风险基金的数量规模与运作方式、对创业的融资与信保、多元化与较为弹性的资源取得（筹资与融资）渠道、自由开放且激烈竞争的金融市场、专门为新创企业融资的金融机构、庞大数量的天使投资人、畅通的公开发行与上市办法等均属之。

（5）创业能力与企业发展环境（entrepreneurial skills and business development condition）。创业管理教育、创业研究、创业辅导与顾问、技能训练与职业教育、蓬勃且多元化的企管教育、知识社群与创业社群网络、健全的产业分工与周边支持网络、能提供大量的创业信息、创意与创业竞赛、创业经验分享等均属之。

（6）其他支持与鼓励环境（non-financial assistance and rewarding condition）。社会网络与基础设施对创业（小企业）的支持、创业育成机构、协助中小企业发展的政府部门、协助分摊创业失败的风险、信息化的社会（容易快速取得各种最新的信息）、区域性与全国性的创业协会等均属之。

三、创业是一个多构面的互动系统

创业牵涉多个构面，横跨多门学科，运用多种研究方法，并同时受到心理学、社会学、人类学、经济学、管理学等学科理论的影响，导致不同背景的研究人员对于创业关注的焦点亦有所不同。Shane（2003）指出过去学者多从个别 角度探讨创业，例如，人资学者仅着眼于创业家人格特质的研究，策略学者则强调外部环境对创业过程的影响。由于创业是一个多构面的互动系统，若无法将不同构面的论点整合起来探讨，势必难以呈现创业过程的完整面貌。

许多学者主张创业过程研究应以创业机会为核心，探讨创业机会与其他构面的互动关系。Busenitz 等（2014）指出机会、个人与团队、组织模式、环境为创业研究的四大议题，其中又以创业机会最为关键，有助于将其他三项议题连接起来。文献数据显示，相较于其他议题，目前有关创业机会的研究数量较为不足，因此这是一块尚未充分开发的研究沃土（Busenitz et al.，2003；Shane and Venkataraman，2000）。

有关创业机会研究的议题包括：创业家认知对机会发掘的影响、社会网络如何协助创业机会发掘、制度环境对创业机会的影响、先前知识对创业机会发掘与利用的影响、创业经验对创业机会发掘的影响、创业机会辨识与评估利用的关系等。其中，创业机会发掘与创业家人格特质、创业倾向、创业警觉性、风险承受能力、创业专业能力等有关机会与人互动的议题，需要建构整合性互动模式来做进一步解析。由于目前对于机会发掘、辨识、发展、评估、利用等概念，还缺乏具体定义与分析模式，本书后续章节也将针对这些议题进行探讨。

Shane 和 Venkataraman（2000）认为人与机会互动才是创业的核心议题，因为创业是在人与机会互动过程中形成的。由于机会本身无法引发行动，必须经由人产生创业行动。当创业家发现一个机会，并且认为自己能够有效运用资源来实践机会与获取利润，这时才可能促动创业行为。所谓人与机会的互动，是指创业家能察觉到此项机会，对于该项机会的吸引力与可行性具有很高的认同，并因此引发创业行动。另外，创业家个人背景与人格特质因素对于创业行为也会产生很大的影响，机会发掘、辨识、评估会受到信息来源、网络关系、资源能力、个人价值观的影响，因此不是每一个人都能看到机会，甚至不同背景的人对于同一项机会的评估结果也会有显著的差异。

总之，创业是一个多构面的互动系统，许多创业研究学者主张，必须建构多构面互动模式才能显示创业过程的独特性。创业作为一个多构面的互动系统，已广受认同。

第三节　人与机会互动的创业观念

一、"人与机会的互动"是一个值得关注的创业研究议题

2010 年后，我国台湾地区进入了创新驱动经济体的行列，创新与创业成为驱动经济与社会发展的主要动力，产、官、学、研各界均企盼能够将台湾发展成一个创业型社会。刘常勇和谢如梅（2011）的调查显示，台湾成年人的创业意愿很高，但投入创业的比例却不高，主要原因在于害怕风险以及无法认知创业机会。强化人与机会的连接以及培养不怕失败的创业心智模式等，将是值得我们关注的创业研究议题。

刘常勇和谢如梅（2011）的调查显示，台湾地区成年人仅有 29.6%表示自己

有认知创业机会，这个比例低于 22 个创新驱动经济体成员的平均值 33.4%。为何仅有少数人能够认知创业机会？机会虽然客观存在于环境中，但显然机会辨识是一种个人化的主观认知。那些拥有较多专业知识与市场信息的少数人，比较能够判断创业机会的存在，信息与经验能力因人而异，再加上意愿、信念及风险承受能力的差异，导致人们对于机会辨识与价值判断的差异。

换言之，探讨创业机会就必须考虑人的因素，如果将人与机会分开为两个独立构面来研究，就可能造成失真的现象。创业是一个多构面的复杂系统，人与机会必须连接起来成为一个互动构面。Shane（2003）主张创业是一个"人与机会"互动的过程，所有其他的环境、团队、资源、组织、行动、成果等议题，必须是在"人与机会"互动过程中才会产生作用。因此，我们认为"人与机会"互动连接是一个值得关注的创业研究议题，也是设计创业理论架构时需要考虑的重要构面。

虽然彼得·杜拉克认为创新与创业机会可经由系统的研究而被发掘出来，不过如果缺乏动机诱因、积极性、网络关系，还是无法催化运用知识来发掘机会的行动力。创业机会辨识与利用能力就是建立在创业倾向、人格特征、社会网络以及先前知识与经验的基础上，由于机会辨识需要经过辛勤搜寻、分析、评估的过程，如果不具备机会警觉力，将很难引发具体的创业行动。同样地，机会利用与实现也需要依赖创业家的执行力，而团队经营能力、资源聚集能力、风险管理能力、弹性应变能力以及做中学等创业专业能力就攸关机会能否成功孕育出具有成长潜力的新创事业。

Sarasvathy（2008）建议不仅应专注于人与机会互动的议题，同时也应关注为何许多人看到机会后，却不敢采取行动，那些阻碍创业行为的因素将更值得我们关注。我国台湾地区成年人害怕失败的比例高达 43.8%，在 GEM 2010 年调查的59 个经济体中，排名倒数第五，显示出害怕失败心理是阻碍台湾创业活动的关键因素。Sarasvathy 指出，创业不仅是发掘机会，如何克服机会实现过程中遭遇的各种障碍，才是创业的核心议题。她称呼那些迎向机会、不怕失败、勇于采取创业行动的人为专业创业家（expert entrepreneur），并经实验发现专业创业家大多拥有效果导向（effectuation）的创业心智模式。

二、创业是一种"人与机会互动"的动态关系过程

Shane 和 Venkataraman（2000）等学者主张，创业可视为创业家与机会互动的动态关系过程（the nexus of enterprising individuals and valuable opportunities）。由创业家发掘、评估、利用、实现创业机会的过程中，产生一系列活动作为，包括：取得资源，组成团队，规划创业方案，研拟商业模式与市场进入策略，采取

成立企业组织、产品开发、生产营销、风险控制、成长管理等具体的企业经营行动等。创业家期待的事业成就将远超过所投入的资源成本，新事业成长获利、创造价值是创业投入所预期的产出报酬。

创业开始于创业家对于机会实现可行性及机会实现丰硕成果的期待与自信，于是创业家进行规划，采取具体行动来实现所期待的目标。不过在现实中，期待往往与现实有很大的落差，因此创业家需要在创业过程中不断调整他们的行动方案与期待目标。创业初期往往各项资源均有所匮乏，因此创业家要运用其所能取得的有限资源，进行最有效率的组合运用，让事业能够存活，并朝所期待的目标发展。为求新事业生存与控制风险，创业家在事业发展初期往往采取摸着石头过河的策略，更多专注于阶段性的短期目标。

创业家的个人背景显然也会影响创业意图，不同教育程度、家世背景、产业经验、专业能力、性别、年龄的人对于机会发掘与利用的态度将会有所差异。不过，并非拥有较好的学习经历与家世背景的人都想要成为创业家，创业家的人格特质与一般人有一些差异。例如，创业家可能较为自信乐观、属于内控个性、较为自主独立、成就企图较强等，这些人格特质可能有利于产生创业动机与意图，使他们愿意下功夫发掘与评估创业机会，并对利用机会与实现创业期待具有一定程度的理解与自信，因此愿意承担风险，采取行动投入资源。

创业活动也会受到外部环境的影响，包括周遭的支持与反对力量，是否容易自外部取得资源协助，能否找到志同道合的团队成员，政府法规与社会机制对创业活动的支持程度，当前经济、金融、科技大环境以及所处产业的结构与竞争情境是否有利于新事业的发展等。由于产业、科技、社会、政策环境变迁造成创业机会的出现，环境变迁同样也将影响整体社会创业活力的展现以及驱动人们的创业动机，产业与市场环境对于机会发掘、评估、利用以及资源取得与新事业发展等核心创业活动产生巨大的影响，因此环境因素是探讨创业必须考虑的重要外部因素。

综合而言，创业是在动态环境背景下机会与人的互动过程，因此人、机会、环境三个因素将会相互影响。而机会辨识与利用的过程又包括：客观环境下出现创业机会，创业家在环境影响下进行机会辨识、发掘与利用，开创与执行新事业，事业成长与退出等四个阶段。图 1.1 描述环境、创业家、机会三个因素的互动影响关系，创业家与机会在整个创业过程中都会受到环境的影响。这个环境包括客观存在的宏观环境，还有与创业机会相关的产业与市场环境，以及与创业家个人相关的关系网络环境。由于创业是一个较长时间的过程，而环境在这个过程中将会发生变化，因此创业呈现动态的特征。动态是造成创业不确定风险的主要原因，但动态同时也为新事业发展提供更多的市场商机，创业家在动态产业与市场环境中毅然做出决策，采取行动为新事业发展开创新契机。

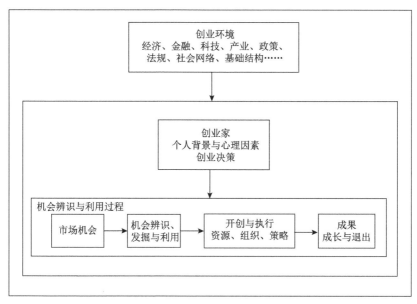

图 1.1 "人与机会互动"的创业观念模式

创业成果的呈现是多元化的，成功并非是衡量创业成果的唯一标准，如果以达成经济效益目标的评量标准而言，显然大部分的创业活动都是不成功的。因此，成果效益并非是创业活动的必要条件，而应该被视为创业活动的结果呈现之一，这种结果是多元的，主要表现在新事业的成长与投资者获利退出。创业可能成功，也可能不成功，通常后者的比例要高于前者，也就是说失败在创业活动中属于常态，因此不宜以成败来定义创业活动的绩效。

第四节　本书的章节内容

本书各章内容构想简介如下。

第一章除介绍本书的缘起与撰写动机，同时探讨几项创业研究的核心议题，并提出人机互动的创业观念模式。创业虽然是一个多构面的动态过程，但是其中核心的议题不外乎"人、机会、行动"等三项；因此创业可以被简单地诠释为"特定环境与成果引导下的一种人机互动行动过程"。

第二章主要针对创业研究过去20年的发展进行综合性的文献回顾，同时探讨创业理论的发展历程，并且对于未来创业研究方向也提出以下四项建议：①应继续强化研究理论的基础；②增加对于创业初期过程的研究；③聚焦于创业机会；④强调多构面的互动研究。这章内容主要来自刘常勇和谢如梅（2006）发表的《创业管理研究之回顾与展望：理论与模式探讨》一文。

第三章比较全面地探讨创业观念模式，并重点介绍了四个较具代表性的创业观念模式。Timmons（1999）提出的创业观念模式的特色在于强调在动态环境下，创业家、机会、团队、资源等四个构面的相互影响关系。Bruyat 和 Julien（2001）认为创业管理的整个焦点应该放在创业家（entrepreneur）与新事业（new venture）之间的互动，因此他提出创业家、新事业及环境等三个构面的过程导向的创业观念模式。Dollinger（2003）以资源基础理论作为创业观念模式设计的基础，他将新事业开发过程摆在创业架构的核心地位，然后结合资源能力、创业成员、环境、组织等四个构面，诠释新事业开发过程中所面临的关键议题。刘常勇和谢如梅（2006）在人机互动关系基础上，建构了一套多构面互动的创业观念模式，该模式包括创业家/团队、创业机会、创业资源、创业环境与创业绩效等五个构面。

第四章探讨创业家个人背景及心理因素对创业决策的影响。一个人会投入创业绝非偶然巧合，创业机会发掘、辨识、利用需要投入时间与资源，因此人们会考虑"机会成本"与"不确定风险"等问题。显然创业家的教育程度、年龄、产业经验、创业经验、家庭环境、社会地位、网络关系等个人背景因素，将影响他的风险承受能力及机会成本计算，进而影响创业决策。由于创业决策是一个主观的议题，会受到创业家个人心理因素的影响，本章将针对性格与动机、自我评价、认知态度等三个心理因素构面进行分析，前两个构面与创业家个人的本性有关，比较不容易因时间与情境而改变，但认知态度构面则会受到环境的影响，变化性较大。无论这些构面是否因时间与环境而变化，我们确信创业决策将深受创业家个人心理因素的影响

第五章探讨创业家如何辨识商机。首先将从古典经济学的价格系统（price system）理论来说明在一个信息齐全透明及全然平衡的经济系统中，所谓"可以取得高额利润的创业机会"是不可能存在的。这样的观点主要强调经济学的价格系统无法用来诠释创业机会这个议题，也就是说，我们需要建构不同的理论观点来说明创业决策与创业利润。显然，人们面对创业机会的决策过程并非绝对理性，因此也不存在所谓的最佳决策。创业机会发掘明显受到个人主观认知的影响，该章将分别从信息观点、创造力观点、认知观点来探讨创业家如何辨识商机，同时我们也将探讨创业机会辨识对于驱动创业意图与行动所扮演的关键角色。

第六章将探讨创业机会辨识的过程及影响机会辨识的关键因素。创业源头通常是一个具有吸引力的市场商机，但是创业机会究竟是如何产生的？如果机会是外部产业与市场环境变迁的产物，为何有的人能够看到机会，而其他人却看不到机会？纵然人们看到相同的市场商机，为何他们对于商机评估会有差异很大的看法？如果商机是客观存在于市场，那么创业机会是如何被发掘与辨识出来的？机会发掘与辨识的过程是怎样的？影响机会辨识的因素有哪些？机会辨识能力是否也会受到创业家个人先前知识、拥有的社会网络、采取的机会搜寻方式、创业家

对于机会的警觉力的影响？这些都是第六章探讨的重要议题。

第七章与第八章的主题分别为专业创业家的心智模式与效果导向的创业发展模式，这两章虽不在图 1.1 的人机互动的创业观念模式的构面中，不过这两个议题却与创业过程的各个构面息息相关，更是影响创业行动的关键因素，因此特以两个章节进行探讨与评述。这两章的内容将采用 Sarasvathy（2003）的效果导向理论（effectuation theory），以及她撰写的一系列书籍、文章中所强调的创业专业能力（entrepreneurial expertise）的观念。

第七章探讨专业创业家的心智模式的特征，并说明创业专业能力是创业家在创业过程中，经由持续尝试摸索与经验积累，所产生的一套创业心智模式。Sarasvathy（2003）认为创业心智模式具有以下四点特征：①从能做的开始；②理性设定风险底线；③建立伙伴关系利用外部资源；④善于运用动态变化来开创新局面。专业创业家就是依靠这套心智模式才使他们敢于迎向不确定风险，勇于采取行动，并能由其中发掘新机会与开创新事业。

第八章探讨效果导向的创业发展模式。效果论强调实践检验真理，主张创业管理不同于企业管理，认为未来是无法预测的，也是无法规划的，应将创业视为一种不断探索、开创、积累成果的过程，事业由小到大，成果由无到有地积累，创业家是在创业过程中，不断地发掘机会，采取行动，扩大事业的范围规模。该章运用效果论的理性风险承受、争取策略合作伙伴、化危机为转机等三项核心原则，建立一套创业发展模式。并提出创业机会是被打造出来的，好的商机要能与创业家的资源能力相配适，好的创意点子要经过实践证明，以及创业机会是一个持续搜寻与发展的过程等几项与商机发掘有关的新观念。

第九章回顾与探讨创业家所处的环境与生态系统，机会之窗（window of opportunities）的出现，与创业者所处的时空背景（如总体环境及产业环境）有高度密切的关系（Shane，2005a）。该章将整理与回顾创业环境的相关文献，并分为两个构面进行探讨：首先为制度环境（institutional environment）的影响，此为近年来探讨创业环境的主要理论观点；其次自政策角度探讨创业生态系统（entrepreneurial ecosystem）的要素内涵，以及对于所处区域（包括实体地理位置或无具体实体范围的产业链）的影响。

第十章至第十二章主要是针对我国台湾地区参加GEM的相关系列研究成果。

第十章以 GEM 2010～2012 年我国台湾地区调查报告的内容为基础，较全面地探讨我国台湾地区近年来的创业环境，并进行世界范围内的比较。这项调查报告显示，我国台湾地区成年人的创业意愿颇高，但受制于害怕失败的心理，再加上创业自我效能并不高，实际投入创业行动的比例并不太高。我国台湾地区的民众实质所得在 2010 年已进入创新驱动经济体的行列，创新与创业将成为驱动经济成长的主要动力。该章也对完善我国台湾地区的创业环境提供了一些政策性建议。

第十一章则是探讨我国台湾地区创业家对于新事业成长的期待，指出高成长创业活动的特征，以及如何培育更多高成长新创企业以带动台湾经济的持续增长。

第十二章旨在探讨女性创业意图对从事创业行动的影响，并以害怕失败及创业知识为调节变量进行探讨，以 GEM 2010 年至 2012 年我国台湾地区成人人口调查（adult population survey，APS）随机抽样的 3006 位女性样本进行统计分析。实证结果发现，创业意图确实是行动的关键前因，但当具有创业意图的女性越害怕失败，其从事创业的行动便会越少；另外，创业知识的调节效果在本书研究中并未获得支持。最后，根据研究结果提出讨论分析、理论贡献与实务意涵等。

第二章　创业研究的回顾与展望

第一节　导　　言

entrepreneurship 早期被翻译为企业家精神，现在则较普遍被称为创业精神、兴业、创业等。无论使用哪个名词，都代表着个人或企业采取创新与冒险的行动。过去学者认为创业是由环境"改变"（change）所引发的机会发掘与利用行为，例如，Drucker（1985）即指出："创业提供人们创造新颖与众不同事物的机会，当改变出现，创业家利用机会去创造新的价值。"因此，在瞬息万变的环境中，创业研究成为了解未来社会变迁与促动经济发展的重要学术议题（Acs and Audretsch，2003）。

近年来，创新与创业的议题引发台湾实务界及学术界大量关注。根据 GEM 2015 年我国台湾地区调查报告，有近 8% 的成人人口正投入于创业早期活动，显示出我国台湾地区的创业活动正在蓬勃发展。究其原因，可归结为全球化潮流与社会人口变迁。全球化市场竞争日趋激烈，产品生命周期缩短，企业存活的关键来自快速响应市场与持续创新。许多大型企业无法像以前一样持续地成长，而具有高度灵活性的新创事业，借由市场变化与新需求而快速成长（Dollinger，2003）。再加上学校对于创业教育日渐重视，社会对于创业活动普遍肯定，具有创业精神的员工不再安于当一个受雇者，因此各种类型的创业活动大量崛起。

相对于实务上的蓬勃发展，创业在管理学术研究中仍是一个十分年轻的领域（Cooper，2003）。创业的概念由经济学开始，主要探讨创业活动对经济与产业发展的影响，例如，Schumpeter（1934）强调创业是经济发展的主要驱动力，企业家利用生产原料的新组合（new combination）来达到创新目的；Penrose（1959）探讨企业成长理论，指出创业家与企业家找寻市场机会，并利用管理能力驱使组织成长；Kirzner（1973）分析移民如何透过机会发现与利用，获取创业利润等。

在心理学相关研究中，早期学者着眼于探讨"什么样的人会成为创业家"，也就是所谓创业家人格特质的议题，例如，创业家具有高风险倾向、高成就需求、高内控程度等特质。但经过数十年研究，仍无法实证人格特质对于创业行为具有显著的影响（Baron，1998；Mitchell et al.，2002）。因此，近期学者开始转向探讨创业家的认知心理与行为决策模式，试图了解创业家在风险与不确定情况下，如何发掘机会，以及如何将机会付诸实践。

在 2000 年以前，国际创业管理专业学术期刊的数量并不多，主要有以下三种较具影响力的期刊。1963 年出刊的 *Journal of Small Business Management* 是第一本专门探讨创业的管理学术期刊。此外，原以中小企业管理为主题的 *American Journal of Small Business*，于 1988 年改名为 *Entrepreneurship Theory and Practice*（ETP），也是许多创业研究学者发表文章的重点期刊。近年来知名度较高的 *Journal of Business Venturing*（JBV）则于 1985 年在 Ian MacMillan 教授主导下开始出刊。这些专门期刊带动了知识的累积与扩散，并成为创业管理学术研究的重要推手（Acs and Audretsch，2003）。近年来，有更多期刊关注探讨与刊登创业相关议题的研究成果，例如，策略管理的顶尖期刊 *Strategic Management Journal*（SMJ）于 2007 年创设 *Strategic Entrepreneurship Journal*（SEJ），亦逐渐拥有较高的学术影响力与引用率。

这些期刊所探讨的创业议题十分广泛，包括：创业家与创业团队、新创事业的机会发现与利用、公司内部创业、创业环境、创业网络、创业融资等。虽然内容遍及策略管理、组织管理、人力资源管理、财务管理等企业管理的主要功能，但创业议题凭着在实务世界的独特性与重要性，开始影响企业管理研究的主流方向。从 20 世纪 80 年代后期至今，创业相关研究在一般主流管理期刊的刊登数量已呈现大幅增加现象，例如，Busenitz 等（2003）探讨创业研究的过去与未来发展，并整理了 1985～1999 年主流管理期刊所发表的 97 篇创业相关文章。他们的研究显示，1985 年之后，创业研究发表在主流管理期刊[包括 *Academy of Management of Journal*（AMJ），*Academy of Management of Review*（AMR），SMJ，*Journal of Management*（JOM），*Organizational Science*（OS），*Management Science*（MS），*Administrative Science Quarterly*（ASQ）]数量呈现显著增长。而 Busenitz 等（2014）进一步更新，加入 2000～2009 年的文章数据调查，发现其中以 ASQ 发表创业相关研究的比例最高（10.5%），而 SMJ 所发表的篇数最多（39 篇），整体趋势显示创业研究在各大主流管理期刊持续呈现逐年递增的情况（由 2000 年平均创业主题研究占 2.2%，至 2009 年增加为 7.4%）。

Ireland 等（2005）统计出从 1963 年至 2005 年在 AMJ 发表有关创业的文章的数量逐渐上升，显示创业已在管理领域中走出一条道路。Gregoire 等（2006）回顾发于 *Frontiers of Entrepreneurship Research* 的 1981～2004 年的文章，进行内容分析及共同引用的分析。Teixeira（2011）整理了 2005～2010 年七本创业核心期刊，发现逐渐有各式主题兴起。Schildt 等（2006）以 2000～2004 年社会科学引文索引（Social Science Citation Index，SSCI）文章为对象，指出创业研究主题群聚出现。近期研究指出创业研究已形成社群，并发展出次领域的主题。

然而，创业学术研究仍面临许多问题，其中最让学者忧心的是缺乏一套具有代表性的理论基础（Shane and Venkataraman，2000）。Busenitz 等（2003，2014）指出创业研究面临如何建立正当性的挑战，他认为必须经由强化研究深度与广度，明确划定研究边界，来建立学术界对于创业研究的认同。Gartner（1985）、Low 和 MacMillan（1988）、Venkataraman（1997）、Shane 和 Venkataraman（2000）、Ucbasaran 等（2001）等学者对于如何在学术圈建立创业研究的正当性，亦持类似的看法。目前创业研究仍处于百家争鸣的状态，需要一套专有的理论架构，清楚界定研究议题，促成研究共识，使得从事创业研究的学者能在相同的平台上交换研究心得，并完善创业管理的理论基础。

　　由于创业研究具有跨领域与独特性的特征，亟须建立整合性理论与观念性架构，在此研究缺口下，本章首先将针对创业研究进行文献回顾，试图建立正当性。其次，为了深化创业议题的研究基础，我们整理分析认知理论、社会网络理论、资源基础理论、制度理论的观点，希望能为创业研究奠定理论基础。最后，根据前述分析结果提出创业研究未来的发展方向，供后续研究者参考。

第二节　创业研究的进展与面临的问题

一、创业研究的进展

　　创业研究从 20 世纪 70 年代开始发展，但是探讨创业的议题可追溯至更早。对于创业讨论最多的是经济学家，Richard Cantillon（1680～1734）首先提出创业风险与不确定性的概念，Jean Baptiste Say（1767～1832）将创业家视为生产与销售产品的中间人（broker），并同样指出生产过程中的风险问题。Frank Knight（1885～1972）进一步区分风险与不确定性的差别，认为创业家是有能力处理不确定性的人。Joseph Schumpeter（1883～1950）是大家耳熟能详的创业概念倡导者，他认为在供需均衡的经济系统，创业家会倾向利用新组合来打破均衡，并将这个过程称为创造性破坏（creative destruction）。然而，这些学者的思想并未受到重视，直到 20 世纪 90 年代，由于新科技大量出现，经济体系和市场环境发生重大变化，创新与创业才开始被广泛地讨论。

　　自 Schumpeter 之后，探讨创业的概念分为两派，前者从 1948 年开始于哈佛大学创业历史研究中心，着重于研究创业与经济发展的关系，以及产品创新与商品化等企业议题；后者则是由 Frederick van Hayek（1906～1972）与 Ludwig von Mises（1881～1973）两位学者所提倡，主要探讨有关创业机会的议题。Mises 研究创业家如何在市场上发现机会，而 Hayek 则从知识观点来探讨为何只有少数人可以发现市场机会。近年来，研究创业的学者大都认为市场是不均衡的，创业家则是发掘不均衡现象并将其导向均衡的重要推手。Shane 和 Venkataraman（2000）

在 AMR 发表 *The promise of entrepreneurship as a field of research* 一文引发众多对于创业理论与创业机会的探讨，并获选 2010 年美国管理学会评论（AMR）学术论文奖，显示出该文对创业领域的影响力。

由于近年来有越来越多以创业为主题的学术研讨会与期刊出现，美国管理学会（Academy of Management）也于 2006 年将创业管理议题 entrepreneurship division 独立出来，与策略、组织行为等主流议题放在同样的地位，2016 年学会会员中属于创业管理学科的会员数达 2986 位（超越科技管理学科 2617 位，仅次于组织行为学科 6000 位、组织管理学科 3900 位），成长幅度居冠。这些迹象显示创业管理已逐渐成为独立的学科领域，研究发展也从探索性与理论性文章所累积的基础，延伸至实证性论文（Busenitz et al.，2003；Wiklund et al.，2011）。为了更明确地了解创业研究从过去到现在的发展状况，本书整理了近年来的相关文献，分述如下。

（一）创业研究在国际上的发展

在创业研究发展趋势下，除了前述创业专门期刊外，一般管理、策略、国际企业等主流期刊亦开始出现创业相关的文章。例如，2001 年 SMJ 出版以策略创业为主题的特刊，收录十篇创业相关议题的论文，内容包括：价值创造、国际创业、社会资本、智慧资本与核心能力、网络与联盟等。

2003 年 JOM 出版了创业研究特刊，聘请曾在 AMJ 发表创业研究文章的多位学者（Busenitz，West，Shepherd，Nelson，Chandler，Zacharakis 等）担任编辑委员，并收录创业主题为创业研究回顾、创业教育、创业机会、公司创业、个人创业、创业组织模式、创业网络镶嵌、创业策略的八篇文章。其中，Busenitz 等（2003）分析自 1985 年至 1999 年在顶尖管理期刊发表的 97 篇创业相关文章，研究发现创业研究论文在管理期刊上发表的数量明显呈现正向成长。不过，发表的创业文章仅占全部期刊文章数量的 2%，显示出创业研究在管理学术领域仍处于低度发展阶段。从研究方法的类型来看，近年来创业研究的实证性论文数量增加较快，而理论性论文增加的幅度则较小，但实证与理论性论文成长率皆未达显著差异。在文献引用方面，除了多为管理性质的主流期刊，创业专门期刊被引用最多的是 JBV①。

Ireland 等（2005）统计 1963～2005 年在 AMJ 上发表的创业文章共有 50 篇，图 2.1 显示从 1982 年之后，创业文章呈现逐渐增加的趋势。而 2000～2005 年发表的文章数量占 1963～2005 年发表数量的一半，由此可见创业研究在学术期刊中的重要性剧增。

---

① 2005 年期刊引用报告（*Journal Citation Report*，JCR）统计的 SSCI 影响因子为 1.846，在管理领域期刊排名第九名，2014 年 SSCI 影响因子升至 3.678。

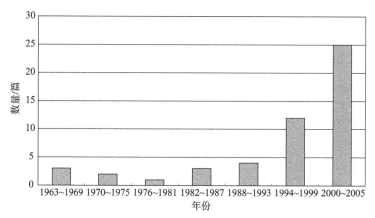

图 2.1 1963～2005 年发表于 AMJ 的创业文献数量

资料来源：Ireland 等（2005）

Ireland 等（2005）根据关键词所搜寻到的文献，进行统计分类，提出了小企业（small business）、制度创业（institutional entrepreneurship）、国际创业（international entrepreneurship）、公司创业（corporate entrepreneurship）、初次公开发行（initial public offerings）、创业家（individuals or entrepreneurs）、新事业（new ventures）等七类研究主题，这样的分类也能显示出创业研究的发展趋势。表 2.1 为七类研究主题的文章的发表数量，其中创业家（individuals or entrepreneurs）与公司创业（corporate entrepreneurship）两个研究主题在 2000 年前较受重视。2000 年以后，国际创业（international entrepreneurship）及新事业（new ventures）两个主题的文章数量出现大幅增长，显示出近年来创业研究方向的转变。

表 2.1 AMJ 创业文献的主题分类

时间段	small business	institutional entrepreneurship	international entrepreneurship	corporate entrepreneurship	initial public offerings	individuals or entrepreneurs	new ventures
1963～1969 年/篇	0	0	0	1	0	2	0
1970～1975 年/篇	0	0	0	1	0	1	0
1976～1981 年/篇	0	0	0	0	0	1	0
1982～1987 年/篇	1	1	0	1	0	0	0
1988～1993 年/篇	2	0	0	0	0	0	2
1994～1999 年/篇	2	0	1	3	2	2	2
2000～2005 年/篇	0	3	8	2	3	2	7
合计/篇	5	4	9	8	5	8	11
占比	10%	8%	18%	16%	10%	16%	22%

资料来源：Ireland 等（2005）

2005 年 *International Business Review* 出版的专刊特别着眼于探讨国际创业的议题，如母子公司间的创业活动、国际企业的新事业开发策略等。*Journal of International Business Studies*（JIBS）等期刊也开始大量刊登与创业相关的研究文章。此外，JBV, ETP, *Small Business Economic* 等专门探讨创业议题的学术期刊发展迅速，显示出创业研究已经受到主流管理学术界的重视，越来越多的重量级学者投入到此领域的研究中。

此后，创业主题期刊（如 SEJ）及专刊（如社会创业、女性创业、国际创业、策略创业等）越来越多。Busenitz 等（2014）持续更新创业文献统计资料，加入 2000～2009 年的创业文章（发表于 AMJ, AMR, ASQ, JOM, MS, OS, SMJ, ETP, JBV 等学术期刊），并将研究构面领域分为四大类（个人与团队、创业机会、创业环境、组织模式）以及各构面的交集。分析发现，2000～2009 年与 1985～1999 年相比，数量增加最多的构面领域为"创业机会"（从 1%增长到 12%），"个人与团队"（从 10%增长到 17%）及"创业环境"（从 7%增长到 14%），而减少的构面领域为"组织模式"（从 49%增长到 37%）。

（二）创业研究的状况与未来方向

Low 和 MacMillan（1988）曾针对创业研究状况进行分析，提出缺乏明确的研究目的、忽略理论发展、过多着眼于创业家个人特质、只是针对单一分析层次进行研究、较多从事概念性或纵断面的分析等问题，并对未来研究方向提出一些建议。13 年后，Davidsson 等（2001）在 ETP 的 2001 年夏季专刊中，特地邀请多位学者针对 Low 和 MacMillan（1988）所提出的六个问题进行检视（表 2.2）。

表 2.2　创业研究状况与未来方向

项目	Low 和 MacMillan（1988）		Davidsson 等（2001）
	过去的研究	未来的方向	发展状况与建议
研究目的	缺乏明确的研究目的，只是利用创业家人格特质的研究文献，直接进行统计验证，而较少能深入演绎背后的因果关系及探索创业的实务意涵	应具体陈述研究目的，并设法诠释创业家与新事业开发在经济发展中所扮演的重要角色	（1）微观层次观点（micro-level outcomes）：探讨创业的组织设计与创业过程管理（Gartner, 2001）（2）应着眼于探讨创业的独特议题，如机会发掘与利用（Gartner, 2001; Shane and Venkataraman, 2000）
理论观点	忽略理论发展，依赖一般性的"策略适应"（strategic adaptation）观点，认为创业成功的关键在于创业家个人对于机会确认、策略发展、资源分配及创业行动的正确抉择	应着重于发展新的理论观点，例如，"族群生态"（population ecology）观点认为创业成功与个人目标驱动密切相关，而环境又是影响创业行为的一项重要因素	同意建构理论的主张，但理论创新应自不同学术领域来深耕发展（Gartner, 2001），并朝向整合各种理论的新发展趋势（Aldrich and Martinez, 2001）

续表

项目	Low 和 MacMillan（1988）		Davidsson 等（2001）
	过去的研究	未来的方向	发展状况与建议
研究焦点	着眼于研究创业家的人格特质或文化背景因素对创业行为的影响	转向探讨社会路径因素对创业行为的影响，以及加强对创业过程的研究	（1）由创业家人格特质转向探讨行为与认知的问题（Ucbasaran et al.，2001） （2）创业环境因素的重要性应被考虑（Aldrich and Martinez，2001） （3）强调创业绩效评估的重要性
分析层次	只是针对单一层次的议题进行分析	应同时针对多种层次的议题进行分析	（1）跨层次的研究数量并未显著增加（Davidsson and Wiklund，2001） （2）仍以组织层次议题的研究数量最多
时间幅度	将创业历程分成许多步骤，只是针对横断面进行个别的研究	对创业行动进行长时间的研究，可提供较丰富的观点	（1）现有实证研究因为共同方法变异（common method variance）而造成系统性偏误 （2）应鼓励质性研究与模拟研究（Chandler and Lyon，2001）
研究方法	大多采用探索性的个案研究或是横断面的统计分析方法	应采用系统性的实证研究方法，来强化创业理论的基础	仅有 7%的研究针对纵断面的议题进行探讨（Chandler and Lyon，2001）

资料来源：整理自 Low 和 MacMillan（1988）、Davidsson 等（2001）

Low 和 MacMillan（1988）指出"分析层次"的问题，正可呼应近来创业研究的方向。一般而言，分析层次可分为个人、团队、组织、产业、地区等，但过去的研究多仅针对单一层次对象进行分析，例如，探讨创业家个人的特质，或是以公司创业为分析对象。然而，不同层次间的关联亦值得关注，因此学者皆强调多层次研究的重要性（Davidsson and Wiklund，2001；Low and MacMillan，1988）。为此，Davidsson 和 Wiklund（2001）针对三大创业主流期刊[ETP，JBV，*Entrepreneurship and Regional Development*（ERD）]，以 1988/1989 年与 1998 年相距十年的创业研究论文，进行分析层次的比较，发现十年来创业研究仍是多集中于个体层次分析[个人、团队、组织：59.4%（1988/1989 年）→77.7%（1998 年）]，对于总体层次的研究仍相对较少[产业、地区：21.9%（1988/1989 年）→11.1%（1998年）]。而跨层次研究数量亦呈现微幅下降的现象[12.5%（1988/1989 年）→11.1%（1998 年）]。结果显示，从 Low 和 MacMillan（1988）提出跨层次研究方向的十年后，这部分的目标仍没有进展，唯一较显著的变化是"个人与组织互动"的研究论文数量增幅较大（1.6%→11.1%）。

Busenitz 等（2014）根据创业构面整理 2000～2009 年期刊分布数据发现，发表最多关于个人与团队主题文章的期刊为 JBV（29%），而发表关于机会主题文章最多的则为 AMR（26%）及 JOM（24%），另外关于组织模式的文章则多刊登于 ASQ（55%）及 JOM（48%），而发表环境议题文章最多的期刊为 AMR（29%）、AMJ（28%）。此外，不同构面领域交集的文章中，"个人与团队"跟"创业机会"交集的主题多发表于 MS（8%）及 OS（8%），"个人与团队"跟"组织模式"交集的主题则多发表于 AMJ（17%），而"创业机会"与"组织模式"交集的主题多发表于 ASQ（20%）。由上述数据可约略看出各主流期刊对于不同创业议题的引导与偏好。

（三）我国台湾地区创业研究的发展状况

为了了解台湾地区的创业研究状况，经统计重要管理期刊、科技方面有关部门专题计划与硕博士学位论文等三大研究数据来源，得到以下结论。

首先，创业研究的议题已越来越受到重视，投入研究的学者数量亦不断增加。虽然在管理期刊论文的统计资料方面并未出现显著差异，但自 2000 年以后科技方面有关部门专题计划与硕博士学位论文的数量皆比过去大幅增长，显示出研究成果产出正在蓄积中。

在科技方面有关部门学术补助专题计划奖励查询网站中，以"创业"作为计划名称的筛选条件：1999 年共有 8 件通过，2015 年则增加为 29 件计划通过[①]。刘常勇和谢如梅（2006）搜寻 1980 年至 2004 年，以创业、新创事（企）业、兴业、新事业开发等为关键词及题名，删除重复与不相关的论文后，搜寻结果共有418 篇，其中 15 篇为博士学位论文。1995 年以前，每年的论文数量皆未超过 10篇，1996 年开始逐年增长，由 1996 年 11 篇增至 2004 年 66 篇。而累计至 2015年，以创业为主题名称的硕博士学位论文数量总计有 1549 篇，显示出 2006～2015年平均每年均有超过百篇的相关论文产出。

其次，在研究主题方面，刘常勇和谢如梅（2006）调查研究发现"创业投资"是最热门的议题，占了近 1/2 的期刊论文数量、1/3 的硕博士学位论文数量。创业投资研究主要自创投公司的角度，以量化模型来评估新创事业的潜力与价值。由这项调查统计数据显示，过去研究多着眼于创业投资、公司创业的议题，或仅是以一般管理概念分析新事业开发的问题，而明显忽略从创业前期的概念来探讨创业的过程管理，并且比较缺乏针对创业家个人与机会互动过程的研究。创业管理与一般企业管理最大的不同在于创业前期经历的过程，包括：创业家是如何产生的？如何组织创业团队？如何发掘创业机会？如何获取所需资源？如何设计商业模式？这些都是创业过程的重要议题。

在研究方法使用上，由于创业研究是近十年才逐渐兴起的，且多为跨领域与

---

① 搜寻日期为 2015 年 12 月 1 日，此数据并未纳入申请件数与通过比率，仅以最后核定件数为依据。

高度动态性的议题，早期学者倾向采取质性研究方法，借此才能比较深入探索各项创业议题的内涵。虽然个案研究方法对于创业研究的重要性已广为大家接受，然而 Low 和 MacMillan（1988）指出，未来创业领域需要更多实证性研究，以验证个案研究所提出的理论概念。不过目前在量表设计与研究样本取得上，还是遭遇一定程度的困难，这是未来研究者需要努力的方向。

（四）小结

经由上述分析，可以大致描绘创业研究在管理领域中的发展状况。管理期刊从 1963 年开始刊出创业研究文章，一直到 2000 年之后，创业研究主题才逐渐获得一般管理领域学者的重视，2005 年之后则呈现大幅增长的情况。研究议题也从早期较多探讨创业家人格特质，而渐进拓展至创业机会、创业策略、国际创业、创业环境、创业团队管理等更广泛的领域，显示出创业研究的深度与广度已获得显著提升。在这样的发展趋势下，创业研究在我国台湾地区也开始受到更多学者的重视。

二、创业研究面临的问题

综合前述文献回顾，可以看出创业研究的发展空间很大，不过仍面临以下问题。

第一，缺少一套典范型的理论架构（Shane and Venkataraman，2000）。对"创业"这个概念本身，学术界仍未能界定清楚理论架构（Low and MacMillan，1988；Shane and Ventakaraman，2000）。Shane（2003）指出，过去学者多从个别角度探讨创业，例如，单从个人因素或外部力量来探讨创业，但前者仅着眼于创业家人格特质的研究，而后者则强调环境对创业过程的影响，将焦点置于产业环境、技术变迁、市场结构等外在因素。若将不同角度的论点整合起来探讨，应该有助于建构出整体的架构。虽然过去十多年来，创业研究已逐渐发展出以"机会"为核心的理论基础，并不断深化出新的研究子领域（Wiklund et al.，2011），但 Shane（2012）呼应过去众多学者对 *The promise of entrepreneurship as a field of research* 这篇代表性文章的各方意见，认为创业领域目前尚无法完整地发展出专属理论与假设基础，其内涵与策略管理仍多有交集，因此创业是否能够成为一个独立研究领域仍有所疑问。然而，关于此论点后续学者多有不同观点（如 Alvarez and Barney，2013），此部分争议仍有待创业研究学者持续努力与对话。

第二，有关创业研究的边界仍未能清楚划分（Busenitz et al.，2003）。虽然创业研究与管理领域的相关性很高，亦有共通的理论基础，但许多创业独有的问题，如机会探索与风险认知的关系、"机会、资源、团队"三者的互动关系、从机会发现到创立一家公司的决策过程等，还需要发展新的理论基础。此外，由于创业牵涉多个构面，横跨多门学科，运用多种研究方法，并同时受到心理学、社会学、人类学、经济学、管理学等学科理论的影响，不同背景的研究人员对于创业关注的焦点亦有所不同。因此，建构明确的研究边界和发展具有代表性的理论基础，不但可以建立研究的正当性，也可加速创业学术领域的成长（Shane and Venkataraman，2000）。

第三节　创业研究的理论基础

为更深入理解创业研究的理论基础，我们首先探讨创业理论的发展历程，然后解析一些重要理论在创业研究中的应用情形。

一、创业理论基础的发展历程

经济学者最早对创业研究产生兴趣，Knight（1921）认为创业家必须容忍高度的不确定性，并愿意投入生产来满足多变化与不确定的市场需求。然而 Knight 却未说明创业过程是如何产生的，只着眼于解释创业活动所带来的结果。Schumpeter 不同于 Knight，他并不强调风险因素，而是将创业家视为一位创新者，是经济发展的驱动力，并将创业定义为新资源组合的过程。此外，Schumpeter（1934）认为创业家的特质无法经由后天培育，因此只有少部分人可以拥有创业能力。

奥地利学派根据 Hayek（1949）所提出的信息不完全概念，认为在市场信息不对称的情况下，价格无法轻易地自行调整为均衡。因此，市场开发是一种机会发现与摸索学习的过程，当创业家利用信息优势而警觉到机会出现时，市场会帮助人们相互沟通不同的发现，并从他人的经验中学习。在市场激烈竞争的状况下，创业家会不断使用所习得的新知识来发掘市场机会，最后将市场由不均衡带至均衡状态。但是奥地利学派的创业理论只是着眼于探讨价格机制与经济体中创业家的角色，却未探讨人类行为差异的问题，忽略创业家人格特质的问题，也完全未触及创业资源的问题。

Casson（2005）主张创业家是市场活动的协调者，认为创业研究除了分析创业家个人决策的问题外，也应致力于探讨创业活动与经济成长的关联性。Casson 进一步探讨创业与企业理论的议题，他认为创业精神是多变环境中影响企业生存与成长的重要因素，而现有的企业理论却无法解释这一部分。在面对未来环境的不确定性，创业精神所呈现的勇于冒险犯难掌握机会是新事业成功的关键因素，因此创业研究可以强化现有的企业理论。我们认为创业家除了是一位市场创造者，更是一位有效率的信息管理者，他们通常拥有绵密的人际网络，擅长处理大量外部信息，他们也拥有一些有利于创业行为的人格特质，如乐观、自信、较低的风险逃避倾向等，而这些都是创业研究不可忽略的议题。

在现实中，创业活动很难只由经济学的论点来解释，其他如心理、文化、社会等因素，亦同时会影响创业现象。社会学、心理学、人类学等理论着眼于探讨结构、心理、行为层面的议题（Swedberg，2000）。Ripsas（1998）从社会学的观点出发，认为创业是在社会与经济子系统下所发展出来的活动。Granovetter（1995）认为发展中国家的创业活动与企业发展息息相关，并探讨家族关系为创业所带来的阻碍与帮助。而 Swedberg（2000）谈到了信任对创业家在复杂社会关系中创立企业的重要影响。

心理学观点关心的是创业家人格特质与内心状态，例如，创业家具备较高的成就需求、自信、内控、风险倾向等（Ripsas，1998）。由于无法获得大量实证支持，后续学者大都转向行为观点，将创业过程视为一连串的人性决策行为，或是着眼于探讨后天的心理因素，如认知行为的议题（Swedberg，2000）。

综观而论，创业理论建构尚处于发展初期，仍有大量未解的难题，许多重要的定义与因果关系都有待进一步澄清与检验。一般认为，Schumpeter 对于创业的论点受到较多学者认可，适合作为创业理论发展的基础开端，同时行为过程学派也逐渐成为实证研究的核心。然而，要建构一套完整的创业理论，仍有待研究者将跨领域理论做进一步的整合。

二、现有理论在创业研究中的应用

由于创业是一种多构面的概念，横跨多个学科领域，许多理论都可用以解释创业现象。本节将针对创业研究常应用的理论（如认知理论、社会网络理论、资源基础理论与制度理论等），探讨它们对于创业研究的影响与应用方向。透过理论应用来了解创业的内涵，目的是使未来创业研究能建立在更为坚实的理论基础上。

由于这些理论来自不同的领域，有着不同的基本假设、研究范畴，以及适用范围，甚至这些理论也存在着互补与冲突。本书并不着眼于理论的整合或创新，而是针对这些理论与创业议题的关联性。其中，应注意理论层次（level of theory）的问题（Davidsson and Wiklund，2001），认知理论主要用于个人层次的分析，而社会网络理论可以用于连接总体与个体层次的分析（Kilduff and Tsai，2003），资源基础理论则以组织层次为主，制度理论则是探讨总体层次的影响。总而言之，选择理论基础应视不同研究问题而为之。以下我们分别探讨这些与创业研究密切相关的现有理论以及它们在创业研究中的应用情形。

（一）认知理论

认知（cognition）指的是个人的感知（perception）、记忆和思考，认知的过程包括将输入的数据进行转换、缩减、储存、更新及使用的程序，因此认知心理学的出现将有助于解释创业家与周边关系人、外部环境互动的心智过程（mental processes）（Mitchell et al., 2002）。

认知理论着眼于为什么有些人能发现机会，有些人会去开创新事业，又为什么有些人能够创业成功。近 30 年来，众多学者把目标放在探讨人格特质对创业行动与结果的影响，却无法得到一致性的统计显著支持，因此至今仍无定论（Baron, 1998）。后续研究者将目标转向认知理论，探讨创业家的信息认知差异对创业活动的影响。Busenitz 和 Lau（1996）使用认知结构与认知过程的概念，解释为何有些人拥有较强的创业意图。认知结构指的是一个人对于风险、控制、机会与利益的信念与看法，认知过程则是指一个人的信息处理方式与能力。

要了解创业的核心，必须更深入地去探讨创业家的思考本质。因此，许多研究者从认知心理学的角度切入，试图解开创业家认知模式的黑盒子（black box），借此探索如何才能有效发掘创业机会（Krueger, 2003）。Mitchell 等（2002）将创业认知（entrepreneurial cognition）定义为"人们用以评估、判断及决定关于市场机会、新事业开发及成长的知识结构"。换句话说，创业认知就是用来理解创业家如何使用心智模式，将众多外部信息加以连接，大胆判断市场商机所在，进而组合必需的资源，开发新产品与开创新事业。

Shane（2003）指出认知的特征，如主观性、自信心、直觉力等，都会影响人们如何思考与决策。由于创业家面临不确定环境与高度风险，在信息有限的情况下，需要一套有效的思考模式来克服认知偏误，增加对机会进行判断的能力。由此可知，创业家如何经由环境互动来发掘创业机会，将与其内在的认知过程高度相关。Busenitz 等（2003）认为可以借由认知理论，探索创业家是如何利用外在环境变化来察觉创业机会，以及如何利用特定信息来发展新事业。而 Baron（2006）更强调创业机会辨识就是一个型态认知（pattern recognition）的过程，他整合了先前知识、创业警觉性与主动搜寻等三项要素，探讨创业家在进行机会辨识过程中，如何受到创业家认知模式的影响。除了着眼于创业家个人层次的认知研究，更可以延伸至创业团队的社会认知层次。例如，Busenitz 等（2003）鼓励后续学者可以针对创业团队决策模式、成员多元性等议题进行研究，探讨机会发现过程中创业团队的社会认知模式。

认知理论可用以连接创业家认知与创业环境、创业行为之间的关系，加强研究者思考关于创业心理面的议题（Mitchell et al., 2002）。综合而论，认知心理学可为创业研究提供较为丰富的理论基础，使研究者能够更深层次地分析创业家与创业团队发掘机会的心路历程（Krueger, 2003）。

（二）社会网络理论

社会网络的概念可追溯至社会学与人类学方面的研究。Mitchell（1969）将社会网络定义为某一群体中，个体间特定的连接关系，包括正式与非正式的人际关系。更具体地说，网络就是点（nodes）与点间连接所构成的结构，而所谓的点可以是个人、团队或组织（Borgatti and Foster，2003）。Kristiansen（2004）指出社会网络是由核心行动者（actors）与其他熟识者之间的正式与非正式连接所构成的。

周雪光（2003）点出社会网络理论的两个发展思路，前者为以德国社会学家Simmel为首的制度与结构观点，探讨个人与群体的互动关系；后者则为功利思路，强调个人如何利用社会网络来获取资源与地位。如Coleman从理性角度出发，探讨个人如何得益于网络关系，以及Burt（1992）将网络关系模式化，提出结构洞（structural holes）的概念。

社会网络可被定义为两个以上的个人或组织所形成的连接关系，是创业家获得外部信息与资源的重要渠道。Davidsson和Honig（2003）指出社会网络在创业研究模式中可作为自变量或因变量，前者探讨网络如何影响创业过程，后者则是以动态观点探讨创业过程中社会网络的演进历程。

此外，社会网络依不同构面进行分类，可分为个人与组织网络两大类。Dollinger（2003）将社会网络分为"个人网络"及"延伸网络"两类。个人网络是指创业家直接接触的人际网络，包括朋友、家人、关系密切的公司同事、老师及其他相关人员。而延伸网络则指企业对企业的正式关系。创业家可经由投资伙伴、经理人、顾客、供货商及其他利益关系人之间跨越疆界的活动，来发展这些网络。巫立宇（2001）将社会网络分为"人际网络"与"组织网络"两类，前者包含创业家拥有的所有直接关系，而后者则是由法人组织因资源交换所形成的次级网络。

O'Donnell 等（2001）亦将网络分为"组织间网络"及"个人网络"两个层次。前者以组织为行动者，为正式的连接关系，包括垂直与水平的网络关系，而后者则以个人为行动者，多为非正式的关系，包括商业网络、社会网络及沟通网络等。Greve 和 Salaff（2003）研究创业过程中创业家的社会网络活动，并以四个国家的实证资料进行分析，结果指出，在创业的第一阶段（构想产生），创业家并不会大量与网络成员讨论构想及发展关系；但到了第二阶段（规划），就会开始扩充网络成员数量与活动，此时在网络的发展与维持上花费最多时间；第三阶段（建立企业），则会降低社会网络成员的数量，趋于核心及重要成员的维持。

Johannisson（2000）探讨社会网络与创业成长的关系，指出三种类型的社会网络关系为：信息网络（information networks）、交换网络（exchange networks）、影响力网络（influence of networks）。这三种网络互相依赖，其中信息网络可为交换及影响力网络铺路。Ibarra（1993）将网络区分为"工具性"及"情感性"网络，前者是指工作有关的资源交换，后者则是以友谊与社会支持为主。

Granovetter（1973）提出连接强度的概念，并以"接触的频率、关系的情感密度、熟悉程度与行动者的互惠承诺"等四项准则来评量连接强度,并可分为强连接(strong ties)与弱连接(weak ties)两大类。强连接倾向于以长期关系来连接的熟悉朋友,如亲近的朋友与家人,优点是可提供有利信息的搜寻及关键资源的快捷方式,降低监控与谈判成本。然而,强连接关系亦有其缺点,当网络成员中同构型太高,会使信息的重复性过高。相对来说,弱连接是指松散及非情感性的连接,可增加接收新信息及认识新朋友的机会,并可为新的连接关系打开一扇大门。

社会网络在创业研究中已逐渐受到重视,然而,更细节的网络内涵及构面间因果关系仍有些模糊(Elfring and Hulsink,2003)。例如,Hoang 和 Antoncic(2003)由网络关系的内容(content)、治理(governance)及结构(structure)三方面探讨网络关系对创业活动的影响,不过他们也指出创业研究还缺乏对网络理论应用的全面检讨,而且实证性研究相当不足。

前述的概念已逐渐反映在近几年的创业与网络相关研究上,例如,Stuart 和 Sorenson(2007)探讨不同的网络策略对机会辨识与资源获取的影响;而 Ozcan 和 Eisenhardt(2009)分析网络策略行动(strategic action),试图填补过去研究将网络视为外生的研究缺口,并指出行动者会主动依据其条件,策略性地发展与演化网络关系。Vissa(2010)探讨当创业者想要寻找新的经济伙伴关系时,如何选择不同的网络行动,以及网络深化行动及网络扩展活动对引荐(referral)的依赖程度的差异。Vissa(2011)进一步提出社会相似性及任务互补性会影响创业者建立新关系的意图,进而影响现有网络关系的引荐效果。Hallen 和 Eisenhardt(2012)也提出套系形成效率(tie formation efficiency)的概念,强调新创事业应着重策略性、有效率地形成套系关系,以利于获得外部资源注入。如上所述,现有研究越来越重视网络行动的内涵。

(三)资源基础理论与资源随创

资源基础理论是策略管理领域的重要分析工具,可用以了解产业组织与竞争优势的关系(Alvarez and Busenitz,2001)。自 Penrose(1959)指出组织成长与组织宽裕(organizational slack)资源利用的关系,使得资源利用成为组织成长的重要因素,而 Barney(1986)更进一步强调厂商可借由本身资源能力的累积,形成长期持续竞争优势。因此,资源基础理论强调企业必须具备有价值的策略性资源,才能拥有竞争优势,Barney(1991)提出有价值、罕有、不可模仿、不可替代等四种资源的特征,可用以辨识策略性资源。对于创业家来说,拥有策略性资源才能打败竞争者,同时还需要能够长期维持竞争优势。

因为创业议题与资源获取及配置息息相关,所以需要利用资源基础理论。例如，Brush 等（2001）认为创业公司应建构的资源包括实体、财务、人力、技术、社会与组织资源六大类，并借着资源的组合运用形成组织能耐与核心竞争力。而Alvarez 和 Busenitz（2001）结合资源基础理论与创业议题，试图扩展资源基础理论的应用范围，并建立适合于解释创业行为的新理论。虽然异质性（heterogeneity）是创业与资源基础理论的共通点，但是资源基础理论着眼于资源的异质性，而创业则更倾向于探讨资源价值信念（beliefs）的异质性。Alvarez 和 Busenitz（2001）认为资源基础理论十分适合用来分析创业家的决策、机会认知、机会发现、组织能力与市场竞争优势。

创业活动赋予资源一种新的能力，创业活动中资源异质性是机会发现的核心，因此资源基础理论有助于解释创业者的资源转换过程（Alvarez and Barney，2002）。而 Choi 和 Shepherd（2004）亦以资源基础理论为基础，探讨影响创业家发掘机会的因素。此外，近来崛起的知识基础观点（knowledge-based view）、组织学习（organizational learning）及动态能力（dynamic capability）等，也是值得关注的理论。

然而，传统的资源基础观点并未探讨资源是如何被获取及开发的，也并未清楚说明许多新创企业将面临的现实困境——创新负债（liabilities of newness）及规模太小（smallness）（Steffens et al.，2009）。换言之，资源基础观点无法用以解释创业过程中，如何克服资源有限的瓶颈问题。"随创"（bricolage）一词由法国人类学者 Lévi-Strauss（1968）提出，探讨人们在所处环境中跟文化互动而产生的行为，随创可译为"修补术"，亦称为修补匠（bricoleur）、做零工、修理自己的东西。随创方式组合的结构和程序，并非透过理性的规划，而是运用手边既有的资源或是不完整的工具或零件，以即兴创作（improvisation）方式做临时发挥，进一步重建一套新的资源组合模式或素材应用的概念（Senyard et al.，2011）。举例而言，同样是制作一张桌子，工程师（engineer）可能会先绘制工作图、购买合适的对应素材，但修补匠则会先环伺并盘点自己手边现有的素材，再根据现有素材进行拼凑与重组。最后虽然同样得到一张桌子，但是两者的目的与制作方式均不相同（Fisher，2012）。

Stinchfield 等（2012）指出，随创概念应用于创业领域中，相当适合探讨创业与所处情境（context）之间的互动关系。Stinchfield 等（2012）以扎根理论将"随创"与其他几项概念[艺术（art）、工艺（craft）、工程（engineering）或中介（brokerage）]进行比较，发现"随创"的资源拼凑本质，具有问题解决导向的特色。当困难或问题发生时，创业者会从身边寻找可用资源，并且不断尝试与实验，并借以多项资源重组，找出新的问题解决方法或创造出新价值。因此，近年来越来越多的创业研究（Baker et al.，2003；Cunha，2005；Domenico et al.，2010；陈意文，2009）注意到资源随创的概念。

Baker 等（2003）认为随创是动手组合手边的资源，用以解决问题或创造新机会。以下将分别说明资源随创的三种概念，但实际上三者互相影响且可同时使用，故并非完全独立的概念。

（1）就地取材（resource at hand）：Lévi-Strauss（1968）主张利用手边既有的资源，以就地取材方式应付环境的变化，Baker 和 Nelson（2005）定义为"结合没有价值或成本低廉却独特的其他资源"。就地取材是将手边既有的资源作为基础，将一些成本低廉甚至是免费的或不被重视的资源加以运用。

（2）将就着用（making do）：既然就地取材，就该拿来使用，而使用的方式可随创业者即兴创作，重点是在随创过程中，需透过不断地亲自动手做，才能与手边既有的工具或素材进行对话，并从中看出特殊的讯息（messages）或信号（signs），而这样的拼凑手法意思近似于"自己动手做"（do it yourself）（陈意文，2009）。将就着用是以现有资源，持续与资源对话，进一步探讨应用或弥补新的资源，将身旁所有可接触的资源拿来运用。

（3）新目的的资源重组（recombination of resources for new purposes）：在不具有特殊的目的性下，利用手边现有之物来运行资源的组合，并在有限时间内，将参差不齐的工具或材料，透过不断随创组合，在方法与素材的变化下，出现全新的样貌（Lévi-Strauss，1968）。这样的概念用于不同功能或专业的组合，来提供出新的价值，普遍用于日常生活。创造新目的的资源重组，是利用既有资源，以重新检视定义和组合方式，来找寻成分与成分之间的新用途，以不同属性的素材重新定义再进一步组合成新的价值或解决现有问题。

（四）制度理论

制度是指规章（norm）、礼仪（ritual）及法则（role）。制度是透过参与者不断互动所形塑出的共同行为准则，而处于该制度下的个体将会受到结构的规范。制度学派理论对于组织生存的解释，着重于组织如何调整其内部结构及运作方式，去符合制度规范的要求。因此，制度理论强调企业的组织形态与运作方式，乃是受到制度环境中政治、法令、社会规范、文化认知等力量的影响（庄正民等，2001）。

制度理论中的正当性/合法性机制对于创业过程的影响甚剧。制度理论强调正当性机制，除了法律的正当性，还包括文化制度、观念制度、社会期待等正当性（周雪光，2003）。陈东升（1992）指出制度环境对于组织存活与成就的影响是经由正当性的取得过程，组织如果能够建立足够的合法性，则所受到的外在威胁会减少，并能保障资源的充分供应。换言之，创业组织若能从制度环境中获得社会的认可，得到正当性支持，将可提高组织获取外部资源的能力与生存机会。

Aldrich 和 Fiol（1994）指出，在新兴产业中，新创事业往往面临着缺乏正当性的限制。正当性指的是一个实体企业所采取的各项行动，需要在一个有规范、价值观、信念的社会建构系统下被认知与接受。例如，生物科技产业在进行技术创新时，需要被社会接受与法律认可，新创事业才能立足于市场被顾客与供货商认可，也代表新创事业具有创造顾客价值的能力，并能建立市场形象与地位。此外，Aldrich 和 Fiol（1994）将正当性分为认知性与社会政治性两类，前者指的是新事业概念知识的扩散，可透过竞争者、配销商、大学等的伙伴关系来达到新概念为顾客认知与接受。例如，20 世纪 70 年代个人计算机出现，当时并未获得广泛关注，透过家庭与学校的使用与扩散后，才逐渐建立起认知合法性。后者指的是新创事业需要在符合法规与产业标准的条件下，才能获得利益关系人的接纳，取得社会与法律地位的正当性。

由于创业是驱动创新及促进经济发展的动力，新事业是镶嵌在国家的体制之下，体制结构将影响企业的策略方向与创新活动。Busenitz 等（2000）曾探讨国家制度对创业活动的影响，并以法则性（regulatory）、认知性（cognitive）、规范性（normative）等三个构面进行分析。制度的法则性是指法律、规则及政府的政策是否提供新事业足够的支持，以降低个体开创新事业的风险，并促使创业家能获得更多的资源；制度的认知性则是指环境是否提供个人有关开创新事业的知识与技术，例如，创业者是否知道从何处去获得产品与市场的相关知识；而制度的规范性包括了一国的文化、价值观、信念是否会影响居民的创业意图与倾向。Spencer 和 Gómez（2004）则沿用 Busenitz 等（2000）所发展的构面问卷，进一步探讨制度结构、创业活动形式与失业等经济因素的关系。总而言之，从制度理论的观点，可探讨一地的政治、经济、社会等因素与新创事业之间的互动与影响，后续研究者或可针对各国不同的制度环境进行创业活动的比较，抑或是探讨政策、社会规范等对创业的影响。

谢如梅和蔡依伦（2016）指出近年来制度理论应用在创业研究中的成果十分丰硕（Bruton et al.，2010；Jennings et al.，2013；Suddaby et al.，2015；Tolbert et al.，2011），首先，探讨组织场域的制度与创业活动之间的关系，例如，制度如何影响创业者决定其新事业的组织结构；制度伴随而来的正当性如何决定着新事业的存活；创业者开创新市场时将遭逢哪些制度阻力。其次，将创业活动视为制度下的产物，探讨创业制度如何引导人们的创业行动，后者是目前将新制度理论用以解释创业行动时最常被采用的研究路径。

根据 Busenitz 等（2000）、De Clercq 等（2010）、Sine 和 David（2010）的分类，创业制度的三个构面分别是：①法规面。政府制定正式的政策与法规，以便减少个人创业的风险、协助创业者获得资源、更容易从事创业活动等。②规范面。即存在于该社会用来评估好坏或合适（appropriate）与否的规范及价值，包括创业是否适合作为职涯选项、从事创业活动是否被赞赏，以及"谁"适合作为创业者等。③文化-认知面。即对于创业过程中每一件事情该如何被完成的设想。从创业制度的观点来看，即是指在特定社会里，创业相关的信息能够普遍地共享并存在于该社会，成为人们从事创业活动时的诠释框架，例如，如何开启一个新事业、如何设计新事业的组织结构、如何评估具有潜力的新创事业等相关创业知识与信息，在该社会十分普及且容易取得（谢如梅和蔡依伦，2016）。

第四节　结论与建议

虽然创业研究正逐渐兴起，国内外学术期刊发表的论文数量亦逐年增加，然而，创业研究仍缺乏一套比较严谨的理论与模式架构，而且创业研究的边界仍然模糊不清，许多学者（Shane and Venkataraman，2000）也指出创业研究缺乏专属的理论基础。经由本书详细整理创业理论基础的来源，并探讨这些重要理论在创业研究中的应用情况，发现目前创业研究的理论基础遍布经济学、社会学、心理学等，其中以经济学为主要发展核心。由于创业具有跨领域特性，可大量借用现有的理论（认知理论、社会网络理论、资源基础理论、制度理论等）来解释与预测创业发生的现象。不过目前创业理论正在不断地发展与变化，朝跨领域的整合方向迈进，相信不久的未来可能出现专属的创业理论基础。

本书回顾近 20 多年来创业研究的演进，除了发现理论基础正在逐渐建立根基，研究焦点也从创业家单一构面转向多重构面之间的互动，并以创业机会作为研究核心，不过在分析层次的研究设计与多种研究方法运用上仍相对不足。本书延伸 Low 和 MacMillan（1988）、Ucbasaran 等（2001）、Busenitz 等（2003）等学者的论点，针对创业管理未来的研究方向，提出以下建议。

一、继续强化研究理论的基础

创业研究的理论基础有两大发展方向：一个发展方向是从经济学的角度出发，探讨创业的公司理论，如 Dew 等（2004）从分散性知识（dispersed knowledge）的角度来分析，Alvarez 和 Barney（2002）从创业知识来看租（rent）的产生（generation）与专有性（appropriate）议题，Casson（2005）从环境多变性与信息成本来探讨创业家的决策判断力，McMullen 和 Shepherd（2006）则从不确定性的认知与容忍不确定性的意愿来看创业行动。这些学者认为行动（action）是创业理论的核心，当外在环境改变引发创业机会，个人会受到过去知识、容忍不确定性的意愿等因素影响，进而引发创业行动的判断与决策。上述文献显示，经济学理论对于探索不确定性、机会成本、创业机会发掘与评估、决策风险等创业议题，已经产生很大的贡献。另一发展方向则是自认知理论、社会网络理论、资源基础理论与制度理论进行创业研究，目前已经产生大量的研究成果。

建议后续研究者应该继续强化研究理论的基础，除了由现有理论出发，朝深化议题的方向发展，也应思考如何整合现有理论，朝跨领域的整合方向迈进，可试图发展一套新的理论基础。我们相信经由研究社群不断地累积与更新知识，必可激荡出新的观点，进而建立出创业领域的独特理论。

二、增加对创业初期过程的研究

相较于西方的研究成果，台湾创业学术研究起步较晚，且较集中于创业投资与企业内部创业等少数议题，明显缺乏多样化，尤其针对创业初期过程的探讨相当不足。由于创业与其他领域最大的差异即在于新创事业的萌现（emergence）过程（Davidsson and Honig，2003），亦即创业家如何在复杂且变动的环境中发掘机会，并着手进行新事业创立的过程。

过去学者从事创业初期研究所遭遇的主要困难，在于缺乏一套可供分析使用的研究架构。本书第三章提出创业家与团队、创业机会、创业资源、创业环境、创业绩效五个构面的互动关系，可以作为研究创业初期过程的模式架构。我国每年都有大量的新创企业，中小企业创业是促成经济成长的主要动力，因此我们建议后续学者可利用这一模式架构从事创业初期的过程研究，并将重点放在探讨各构面间互动关系对启动创业的影响，相信将有助于深化创业研究的内涵，提升我国创业研究的水平。

三、聚焦于创业机会

延续前项结论，创业初期过程的研究可以创业机会为核心，探讨创业机会与其他构面间的互动关系。Busenitz 等（2003，2014）指出机会、个人与团队、组织模式、环境是创业研究的四大议题，其中又以创业机会最为关键，有助于将其他三项议题连接起来。文献数据显示，相较于其他议题，目前创业机会的研究数量不但较少，也缺乏较严谨的实证研究，因此这是一块具有潜力且尚未充分开发的研究沃土，建议后续学者可将创业机会视为创业研究的重点（Busenitz et al.，2003；Shane and Venkataraman，2000）。

现有创业机会研究的议题包括：创业家认知对机会发掘的影响、社会网络如何协助对创业机会的发掘、制度环境对创业机会的影响、先前知识对创业机会发掘与利用的影响、过去的创业经验对创业机会发掘的影响、创业机会辨识与评估利用之间的关系等。此外，创业机会发掘与创业家人格特质、创业倾向、创业警觉性、风险承受能力、信息与专业能力等因素亦息息相关，值得建构一个整合性的系统模式来进一步深入探讨。由于目前对机会发掘、辨识、发展、评估、利用等概念还缺乏具体定义与分析衡量模式，尚无法进行严谨的实证研究，这些都有赖后续研究者的共同努力。

四、强调多个构面的互动研究

由于创业研究的边界横跨了多个领域与多种主题，构面的互动关系应为未来研究的焦点。Busenitz 等（2003）发现，过去的研究探讨构面间互动关系的十分稀少，他认为创业研究若只单一探讨某个构面可能会缺乏完整性，因此建议未来研究应朝向探讨不同构面间的连接关系。West 和 Meyer（1998）探讨创业团队、环境动态性与创业绩效三者的关联性，Shane 和 Venkataraman（2000）强调创业机会与创业家两者的连接，Ucbasaran 等（2001）亦强调探讨多构面间连接关系的重要性，显示出多构面结合的互动研究已逐渐受到重视。

过去针对单一构面的研究大都只采取一种理论作为解释的基础，但针对多个构面的研究议题可能遭遇如何整合多种理论的困难，当然也会遇到研究方法与研究层次选择的问题。不过从事创业研究的学者大都认为，唯有经过多个构面整合研究的挑战，才能显示出创业管理研究的独特性，以及发展专属理论基础的必要性。

由于创业研究是一个涵盖"多层次"的研究议题，无论是理论的分析层次、构面的分析层次都必须纳入考虑，本书呼应 Low 和 MacMillan（1998）、Davidsson 和 Wiklund（2001）的结论，建议后续研究者在此问题上应持续深耕。此外，研究者也不能忽视创业研究的动态性，由于创业是一个长期的发展过程，可以切割为许多不同的时间点来分析观察。虽然长时间观察的研究困难度很高，但可发掘较丰富的数据并产生创新观点，因此创业研究的过程面与动态性也应为值得关注的焦点（Hoang and Antoncic，2003；Low and MacMillan，1988；Ucbasaran et al.，2001）。洪世章和蔡碧凤（2006）探讨企业策略兴业的演变轨迹，依据重大事件发生的时间先后顺序，将个案企业的兴业发展程序分隔为阶段进行分析，解读发展的差异性与共通性，显示出长时间观察的动态研究方法也开始受到国内学者的重视。

最后，针对研究方法选择的问题，建议应朝向使用多种研究方法，并根据研究问题的特征，选择最适当的研究方法。文献回顾显示，无论是质性研究、实证研究或是财务模型推导，在创业研究方法使用上皆占有重要地位。由于国内创业研究尚在起步阶段，研究成果多以概念性文章或质性研究方式呈现，量化实证研究则集中于较为成熟的企业策略、组织结构、组织行为等议题上。未来在较为复杂与充满动态的创业初期研究议题，以及多个构面与多层次的研究议题上，宜同时使用多种研究方法或发展独特的研究方法。

　　总之，创业是一个极具创新性与挑战性的新兴研究领域，本书提出强化研究理论的基础、增加对创业初期的研究、聚集于创业机会研究、强调多构面的互动研究等四个未来研究方向建议，目的是引起大家对创业研究议题的重视，并凝聚中国学者在创业研究方面的合作共识。

第三章　创业管理的观念模式

本书将创业定义为"在风险及不确定情况下，进行创新与创造活动，经由发掘、评估、利用创业机会，建立新的经济性组织，结合内外资源与设计商业模式，为创业家与他的团队成员带来利润"。由于创业活动是一个非常复杂且变动性极高的实务运作过程，从事创业研究的学者需要为创业管理活动建立一套可供分析的观念模式，以利于掌握创业过程的核心要素。

回顾过去的文献，许多学者从不同角度提出创业管理的观念模式。例如，Gartner（1985）提出"创业家个人、环境、组织及创设过程"等四个创业模式的构面，他认为创业并非单一构面足以说明，所谓创业管理，就是如何有效管理这四项构面。但可惜的是 Gartner 未能对四个构面的互动关系做更进一步的说明。Dollinger（2003）采取资源基础理论作为创业观念模式设计的基础，因此在 Gartner 模式中增加了资源能力新构面。他将新事业开发过程摆在创业架构的核心地位，再结合资源能力、创业成员、环境、组织等四个构面，用以诠释新事业开发过程中所面临的关键议题。

Timmons（1999）在 *New Venture Creation* 一书中提出"创业家、机会、团队、资源"等四个创业观念模式的构面。虽然创业流程由机会所启动，在取得必要的资源与组成创业团队后，创业计划方得顺利推进，但 Timmons 认为成功的创业家必须能随着事业发展，对机会、资源、团队三者做出动态平衡。

Bruyat 和 Julien（2001）认为创业管理的整个焦点应该放在创业家与新事业之间的互动，因此他的创业观念模式主要包括创业家、新事业及环境这三个构面，并以创业过程作为核心议题。Shane（2003）将创业研究专注在"个人与机会"的互动连接关系，他认为创业就是一个"人与机会"互动的过程，所有其他的环境、团队、资源、组织、行动、成果等议题，都是在"人与机会"互动过程中才会产生作用。

尽管这些代表性著作对于创业观念模式的认知有所差异，但也都一致认为创业是一个多构面的互动连接过程，显示出运用多构面互动的观念模式来探讨创业应该是正确的方向。刘常勇和谢如梅（2006）在 Shane 的人机互动关系基础上，结合 Gartner 模式的四大构面及 Timmons 模式的动态关系，建构一套整合性的观念模式，该模式包括创业家与团队、创业机会、创业资源、创业环境、创业绩效等五个构面。以下我们分别介绍这几种较具有代表性的创业观念模式。

第一节 Timmons 模式

美国著名的创业管理学者 J. A. Timmons 教授将创业视为"机会、资源、团队"三大要素的结合，并针对创业过程管理提出一套 Timmons 模式。Timmons 模式主要强调创业家在推动创业的过程中，必须要不断地调适、平衡、整合"机会、资源、团队"这三项要素（图 3.1）。因此，他认为创业管理成败的关键，就是创业家如何在新事业发展过程中有效平衡这三项要素。

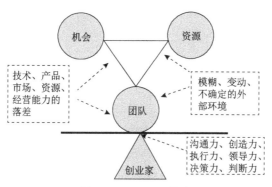

图 3.1 Timmons 模式

Timmons（1999）在 *New Venture Creation* 一书指出，创业流程由机会所启动，在取得必要的资源与组成创业团队之后，创业计划方得顺利推进。他认为创业活动必须能将机会、团队和资源三者做出最适当的搭配，由于创业过程面临外部环境变动与资源能力落差不确定风险，如何维持机会、资源、团队之间的动态平衡，将是创业能否成功的关键。

一、Timmons 模式强调创业过程的动态平衡

Timmons 认为在创业前期，机会的发掘与选择最为关键，创业初期的重点在于团队的组成，当新事业顺利启动后，才会增加对资源的需求。也就是说，Timmons 模式十分强调弹性与动态平衡，并认为创业活动随着时空变迁，机会、团队、资源等三项因素会因比重发生变化而产生失衡的现象。良好的创业管理就必须能及时进行调整，掌握当时的重心，使创业活动重新获得平衡。

创业过程中由于机会的模糊、市场的不确定性、外部环境变动的风险，以及技术、产品、市场、资源、经营能力的落差等问题，经常冲击创业活动，使得创业过程充满了风险。因此，必须依靠创业家的判断力、领导力、创造力、沟通力、决策力、执行力来发掘问题，掌握关键要素，弹性调整机会、资源、团队三个构

面的搭配组合，使得新事业在波涛汹涌、一望无际的大海中，仍然乘风破浪地驶向事业目标愿景。

二、Timmons 模式在创业案例中的应用

中国在 20 世纪 90 年代推动市场经济，市场面与制度面均发生大幅度的变化，而这样的变化又带来许多市场创新机会，因此有人说中国市场是 20 世纪末期创业活动最旺盛的温床。新华社记者吴晓波所著《大败局》一书，描述瀛海威、爱多等中国知名企业创业历程与最后失败的案例。以下我们以 Timmons 模式来验证，这些企业失败的原因都是在市场环境变动下，没能良好掌握"机会、资源、团队"这三项要素间的调适与平衡。

瀛海威创业初期成功是因为张树新最早看到了互联网（Internet）在中国市场的机会，她利用这个机会成功地募集到资源与组成经营团队。虽然瀛海威始终未能发展出一套有效的互联网市场经营模式，但因为没有强力的竞争者，瀛海威在1997 年以前中国互联网市场仍稳居领导地位。

1997 年以后，中国的互联网市场风起云涌，许多学有专精的留学生夹着国外信息大厂资源及官方支持背景进入市场。这时瀛海威已经无法独享市场商机，并且在经营模式与资源能力方面均难以与网易、中华网、搜狐等新进入者相竞争，因此市场优势流失，最后导致投资者与经营团队分裂的情况。

Timmons 模式指出，机会将随着时间而发生剧烈变化，创业者需要不断调适资源与团队来应对新的机会来临。瀛海威的案例显示，第一阶段的机会虽然带来资源与团队，但若不能善加利用资源来发展核心能力，获取持续竞争优势，则将错失下一阶段事业发展的机会。

另一个案例，爱多创业初期，创办人胡志标看到 VCD（video compact disc，视频压缩光盘）这项影音新产品将有可能打开中国家电市场的大门，毅然决定集资并招兵买马，投入影音新事业开发。胡志标是一位聪明又流着开拓者血液的创业家，他招揽一流的团队人才，大规模地投入市场促销，充分发挥有限资源的杠杆效果，并发展出一套整合生产与经销的营运体系。爱多创业的第一阶段，充分结合机会、资源、团队，并且发展出一套非常具有竞争力的经营模式，因此爱多很快就成为知名的家电品牌，产品质量也深受消费者的信赖。

不过，当许多资源雄厚的竞争者陆续加入这场战局后，市场机会立即产生质变，爱多的利润开始显著下滑。这时，胡志标却没有能够将"冲锋陷阵、开疆辟土"的开拓型经营模式迅速调整为"力守江山"的稳定型经营模式，反而耗尽有限的资源与竞争者进行血拼。当后方财务虚空，则容易因内部的意外风险而产生全盘崩解的不可收拾后果。爱多因为一件内部投资者权益纠纷的法律事件，引发一连串的财务危机，而最后以破产结束。

　　爱多创业的第一阶段确实将机会、资源、团队做出最佳的组合，因此成功地占领市场，成为中国 VCD 的知名品牌。但创业者却忽略 VCD 市场机会已逐渐由成长期进入成熟期，而没有能够将机会、资源、团队的组合与配套的经营模式加以调整，建构稳定的经营基础，导致功亏一篑，令人扼腕。

　　Timmons 模式反映出成功的创业家要能够应对环境变化与事业发展阶段，适时调整他的角色与经营模式。创业家可视同平衡杆的底座支柱，经营模式就好像平衡杆的支撑点，而"机会、资源、团队"等同平衡杆上的三颗球，当球在平衡杆上不断地变化滚动，创业家就需要适时地调整他的支撑点，如此新事业才能获得持续的发展。

第二节　Bruyat 和 Julien 模式

　　Bruyat 和 Julien（2001）认为创业管理的焦点应该放在创业家与新事业之间的互动，所以他们提出来的创业管理模式（图 3.2）三个主要构面元素为创业家、新事业和环境。由于 Bruyat 和 Julien 模式主要强调创业家与新事业的互动关系，因此他们将如何创立新事业（creating new venture），随着时间而变化的创业流程管理（new venture process management），以及影响创业活动的外部环境网络（environmental networking）等三个议题，视为创业管理的核心问题。

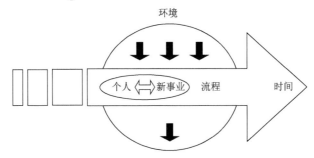

图 3.2　Bruyat 和 Julien 模式

　　Bruyat 和 Julien 模式与 Timmons 模式同样重视创业家的功能，视创业家为创业活动的灵魂与推手，显示出发展创业家的创业才能将是创业管理工作的一大重点。虽然有人说创业家的冒险犯难精神与积极开创个性属于先天的人格特质，很难在后天加以培养，但 Bruyat 和 Julien 模式强调的"创业家与新事业互动的能力"及 Timmons 模式强调的"创业家随着环境变迁而动态调整创业模式的能力"，都与人格特质的关联性不高，也可说明创业家能力确实可以经由系统的创业管理教育加以培育。

　　Bruyat 和 Julien 模式强调创业家与新事业的互动，其内涵正可以 Timmons 模式的"机会、资源、团队"三要素互动关系加以说明。而 Timmons 模式强调创业系统的动态平衡问题，Bruyat 和 Julien 模式则是以重视创业流程管理来表现。这两个模式也都没有忽略外部环境的因素，由于创业所需的机会、资源、团队都需要经由外部的市场网络、资本网络、人际网络来获取，认识创业的市场环境，发展创业的网络关系，对于创业成功必然具有关键性的作用。

第三节　Dollinger 模式

Dollinger（2003）采取资源基础理论的观点来探讨创业管理，因为资源基础理论适合用来解释竞争优势形成的原因，并可以准确地描述创业家如何运用策略性资源来推动创业过程与获得成功。创业家成功的原因并非只是发掘好的市场机会或研拟好的竞争策略，掌握关键资源与发展独特的能力，并将资源能力与机会、策略相互结合起来，才是创业成功的根本原因。

Dollinger 模式建立在 Gartner 模式的基础架构上，增加了资源能力新构面。创业的核心是设立新事业，因此将新事业开发过程（new venture creation process）摆在创业架构的核心地位。Dollinger 模式提出的创业管理的观念模式（图 3.3），由资源能力（resources and capabilities）、创业成员（individuals）、环境（environment）、组织（organization）等四个构面所组成，用以诠释新事业开发过程中所面临的关键议题。[①]我们将依序说明这四个构面的内涵。

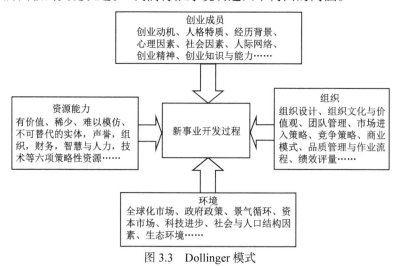

图 3.3　Dollinger 模式

---

① 这个架构修订自 Gartner（1985）。Gartner 为早期提出创业管理观念架构最具有代表性的一位学者，他的架构包括：创业成员（individuals）、环境（environment）、组织（organization）、过程（process）四个构面。本书强调资源基础的理论观念，因此增加资源能力这项新的构面，至于过程构面，即是指新事业开发的过程管理。

一、创业成员

创业是由人所推动的，因此人这项因素在新事业开发中所扮演的重要角色是毋庸置疑的。一个人的心理状况、社会关系、教育、年龄等背景因素，关系到他是否具备创业精神，以及是否能够成为一位创业家。创业团队成员的经验、知识、专业，以及整体团队所发挥出来的能力，往往是新事业成功依托的最重要的资源能力。

创业家与他的团队成员对于风险认知与承受的程度将会影响新事业的格局与经营风格。例如，持风险趋避态度的创业团队显然不会过度操作财务杠杆，对于业务扩张也会采取逐步渐进的方式。创业团队成员的人际网络关系也会影响新事业资源取得的能力，并且成为一种能够创造竞争优势的策略性资源。

二、环境

对新创事业来说，环境营造了机会与威胁，机会通常以"金钱、人才、技术"等资源形式出现。创业家的机会挑战就是由环境中取得这些资源，并结合既有的资源，建立新事业，进而使之成功。来自环境的威胁与限制，则是所有竞争市场都将共同面对的问题，创业家必须透过所拥有的资源，发展有利的策略，度过难关。关键的环境因素有：全球化市场、政府政策、景气循环、资本市场、科技进步、社会与人口结构因素及生态环境等。环境因素具有多变、复杂、不确定的特质，所以创业家必须随时注意环境变迁的趋势，以及一些特殊环境事件可能带来的冲击，以适时调整企业的组织与经营策略。

三、组织

新事业开发的具体显现，就是开创一个新的企业组织。创业家都需要为组织设计运作结构，研拟市场进入策略，采取保护市场地位的措施，规划最适作业流程，以有效将资源投入转换成消费者所需要的价值，并带动新事业成长与实现获利目标。当然组织功能还有更深层面的意涵，因为组织是由一群具有技能、天赋、知识、价值、信念的成员所组成的，成员经由彼此认同与团队合作，形成共同的企业文化与价值观，并汇聚团队力量追求事业理想的实现。

四、资源能力

一般而言，市场机会与经营策略很难专属独占，必须拥有稀少、有价值、难以模仿、难以替代的策略性资源，才能创造持续竞争优势。因此，奠基于资源基础理论的创业管理，强调创业家应充分认知策略性资源的特征，将创业愿景、市场洞察力，与取得、发展、运用策略性资源结合，并为新事业研拟一套获胜的经营策略。

创业观点的资源基础理论说明了产业进入障碍是存在的。为了让这些进入障碍成为竞争优势，创业家需要在团队、环境、组织三个构面，发展出具有独特性、稀少性、不可复制的资源能力，并经由团队、环境、组织三者之间的互动，创造出受人尊崇且获利丰厚的新事业。

第四节　"刘&谢"创业管理观念模式

刘常勇和谢如梅（2006）针对创业管理提出一个整合性观念模式，并借由分析构面内涵与互动关系，响应创业研究遭遇的一些问题。回顾过去的文献，许多学者从不同角度提出创业管理的模式架构。例如，Gartner（1985）提出"创业家个人、环境、组织及创设过程"等四个创业模式的构面，他认为创业并非单一构面足以说明，所谓创业管理，就是如何有效管理这四个构面。但 Gartner 的模式忽略了创业机会这个重要构面，同时未对四个构面的互动关系做更进一步的说明。

Timmons（1999）在 *New Venture Creation* 一书中提出"创业家、机会、团队、资源"等四个创业管理模式的构面。他认为成功的创业家必须能随着事业发展，对机会、资源、团队三者做出动态平衡。Timmons 仅将环境视为冲击创业管理活动的外在变量，并未加以详细说明，而且模式中未能说明动态平衡与创业绩效的关系。Ucbasaran 等（2001）则以"创业理论、创业者类型、创业过程、组织类型、外在环境、创业成果"等六大构面作为创业研究的主要范围，他虽然也强调各构面间的连接关系，却没有能够说明机会、资源、团队等重要构面因素。

刘常勇和谢如梅建构的观念模式包括"创业家与团队、创业机会、创业资源、创业环境、创业绩效"等五个构面，如图 3.4 所示。其中，创业家与团队构面主要是探讨心理因素与个人特征，包括意图、动机、自我效能及过去的知识等；创业机会构面则主要探讨创业家如何发掘、辨识、利用、评估机会因素；创业资源构面则是指规划与实施创业过程所需资源的内涵，包括财务、实体、技术、人力、社会、组织以及外部网络等。与 Timmons 的模式相比，增加创业环境与创业绩效两个构面。因为，政府政策、经济环境、社会文化、产业结构等环境因素对于创业行为将造成显著的影响。再者，创业是一种对于复杂与不确定环境的洞察力，并经由高风险活动创造成果的行为，因此创业绩效是衡量创业过程的重要指标。上述每一个构面都将与其他四个构面相互连接与相互影响，因此探讨每一个构面议题时，均须同时探讨其间的连接与互动关系。以下我们将以文献探讨诠释"刘&谢"创业管理观念模式的五大构面，并借以更深入了解创业管理观念模式的内涵。

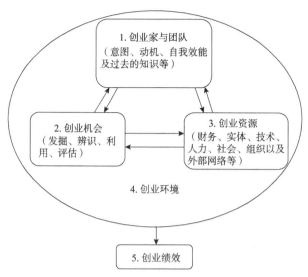

图 3.4　　"刘&谢"创业管理观念模式

一、创业家与团队

创业家是创业的最核心部分。创业家（entrepreneur）这个字源自法文"entreprendre"，指的是去做一些事（to do something），强调一个人能积极主动去完成某事。但是现代对于创业家的定义则更为具体，例如，Bygrave（1997）指出创业家是那些能洞悉机会的存在，并成立组织以实现机会，进而创造利益的人。Bygrave 和 Hofer（1992）主张应采取较为广泛的定义，他将创业家视为能够认知机会且开创新事业组织的人。

然而，有关创业家的定义与分类仍存在分歧，例如，林家五等（2004）将创业家研究分为三类：第一类将焦点放在解释创业家出现的现象，第二类以公司作为主角取代创业家，第三类以人格特质与能力等变量来定义创业家。而 Ucbasaran 等（2001）则将创业家类型分为创立者（想要建立新企业的个人）、初学者（没有任何创业经验的个人）、习惯者（过去有经营企业的经验）、连续者（过去曾自行创立公司，在卖/关前公司后，又继续开创其他新事业）、组合者（个人持续经营所创立的公司，但后续亦经营其他企业），他认为不同背景对于新事业开发也会有很大影响。

过去文献对于创业家研究有两类的看法，一是强调心理路径（psychology approach），也就是探讨创业家的人格特质（traits），试图找出适合创业的人。因此，传统研究大都将焦点置于创业者先天的条件（Acs and Audretsch，2003），如创业家的个性、心理状况、对风险偏好程度等因素。然而研究结果显示，难有一套完美的特质理论来区分谁可以成为创业家或谁无法成为创业家。虽然理论上对于创业家特质无一致性的看法，但一般仍认为具有高度成就需求、风险倾向与内控的人较适合进行创业活动（Dollinger，2003）。二是强调社会路径（sociological approach），试图从社会学观点，解释创业家所处的社会背景对其创业决策的影响的研究将更多着眼于创业家的后天经历，包括个人经验、专业知识、教育程度、家世背景，对创业能力的影响。例如，Shane 和 Venkatraman（2000）探讨创业家的先前知识对机会发现的影响，显示出创业家个人背景对创业有极重要的影响。

目前仍有许多研究是针对创业家的人格特质与属性族群进行分析，例如，廖学寅（2004）探讨台湾中小企业创业家人格特质与创业绩效的关系，吴奕慧（2004）研究华人创业家适性量表的建构，研究结果皆显示创业家与非创业家在性别、婚姻状况、年龄、宗教信仰、教育程度、创业行业的年资等人口统计变量上皆达显著差异。Kourilsky 和 Walstad（1998）研究青少年与女性对创业的知识、态度的差异，指出学校教育对于创业的重要性。

除了创业家个人因素外，创业团队也是一个受到重视的议题。由于创业需凝聚不同专长的人才，创业团队成员的合作与冲突亦成为影响创业成效的关键因素。例如，Lechler（2001）曾探讨创业团队中社会互动因素对新创事业成功的影响；Chandler 等（2005）探讨环境动态、企业发展阶段、团队异质性与团队规模、团队成员增减及创业绩效的关联性。研究结果显示，无论是外部环境或是内部组织因素都对于团队成员增减有显著影响，而企业发展阶段对于团队成员增减与创业绩效则具有干扰作用。

二、创业机会

创业机会是指开创新事业的可能性，也就是经由重新组合资源来创造一个新的方法-目的（means-ends）架构，并相信能由其中获得利润（Shane，2003）。由于机会必须足够吸引人，具有耐久性与实时性，存在创造产品服务价值的能力，创业机会可说是由"创新"及"利润"两项要素所构成的。Sarasvathy 等（2003）指出创业机会应包括新构想（new idea）、对于目标的信念（belief），以及为了达到目标所采取的行动（action）。也就是说，当创业家有了新的构想或发明，还必须付诸行动。因此，我们将创业机会定义为"创造新的资源组合，以不同以往的方式来达到创新的目的，并且透过行动来获取利润"。

（一）创业机会形成的理论观点

在探讨"创业机会是如何形成的"这个问题之前，首先要厘清有关本体论（ontology）的基本假设。过去学者对于机会是客观存在的（Shane and Venkataraman，2000；Shane，2000）或是主观创造出来的（Ardichvili et al.，2003）

两个论点争论不休。而这些论点攸关研究的基本假设，故有进一步澄清的必要。

由理论的发展过程来看，最早期的新古典均衡理论（neoclassical equilibrium theory）认为市场上所有机会都是公开且公平的，假设每个人都能认知到所有的信息与机会，因此个人属性（如创业精神、风险偏好等）是决定能否成为创业家的主因。换句话说，能不能发现机会以及是否成为创业家，端视个人的创业动机与性格倾向。Kihlstrom 和 Laffont（1979）的均衡模型指出创业家对于不确定性风险偏好程度较高。除了创业家个人性格特质因素之外，许多学者认为机会发掘也将受到个人创业意愿与创业能力的影响。

新古典均衡理论的论点数十年来持续受到质疑，奥地利学派学者如 Kirzner 等认为均衡理论不够完整（Shane，2000；Shane and Venkataraman，2000）。奥地利学派的基本假设为信息是不对称的，市场是由不同的信息所组成的，因此人们无法认知到所有的机会，能否成为创业家将受限于每个人掌握信息的多寡。创业家拥有先前知识的数量及机会可被利用的程度等，才是决定创业机会的主要因素。简言之，奥地利学派的论点认为：①人们不能认知到所有的创业机会；②信息比人的属性更能决定谁会成为创业家；③机会发掘的过程当然也会受到个人创业意愿的影响。

上述理论皆有其存在的背景与价值，但可发现新古典均衡理论认为所有的创业机会是公开且公平地存在于市场上，每位创业家都可以获得同样的信息与机会，似乎与现实状况不符。而心理学派只专注于探讨个人的创业意愿与能力，却完全忽略外在信息的影响，故多数学者还是倾向支持奥地利学派理论的观点，认同市场存在信息不对称的现象，因此人们无法辨识所有的机会。在信息不对称的前提下，机会形成受到不同市场情境的影响，因此必须考虑自己所处的市场是否能够产生机会。

（二）创业机会的来源与内涵

Sarasvathy 等（2003）以供需关系作为分析构面，提出机会辨识（recognition）、机会发掘（discovery）、机会创造（creation）等三种类型。"机会辨识"是指当市场中的供需关系十分明显时，创业家可借由供需连接来辨识机会。而"机会发掘"则是指当有部分状况是未知的，而未知的那方面即等待着创业家去进行机会发掘。举例来说，一项新技术被开发出来，但尚未有具体的商业化需求出现，因此需要透过创业家不断地尝试来发掘出市场机会。"机会创造"观点比起前两项，供需状况皆不明朗，因此创业家要比他人更具有先见之明，才能创造出有价值的市场机会。有关"机会创造"的理论与实证论述较为缺乏，因为在供需皆不明显的状况下，创业家想要建立连接关系的难度极高。但是这种机会通常可以创造出全新的手段-目的架构，并为创业家带来极大的利润。

实际上，三种创业机会类型皆可能存在于市场。也就是说，市场机会可能是已经明显存在，等着被发现，抑或需要创业家以奇想创造出来。一般而言，第一种创业机会多半处于供需尚未均衡的市场，创新程度较低，这类机会并不需要太繁复的辨识过程，只要拥有较多资源，就可以快速进入市场获利。相对而言，第三种创业机会就非常难实现，这类全新的供需方式必须依赖少数拥有专业技术、信息、资源规模的创业家，同时还必须愿意承担巨大的风险。至于第二种创业机会的创新程度较高，是当前创业活动的重点，也是多数创业家致力投入的创业机会类型。

Shane（2005b）指出市场变化会带来新的商业机会，这些变化包括科技变迁、政治与法规变化、社会和人口结构变化、产业结构的变化。成功的创业家必须了解且清楚这些市场变化的情况，以及变化将如何影响创业机会的发生。除了外在环境变动因素，Shane 和 Venkataraman（2000）亦指出机会评估将受到个人因素的影响。个人背景不同，造成对于市场需求、产业边际利润、技术竞争能力等机会评估价值的差异。因此，创业机会的来源主要受到两方面的影响：一是"外在环境的变化"，也就是外部因素改变导致新的机会出现；二是"创业者个人的因素"，包括人格特质、先前知识、社会网络关系等。

Ardichvili 等（2003）曾针对创业机会的发掘、利用与评估建立整合性的理论模式，有助于后续学者厘清影响创业机会的变量。此外，我们也建议后续研究可尝试找出影响创业机会的前因后果。例如，Shane（2000）根据八个麻省理工学院（Massachusetts Institute of Technology，MIT）的个案，建构出机会发现的概念性模式。在此研究中，技术特性是机会发现的前置因素，而所发现的机会则会进一步影响创业家执行机会的方法。再者，由于机会的内涵很难具体化，目前实证性文章仍较少，未来可朝构面操作化或是建立量表的方向进行。例如，Shepherd 和 DeTienne（2005）根据 Shane（2000）的概念，探讨先前知识、利益诱因与机会确认的关系，将各构面做明确的操作化定义，并以实验法进行验证。

三、创业资源

创业所面临的制约因素之一，就是如何获取创业所需的资源。资源是指一种对企业发展有关键作用的事物，没有任何一个创业家所拥有的资源完全相同，也没有任何一个新创事业有着一样的发展条件与资源，因此新创事业是以各自拥有不同的资源条件为基础开始发展的。

我们将资源分为六类，包括财务、实体、技术、人力、社会及组织资源等有形与无形资产。以下根据 Lichtenstein 和 Brush（2001）及 Dollinger（2003）的定义，将六项资源的定义进行简单整理。"财务资源"指的是创业者所有的各种财务资产的总和，包括具体表现在企业财务报表上的各类资金。"实体资源"是指企业在从事生产与管理工作时所运用到的有形资产，包括厂房设备、土地等，有些企业也拥有许多矿产、能源等自然资源。"技术资源"包括实验室、研发设备、质量测试与管制技术等，经由研发产生的知识，可透过专利、著作权、营业机密保护。"人力资源"包括一般与特殊人力资源，前者是指一般工作者，而后者则是指具有特定产业知识的专业人力，以及先前具有创业经验的创业人力资本。"社会资源"是指透过人际镶嵌关系杠杆运用所获得的各种资源，包括创业家所拥有的社会关系网络。"组织资源"包括组织的商业模式、管理能力、策略、领导、组织结构等。

有关创业资源的研究文献数量不少，例如，Ucbasaran 等（2001）探讨资源与策略如何影响创业活动，并提出资源获取的策略；Elfring 和 Hulsink（2003）探讨创业社会网络与资源获取的关系，显示出强连接网络关系对于资源获取极有帮助。Chandler 和 Hanks（1994）的研究发现多样性资源可使得新创事业成长迅速，建议创业家应该设法获得多样的资源，并有效加以配置，以获得最大效益。Chandler 和 Hanks（1998）探讨财务资源与人力资源的内涵，认为财务资源需求与产业性质有关。Lichtenstein 和 Brush（2001）探讨新事业发展初期所需要获取的资源类型，以及随着创业阶段改变，所需资源变化的情形。结果发现，在新事业发展初期，技术与组织等无形资源要比有形资源更为重要。Brush 等（2001）以四个个案分析创业家处理资源面临的挑战，发现创业家必须建构资源基础能力，才能满足各阶段新事业发展的需求，并提出资源发展路径及价值创造的观念性模式。

四、创业环境

创业与所处的环境关系密切，因为创业不仅是个人行为，同时也是一种社会活动。社会整体对于创业的支持态度，提供机会与资源的程度，都会影响人们的创业决定与表现，以及新事业未来的发展规模。自社会生态学的角度来看，拥有较多创业家与新创事业的社会，创业风气也会较为旺盛。自资源依赖的角度来看，创业需要依赖大量外部资源，因此创业行为将受到资源来源渠道的影响。如果资源主要来自家族与亲人，那么家族创业的比例较高；如果资源来自风险投资与社会大众，那么知识型团队创业的比例将会增高。同样地，产业环境变迁对于员工内部创业与经理人离职创业等，都会造成显著的影响。社会就业机会的多寡，对创业决策也会有明显的影响。当就业机会减少，社会对于创业资源的提供就会增加，当产业呈现快速变迁与大量出现新科技之际，创业动机也会相对地增加。

Gnyawali 和 Fogel（1994）指出，当商业环境越有利时，新创事业就越容易出现。当社会对于创新与创业行为越加支持，创业家就有越高的创业意愿。环境因素明显影响一个地方的创业行为，因此政府对于创业环境因素，将扮演着直接且重要的影响角色。新兴经济体或发展中国家的创业需求较高，因为它们需要更快速地发展经济与创新，并挑战现有的环境体制。相对于大企业，小企业更加依赖有利的创业环境，因为它们比较缺乏资源与政治影响力，但也有学者提出相反的看法，认为小企业同样能够对地方公共政策产生影响力。

由于创业环境对于新事业具有整体性影响，创业过程的任何一个环节，都可能受到环境所造成的风险与不确定性影响。Gnyawali 和 Fogel（1994）提出了一个整合性的概念架构，同时探讨创业机会、创业能力、创业倾向等构面与环境之间的互动关系。而 Ucbasaran 等（2001）则利用资源依赖及人口生态理论来解释环境如何影响一个新事业的形成，前者将环境视为资源的集合，而生态理论强调的是对于环境的适应。Specht（1993）结合了这两种观点，提出组织形成与环境的关系的模式。Shane（2003）则认为创业家在探索机会时，会受到制度环境的影响，这些因素又可分为经济环境、政治环境及社会文化环境三大类。

回顾过去创业相关文献，专门探讨创业环境的研究不多，其研究角色也多为控制变量或干扰变量。我们认为环境对创业所造成的巨大影响，应值得给予更多的重视。建议未来研究者可从以下几个角度切入。

第一，针对跨国创业环境进行比较。例如，Begley 和 Tan（2001）比较四个盎格鲁-撒克逊（Anglo-Saxon）国家及六个东亚国家间的社会文化环境差异对创业意愿的影响；Begley 等（2005）针对盎格鲁-撒克逊、东南亚等国的政治与经济因素对新事业开创意愿的影响进行分析；GEM 每年都会针对全球超过 60 个会员进行创业调查，这些资料都有助于探讨创业环境的影响力。

第二，专门针对某一项创业环境的影响因素进行分析。例如，Audretsch 和 Thurik（2000）针对政府因素进行研究，指出 21 世纪将由管理型经济迈向创业型经济，他们主张建构创新型的基础环境将是政府的主要职责。

第三，探讨环境因素对创业的负面影响，例如，环境因素是否容易造成创业失败与提高风险。Covin 和 Slevin（1989）研究在不利与有利的环境中，新创事业的组织策略、竞争策略及组织属性间的关联性。

总之，创业研究中许多主题皆会受到环境因素影响，其重要性不容忽视。

五、创业绩效

绩效为创业成败的衡量指标，Venkatraman（1997）指出创业绩效不能完全以一般企业管理的衡量方式进行，因为创业着眼于能创造利润的机会发掘与利用，因此除了考虑经济绩效外，仍须加入个人努力对于社会的贡献程度。换句话说，在个人层面上，需考虑机会成本的代价、个人能力成长、实现愿景目标等因素，在社会层面上，创业活动可创造新市场、新产业、新科技、新制度、新工作等生产力的增加。因此，创业绩效应同时考虑个人和企业在经济与社会上的成果。

Murphy 等（1996）指出，过去的研究对于创业绩效的衡量过于分散且无明确评估指标，一般可分为以组织效能为主的财务指针、强调产品质量或市场占有率的操作性指标或是综合性衡量的多重成分指标等三大类。Venkatraman 和 Ramanujam（1986）则指出，应以财务性与操作性指标来衡量创业绩效，并以初级数据（问卷、访谈）与次级数据（数据库、档案文件）作为评量的依据。

获利、存活、成长、公开发行是四项常见的创业绩效评量指标。Murphy 等（1996）回顾了 1987～1993 年 51 篇以创业绩效为因变量的实证性文章，共整理出八个绩效构面（效率、成长、利润、规模、流动性、成败、市场占有率、杠杆）。发现过去的研究虽然可区分为多个衡量构面，但大部分都偏向财务性指标，而忽略了操作性指标，且至多使用两个构面衡量；在资料来源部分，也多倾向以问卷方式获得的初级数据，较少使用客观的次级数据。因此，建议后续研究在考虑主题相关性的原则下，应增加绩效衡量指标与资料来源的多样性。

Ucbasaran 等（2001）指出，大部分的创业绩效研究都着眼于企业是否生存，或以量化的财务绩效来检视，而实证研究皆使用客观财务指标或以问卷方式获得的非财务指标来衡量企业成长与绩效。例如，Sarkar 等（2001）以市场占有率、销售增长、市场发展及产品发展等指标来衡量联盟创业绩效。Lee 等（2001）的研究探讨技术创业厂商的内部能力、外部网络及绩效之间的关联性，他们认为获利率、投资报酬率等财务指标并不适用于衡量创业初期的绩效，因为这一阶段的新事业经营应着重在成长率，他们建议应以销售成长率作为绩效衡量指标。

绩效衡量常是创业研究的重要因变量，因此需要更审慎地使用。我们认为仅采用财务指标及初级数据来衡量创业绩效略显不足，还应考虑创业家的初始创业动机与目标，以及将创业过程各阶段的成果产出也视为绩效评量。可加入主观衡量绩效的概念，例如，将个人对于创业目标达成度、满意程度等纳入绩效的考虑（Cooper and Artz，1995）。另外，过去研究多评量创业成功的绩效，而忽略探讨中止或是售出的案例。Huyghebaert 和 Van de Gucht（2004）曾研究产业内现有企业如何利用财务市场的策略行为来影响新创事业的退出。离开市场不一定是失败（Ucbasaran et al.，2001），未来研究可进一步探讨创业家离开市场的各种原因及决策模式。

第四章 创业家个人因素对创业决策的影响[①]

第一节 导 言

有人将创业戏称为"找到金主，然后将风险转嫁给金主，利益保留给自己"。不过这种投机性的创业决策并不符合创业的主流思维。还有一种说法是，创业成败的风险无法评估，不试一试，怎么知道是否能够成功？因此，进行创业决策不能想太多，必须具有铤而走险的勇气。过去白手起家者大都抱持这样的态度，失败了大不了重新再来。

传统社会观念主张"宁为鸡口、勿为牛后"，认为当个小老板总比大公司的小职员要来得风光，通常只要愿意胼手胝足苦干实干，创业成功的概率都很高。因此，也有人认为，创业决策在华人社会似乎并不是一个需要审慎斟酌的行为。

不过在今天的知识经济社会进行创业，情况已经完全不同于以往，创业者多半都是学有所成的专业人士，他们追求的事业目标不仅是当个小老板。现代创业还需要集结大量资金与优秀人才，除了付出不低的机会成本，失败的风险也比以往高。如果没有充分准备就贸然决定创业，而导致失败，其实也是一件相当不值得的事情。因此，创业对于个人职涯规划仍然属于重大决策，而这项决策将会受到个人背景因素、内在心理因素及外部环境因素的影响。

创业不是一种理性的科学分析，因为创业决策将深受个人因素的影响，创业决策可以说是一种生涯发展的选择与重大决定，受到个人背景因素与个人心理因素的影响。影响创业决策的个人背景因素包括机会成本、教育程度、专业知识水平、职涯经验、年龄、社会地位与网络关系等，其中有些背景因素是出生时就注定了的，例如，出生在创业家庭中，可因耳濡目染与家庭网络支持而更容易做出创业决定，不过更多的背景因素会受到时间与环境的影响。

在个人背景发展过程中，心理因素也扮演十分重要的角色，它不但会影响个人职涯背景的形成，更是影响创业决策的重要因素。一般认为影响创业决策的个人心理因素包括性格、动机、自我评价、认知态度等，其中有些因素与先天个性有关，比较不会因时间与情境而改变，但也有一些认知态度相关的因素

---

① 本章部分内容参考自 *A General Theory of Entrepreneurship: The Individual-Opportunity Nexus*(Shane, 2003)。

会受到后天环境与所处情境的影响。虽然有人主张机缘命运对于创业决策将产生重要影响，但所谓机缘命运也会受到个人背景、性格与思维模式等个人因素的影响。

机会是客观存在于市场，但是机会利用却是一个主观的议题，因为是否要利用这项机会的决定，将深受创业家个人因素的影响。显然，创业机会的辨识评估也非属科学理性，对于 A 君可能是一项重大商机，但对于 B 君却可能是灾难性陷阱，对于 C 君虽然是重大商机，但不具有可行性。因此，我们分析创业机会的时候，仍需将个人因素纳入考虑。机会利用往往经过辨识、发展、评估的过程，潜在创业家需要投入心力与资源于发掘创业机会，因此这种决策应与过程中个人认知与价值观有关，而且创业决策是过程情境相依，显然也会受到个人背景与心理因素的影响。

创业是一个人与机会互动的过程，因此创业决策与机会利用明显受到创业家个人背景因素及心理因素的影响，如图 4.1 所示（Shane，2003）。本章第二节将从机会成本、教育与专业知识水平、职涯经验、年龄、社会地位与网络关系等五大构面比较深入探讨个人背景因素如何影响创业决策与机会利用。第三节则从性格与动机、自我评价、认知态度等三个个人心理因素有关的构面探讨其对创业决策与机会利用的影响。

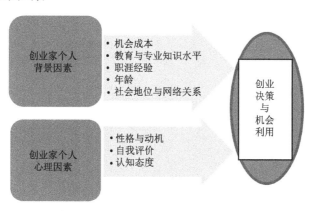

图 4.1　创业家个人因素对创业决策与机会利用的影响

许多人都曾一度闪过创业的念头，但实际付诸行动的却不是很多，原因是创业决策要面对的不确定因素实在太多了。对于创业决策与机会利用，个人背景因素或心理因素究竟哪一个影响较大？这是一个不容易回答的问题。因为人会受到所处社会环境的影响，但是不同背景与性格的人对于社会环境影响因素将有不同的响应程度。因此，本章第四节将建构创业的社会模型，并自创业动力与情境因子两个构面来探讨影响创业决策的社会环境因素。

第二节　个人背景因素对创业决策与机会利用的影响

一、机会成本

创业需要有投入与成本，同时还会面对许多的未来不确定因素，因此成败难料。但是那些看准与抓住机会，并且做出投入决策的创业家，显然认为回报会高出投入很多，同时成功的机会也很高，甚至他们认为自己一定会成功。

天下没有免费的午餐，创业也是需要付出代价的，此处我们称之为机会成本。当你决定创业，可能必须放弃许多其他的选择，包括较悠闲的生活、较安稳的工作、原有职场的升迁发展机会等。机会成本会影响创业的决策，当两个潜在创业家面对同样的创业机会的时候，机会成本较高的比较不容易做出投入的决定。因此，机会成本会影响创业家对创业机会的认知与评估。

（一）个人当前收入高低对创业决策的影响

一般而言，薪资水平越高，职位越高，升迁机会越多的人，通常创业的意愿相对较低。或者可以这么说，他们的创业机会成本较高，因此能够吸引他们的创业机会门槛也相对较高一些。Amit 等（1995）针对 55 434 位投入于微型创业活动的样本对象进行调查，发现他们在投入前的平均薪资收入远低于全部受雇者薪资收入的平均水平，显示出低收入者创业的机会成本较低，将比较容易做出创业的决定。同样地，Evans 和 Leighton（1989）调查了 2731 个样本，也发现当薪资收入提高后，投入于自雇型创业的比例也相对降低。

Dolton 和 Makepeace（1990）在英国进行调查发现，当大学毕业生的起薪水准提高后，他们投入于自雇型创业的意愿也会相对降低。自雇型创业报酬与受雇薪资的差距大小，将会影响人们做出是否投入创业的决定，如果前者报酬不能显著高于后者，那么创业就很难成为吸引人的一项职涯选择。如果一个社会的保障制度良好，对于就业者提供充分的保护，制定较高的最低工资水平，甚至提供大量的失业津贴，那么人们投入创业的意图将会降低，因为创业的机会成本太高了！

（二）失业有利于驱动创业的意愿

当找不到工作，或失去工作之际，创业往往就会成为下一阶段职涯发展的重要选项。Mesch 和 Czamanski（1997）针对 275 位自苏联移民到以色列的犹太人进行调查，发现他们在找工作的同时，也积极考虑自行创业。Taylor（2001）在英国进行的调查也显示，失业族群的创业意愿要高于就业族群。Ritsilä 和 Tervo（2002）

在芬兰进行的调查也发现同样的现象。Eisenhauer（1995）在美国针对 1959～1991 年的自雇型创业资料进行调查，发现当政府提高失业救济保障与提供更优厚的失业补贴福利，则该年的自雇型创业比例也会相对降低。Evans 和 Leighton（1989）调查指出，失业时间越长，失业者的创业意愿会越强烈。由于他们的保障与保险逐渐耗尽，对于找到工作的希望逐渐降低，当创业的机会成本降低，反而有助于提升创业意愿。在台湾颇受注目的"博士卖鸡排"新闻，就是博士难觅教职，就业困难，导致这位拥有博士光环的青年人毅然选择投入于自雇型创业的活动。

由于机会成本对于创业决策将具有显著影响，当一个地区的失业率提高，则创业机会成本必会降低，将有助于增加该地区的创业活动。这个理论观点在许多地区都曾被一再地验证，例如，Audretsch 和 Acs（1994）运用美国中小企业管理局 1976～1986 年的数据库进行分析，发现失业率提高将有助于提高新创事业的数量。另外，Storey（1982）、Guesnier（1994）、Audretsch 和 Fritsch（1994）、Davidsson 等（1994）及 Kangasharju（2000）在英国、法国、德国、瑞典及芬兰进行的调查都同样地验证地区失业率高低与地区创业率（新事业形成）高低呈现显著正相关。Bogenhold 和 Staber（1991）针对经济合作与发展组织（Organisation for Economic Co-operation and Development）的 10 个国家 1950～1987 年的资料进行的实证研究也发现各地区失业率与自雇型创业率之间都呈现明显正向关系。

如果失业者因为机会成本较低，比较容易利用创业机会与驱动创业行为，但是否由于创业门槛较低，他们的创业质量（创业绩效）也会受到机会成本较低的影响？失业者的创业资源较少，使得选择的创业机会门槛较低，机会的效益也相对较低，他们大多投入在不需太多资源条件的微型创业活动，而由于进入门槛低，形成了激烈的竞争，最后创业的所得报酬将十分微薄，同时创业失败的风险也相对提高。至于创业机会成本较高的创业者，通常选择质量与回报率较高的创业机会，这种创业机会的进入门槛较高，需要具备较多的资源，所以创业活动的绩效质量也会较高一些，加上在投入前通常都会做出较审慎的评估与规划，因此创业成功的概率可能会高一些。Cooper 等（1988）在美国的研究发现，离职创业者通常都有比较长的准备期间，因此新事业三年后的存活率要高于那些因失业被迫投入创业活动的新事业。Evans 和 Leighton（1989）及 Schiller 和 Crewson（1997）的研究也都发现创业前失业时间较长的创业者，他们的创业所得回报率也相对较低。

上述有关机会成本与创业决策的关系的研究显示，机会成本越低越容易启动创业行为，但是创业质量与绩效表现相对也会来得较差一些。理想的创业型社会不但要使人们容易启动创业行为，同时也要提升创业活动的质量绩效。

二、教育与专业知识水平

拥有较高的教育程度及较丰富的专业知识的人，通常能够比较有效地吸收市场信息与评估机会的可行性，因此将有助于辨识与利用各种创业机会，并使之创造更优厚的回报。

创业活动中需要有效利用资源、设计商业模式、设立企业组织、研拟企业愿景、凝聚成员共识，进而规划、执行各项商业活动、创造价值、获取利润，这些活动都将依赖大量的专业知识。因此，教育程度影响潜在创业者对于机会利用的态度与能力。青年学生受过创业相关的专业训练后，将显著提升创业自我效能，降低创业过程的不确定风险，彰显创业自信心，而且有助于辨识与利用创业机会。

Storey（1994）的研究显示，在美国具有高教育程度的人比起一般大众，更能有效辨识、评估、利用创业机会。但这并不代表学历越高的人，创业意愿就一定越高。高学历者的机会成本比一般人高，所以他们的创业门槛也相对高一些。虽然教育程度高未必代表具备创业专业能力，但拥有较高学历者如果决定投入创业，他所掌握的专业知识应该有利于降低创业过程的不确定风险。

回顾 Dolton 和 Makepeace（1990）在英国做的调查，Honig 和 Davidsson（2000）在瑞典做的研究，以及 Mesch 和 Czamanski（1997）在以色列针对外来移民做的研究，Fernandez 和 Kim（1998）在美国针对亚洲移民做的调查，可知教育程度与投入自雇型创业的比例呈现正向相关，显示出教育程度对于创业机会的辨识、发掘、评估、掌握确实具有正向的影响关系。

上述调查多半都是在发达国家进行。一般而言，发展中国家教育程度与就业机会都相对较低的情况下，可能有一些低教育程度者由于不具有好的就业机会，他们的机会成本很低，因此才投入于创业。但是，对于发达国家，教育程度已普遍提升，创业机会成本比较高，因此拥有较高教育程度与专业知识水平，才能有效辨识、评估、利用那些具有高成长潜力的创业机会。在我国台湾地区进行的 GEM调查显示，大学学历以上族群创业的比例较高，这与过去低教育程度者投入于创业活动的现象是不一样的。预期未来创业家的教育程度还会进一步提升，尤其是投入于高成长机会型的创业活动，普遍都需要具备较高的专业知识水平。目前台湾也逐渐出现结构性失业的社会问题，大学学历以上族群的失业比例相对较高，因此需求导向（necessity-driven）的创业活动将成为这群大学毕业生职涯发展的重要选项。

三、职涯经验

如同教育程度对于创业活动带来知识面的贡献，职涯经验对于潜在创业家辨识、评估创业机会与面对不确定风险，当有更显著的贡献。Shane 和 Khurana（2001）研究指出，拥有丰富职涯经验的创业家比他人更能有效评估与利用创业机会，显示职涯经验背景将有助于为新事业创造更多的效益。

职涯经验可分为一般企业经验（general business experience）、专业领域经验（functional experience）、产业与市场经验（industry experience）、创业经验（start-up experience）、耳濡目染经验（vicarious experience）等五大类，分述如下。

（一）一般企业经验

一般企业经验泛指一个人经由学习与工作经验积累所获得的有关企业经营管理的基本知识与能力，包括财务、生产、营销、物流、采购、组织管理等企业经验。一个人如果拥有较丰富的企业管理知识与经验，代表他具有辨识、分析与解决企业问题的能力，而这种经验能力显然有利于创业机会的辨识与评估。过去的研究文献普遍认同企业经验对于机会辨识评估具有正面影响的观点，例如，Cobas（1986）针对一群古巴移民进行的调查发现，那些拥有企业经验的移民投入自主创业的比例较高；Borjas（1986）的研究则发现，先前企业工作年资越长的移民，其自主创业的意图也会越强。不过其中也有例外，拥有高阶主管经历的移民，由于比较容易找到好的工作职位，他们的企业年资并不会提升创业意图。

Robinson 和 Sexton（1994）、Evans 和 Leighton（1989）、Bates（1995）等的研究发现，企业工作年资越长的人将越有可能投入于自雇型创业。这点显示出，企业经验不但有利于机会辨识与评估，同时也能降低创业决策的风险。尤其自雇型工作者大都属于微型创业，若能拥有一定程度的企业资历与经验，则容易投入于这种进入门槛较低的创业型态。Delmar 和 Davidsson（2000）针对随机抽样的群组进行分析，发现创业家的企业工作年资明显要高于整体样本平均值。Mesch 和 Czamanski（1997）针对由苏联到以色列的一群新移民进行调查，探讨具有企业经验移民及不具有企业经验移民的职涯发展取向，结果发现前者的创业意图比较后者要高出 7.8 倍。这些文献研究结果都一致显示出，企业经验资历与创业决策之间存在正向相关，那些具有较丰富企业经验的人比较能够辨识、评估与利用创业机会，因此他们的创业意图更为强烈。

企业经验资历虽然有助于提升创业意图与引导创业行动，但是否也能提高创业成功的概率？是否新事业发展绩效也会来得更为优异一些？一些学者认为创业需要具备企业专业知识与经营能力，因此较丰富的企业经验资历有助于新事业开发活动，并能提升决策质量。具有丰富资历的经理人所开创的新事业成功概率会高一些，新事业的表现也会更为优异。

Bruderl 和 Preisendorfer（1998）、Bruderl 等（1992）、Taylor（1999）的研究均显示，创业家过往的企业经验资历将有助于降低创业失败概率，那些拥有丰富的企业经验资历的创业家所创立的新事业，存活概率明显高于不具有企业经验资历的创业家所创立的新事业。Lee 和 Tsang（2001）针对 168 家新创事业进行调查，结果发现拥有较为丰富的企业经验资历的创业家所创立的新事业，成长表现普遍要好于不具有企业经验资历的创业家所创立的新事业。Butt 和 Khan（1996）针对巴基斯坦所做的调查以及 Bruderl 和 Preisendorfer（1998）针对德国所做的调查，也有同样的发现。Schefczyk（2001）、Lerner 等（1995）、Gimeno 等（1997）的研究也发现，拥有较丰富企业经验资历的创业家所创立的新事业，不但成长表现佳，其营收获利表现也普遍好于不具有企业经验资历的创业家所创立的新事业。

总结上述的研究发现，创业家的企业经验资历不但有助于提升创业意图与发掘创业机会，对于新事业成长获利也会有明显的帮助。因此，许多风险投资家在评选投资项目时，通常都会将创业家的企业经验与资历背景作为评估的重要考虑。

（二）专业领域经验

前述一般企业经验资历虽有助于提升创业意图与新事业表现，但在企业资历中与创业活动相关的专业领域经验，应该对于创业表现的帮助更为显著。例如，市场经验与新产品开发经验相对于财务会计经验，对新事业开发的帮助更为明显。因为在创业初期，市场与新产品开发活动将扮演更重要的角色。Klepper 和 Sleeper（2005）、Reynolds 和 White（1997）、Boyd（1990）的研究发现，那些具有较丰富专业领域经验的人比只拥有行政文书等一般工作经验者，在创业意图及新事业开发方面的表现更佳，显示出具有创业相关专业领域经验确实对于提升创业意图、发掘市场机会及新事业开发表现等可带来正面的帮助。

（三）产业与市场经验

由于创业机会辨识与产业市场熟悉程度相关，如果对于产业十分陌生，又欠缺相关市场信息，将无从辨识机会来源。再加上产业与市场的不确定风险很高，除非具备较为丰富的产业与市场经验，否则将很难判断风险，甚至也无法降低或控制风险。因此，具备产业与市场经验，对于一个人是否能够辨识机会以及是否敢于在该产业开创新事业，都具有很大的影响。

van Praag 和 van Ophem（1995）比较公教人员与私营企业经理人，发现前者由于工作性质无法累积产业与市场经验，与后者相比投入创业活动的比例明显偏低。Aldrich（1999）、Johnson 和 Cathcart（1979）的研究也发现，离职创业员工所开创的新事业大都与先前就业的产业及市场密切相关，他们利用就业阶段积累的产业与市场经验，由其中发掘创业机会，并运用产业人脉关系取得各项资源协助，显示出产业与市场经验确实对于创业决策有正面的影响。

Kaufmann（1999）研究创业加盟的决策，发现那些拥有产业与市场经验的创业者较倾向于不参与加盟，而选择独立创业。因为所拥有的产业与市场经验及人脉关系足以支持他们进行独立创业，而不需参与加盟额外支付加盟金。不具有产业与市场经验的创业者则倾向选择加盟创业模式，以降低创业风险。

同样地，Gimeno 等（1997）、Bates 和 Servon（2000）等的研究显示，拥有较丰富产业与市场经验的创业家，他们的新事业存活率及成长获利表现都要优于那些不具有产业与市场经验的创业家。如果潜在创业家在投入创业之前能够累积足够的产业与市场经验，并且在熟悉的产业中寻求创业商机，那么创业成功的概率应该会有所提升。投资家在评量新创事业投资项目时，也会十分重视创业团队是否投入于其所熟悉的产业，并将创业团队的产业与市场经验视为重要的评量指标。

（四）创业经验

研究多认同创业经验是职涯经验中对于创业决策影响最大的一项资历因素，主要原因是创业专业能力需要经由"做中学"才能取得，而一般企业经验或产业经验与创业活动均非直接相关，虽略有助于发掘创业机会，但都不如过往创业经验对于创业活动的正面帮助。

许多人不敢投入创业的原因在于市场机会模糊性与不确定性，以及创业过程可能出现大量意外事件而大幅提升风险。人们对于创业机会发掘及新事业开发过程的陌生与不确定风险，使得许多潜在创业家不敢跨出创业第一步。但是那些已经具备创业经验的人，通称为"连续性创业家"，先前创业经验已积累丰沛的人脉资源，提升他们的创业专业能力，因此能够在众多市场不确定因素中发掘创业商机，并且敢于投入资源，采取创业行动。

Reuber 和 Fischer（1993）、Cooper 等（1995）、Shepherd 等（2000）、Butt 和 Khan（1996）、Evans 和 Leighton（1989）等学者的研究都显示，先前创业经验将有助于降低对于市场不确定风险的恐惧感，提升创业机会辨识与评估能力，因此更能促成创业行动。再加上由于知晓创立新事业开发的过程步骤，以及具备新事业开发的专业能力，新创事业的存活率与成长活力表现都优于平均水平。

由于创业经验所累积的创业专业能力对于新事业开发具有很高的正面影响，创业家持续投入创业的倾向亦十分明显。Cobas（1986）的研究也发现，具有创业经验的创业家再次投入于创业活动的比例明显高于那些从来没有创业经验的人。

（五）耳濡目染经验

许多研究均显示创业家子女的创业比例高于非创业家子女，原因是他们拥有更多耳濡目染的学习机会，因此具有较高的创业意图，同时也愿意主动去辨识与利用创业机会，当然他们经常能够得到父执辈创业家在各方面给予的支持与指导。创业家子女在成长过程中观察到父执辈创业过程所遭遇的诸多事件与应对方式，也看到如何面对不确定风险与克服各种困难，增添了他们的信心，降低了他们对于创业不确定风险的恐惧，甚至引发他们追随成功经验的强烈意图。

若一个人接触较多的创业家，他的创业意愿与利用创业机会的程度也会相对较高一些。Uusitalo（2001）、Taylor（1996）、Carroll 和 Mosakowski（1987）、Reynolds（1997）等学者在各地进行的研究均一致验证，父执辈的创业经验对于他们子女的创业意图将有显著的正面影响。也就是说，来自创业家庭的子女通常都拥有比较高的创业意图。Roberts（1991）比较了 119 位科技创业家与 296 位科学家、工程师的家庭背景，发现科技创业家父母属于自雇型创业的比例要比科学家、工程师父母高出 20%。

Gimeno 等（1997）的调查发现，创业家子女所创立的新事业的失败率通常低于父母非属创业家的新创事业。这样的研究结果显示，来自父执辈的指导与支持，以及较早开始耳濡目染的学习，将有助于提高创业能力，因此提升新事业成功的概率。Lentz 和 Laband（1990）针对 514 位新创企业家进行的研究发现，第二代的创业家（父母也是创业家）投入创业的年龄比他们的父执辈小，拥有的职场经验比他们的父执辈少，但是他们所创立的企业规模与效益却比父执辈高。这点也可以说明，他们受益于父执辈的创业经验，更早开始耳濡目染的学习，因此拥有比其他人更高的创业能力，也更容易启动创业行为。van Praag 和 Cramer（2001）的研究则更进一步指出，第二代创业家的能力与父执辈创业家的能力呈现正向关系，也就是说，杰出创业家通常也能培养出较为优异的第二代创业家。中国俗语说："龙生龙、凤生凤、老鼠生的儿子会打洞"，即指家庭背景会影响一个人的职涯选择与职涯表现。

四、年龄

教育程度与产业经验对于创业决策明显呈现正向影响关系，但是年龄因素对于创业决策的影响却是不一样的，两者呈现的是非线性关系。一般而言，随着年龄增加，创业者的资历与能力也会不断提升，因此将更有利于发掘与利用创业机会。不过当年龄增高到某一程度后，机会成本增大，风险承受意愿降低，以至于影响创业机会发掘与利用的意愿。因此，年龄因素对于创业机会发掘与利用的影响，在青少年至中青年阶段可能是正面影响，而由中年至老年阶段可能就是负面影响，呈现的是一种倒"U"形曲线（inverted U-shaped curve）的关系。

有关年龄对于创业决策的影响的研究文献大都支持上述倒"U"形曲线关系的主张。Long（1982）、Borjas 和 Bronars（1989）、Boyd（1990）、Sanders 和 Nee（1996）等针对不同国家、地区的样本进行研究，均验证年龄对于机会发掘与利用呈现倒"U"形曲线关系。

Bates（1995）进一步研究创业年龄对新事业存活率的影响，结果发现两者之间也呈现倒"U"形曲线关系。也就是说，中青年创业族群与青少年及高龄创业者相比，他们的新事业存活率将更高一些。这样的观点在 Taylor（1996）与 Reynolds 和 White（1997）的研究中也获得支持，他们的研究亦发现年龄对于创业活动表现的倒"U"形曲线关系，不但发生于机会利用与新事业存活率中，而且出现在新事业的成长率与获利率中。

若由产业与市场经验及社会网络关系因素来解析，我们可以理解潜在创业家最好在采取创业行动之前先积累创业所需的经验能力与网络资源，如此将有利于创业机会发掘、利用及新事业发展。但考虑机会成本与风险承受意愿等因素，中高年龄显然不利于创业决策与机会利用，再加上产业变迁速度加剧，过多经验积累与过高资历有时反而成为创新的阻力，这时年龄变成负向影响。因此，许多人认为较佳的创业年龄层应该是24~45岁，但是如果投入于创新速度很快的产业，由于经验与年资的价值不高，最适创业年龄层将会进一步降低。

五、社会地位与网络关系

除了年龄与学历、经历因素可能对创业决策造成影响，另一项与个人背景因素相关的就是社会地位与网络关系。有句话是"有关系就没关系，没关系就有关系"，说明你是谁、你有何关系背景，将与你能成就哪些事情、取得哪些资源支持有着密切的关系。创业决策所面对的情境也是一样，创业初期处于资源与信息匮乏的窘境，因此是否能够借助外部资源与取得外部协助，将会影响创业机会利用与新事业的表现。

我们将创业家的社会影响力以"社会地位"与"网络关系"两个构面进行探讨，前者是指外界如何看待这位创业家，后者则是指创业家可以连接利用外部资源的程度。

（一）社会地位

人们常说："官大学问大"，具有身份地位的人比较容易取信于大众，他们所认定的机会比较容易获得支持，因此拥有较高社会地位者在机会辨识与利用方面显然具有优势。创业活动最大的障碍就是信息不足造成高度不确定风险，而身份地位将有利于消除不确定所造成的心理风险，投资者相对比较倾向于支持那些具有显赫地位的创业家所提出的募资项目。

Shane 和 Khurana（2001）针对 MIT 专利授权项目进行的研究发现，由知名科学家所开发的技术项目相对比较容易被外界采用，这点也说明个人知名度与影响力将有利于机会利用与获得外部支持。

（二）网络关系

网络关系有利于创业家取得市场信息，争取顾客订单，得到供货商的支持，甚至招揽优秀人才，因此一般研究均认为网络关系对于创业决策与机会利用将可产生正向影响。Aldrich（1999）、Cromie 和 Birley（1992）、谢如梅和刘常勇（2009）的研究发现，拥有较绵密网络关系的创业家在创业过程中比较容易取得外部信息与外部资源的支持，将有利于他们的创业活动表现，因此网络关系对于新创事业存活率、成长率、获利率等可产生正面影响。

Cobas 和 DeOllos（1989）针对美国的外来移民进行研究，发现在所居住城市拥有较多亲戚的移民，其创业比例要高于那些只有很少亲戚的移民，显示出网络关系对于创业决策起到正向影响。Shane 和 Stuart（2002）针对 134 家运用 MIT 技术转移成果所创设的新事业进行调查，发现那些与风险投资公司保持绵密网络关系的创业家，他们的新事业存活率要比整体平均值高出许多。Lerner 等（1995）针对以色列 220 位女性创业家进行调查，发现那些拥有较绵密网络关系，能获得较多顾问团队支持的女性创业家的新事业获利率也要明显高于整体平均值。

第三节　个人心理因素对创业决策与机会利用的影响

当两位背景与外在条件十分近似的创业家看到同样一个创业机会时，会由于个人心理特质（personal psychological characteristics）的差异，而采取不同的机会利用决定与行动。虽然心理因素不是决定创业的充分条件（sufficient conditions），但它是影响创业决策与机会利用的重要因素。

过去的文献研究对于影响创业决策的心理因素已有广泛探讨，并将之归纳为三大构面：性格与动机构面、自我评价构面、认知态度构面。前两个构面与创业家个人的本性有关，所以比较不容易因时间与情境而改变，但认知态度会受到环境的影响，因此变化性较大。无论这些构面是否因时间与环境而变化，我们确知创业决策与机会利用将深受创业家个人心理因素的影响。以下我们将分别探讨上述三项个人心理构面对创业决策与机会利用的影响。

一、性格与动机构面

俗话说"性格决定命运，动机决定行为"，性格与动机对于创业决策有着关键性的影响，因此不同创业家对于同一个机会出现截然不同的看法。例如，两位工程师虽然具有相同的资历背景与机会成本，由于个性与动机的差异，一位创业家热切地拥抱机会，另一位则对该机会视若无睹。

性格与机会构面如何影响创业决策与机会利用，经由文献整理，下面进一步细分为五个子构面进行研究。

（一）外向型

我们说一个人的性格属于"外向型"（extraversion），是指他的个性具有以下特质：积极、乐观、善于沟通、喜欢与人互动、活泼、行动导向、企图心强烈、爱表现。Barrick 和 Mount（1991）的研究认为，具有外向型性格的人比其他人更善于利用机会与采取行动。

当创业家看到一项可能的机会，他经常需要说服投资者、团队成员、顾客等利益关系人，说明为何这项机会具有可行性与获利潜力。尤其当创业机会还存在许多不确定风险时，创业家的自信态度、积极沟通及行动表现将可扭转投资人的信心。外向型的人总是比较乐观一些，他们爱表现，比较愿意以行动来探索机会，他们拥有较大的人际网络，再加上彰显于外的热情，也比较容易获取外界支持，而这些特质都将有利于创业家主动利用机会。

机会利用需要具备发掘顾客需求并加以满足的能力，而外向型创业家将乐意主动接触潜在顾客，善于运用互动沟通与关系建立等手段，因此能够更早察觉顾客未被满足的需求（Bhide，2000）。研究文献也显示，创业家在个性上比非创业家更为外向一些，外向型个性有助于建立比较绵密的人际网络关系，而丰富的关系网络也是造成他们善于利用机会的原因之一。

Wooten 等（1999）研究高阶经理人在职涯转换阶段的创业决策，他们比较94 位在职涯转换阶段未考虑创业的高阶经理人，以及 51 位在职涯转换阶段投入创业的高阶经理人，发现后者比前者拥有更为绵密的人际网络关系，个性上也更倾向于社交型。

Roberts（1991）则调查美国东岸麻省理工学院创业论坛（MIT Enterprise Forum）与 128 号公路新创社团（128 Venture Group）两个科技社群团体的 72 位会员，其中 48 位会员曾有创业经验，经由性格量表测试，发现他们比其他没有创业经验的会员在性格上更偏向于外向型。Sexton 和 Bowman（1984）针对大学的商学院学生、创业学院学生、其他学院学生进行性格量表测试，结果发现创业学院学生在社交能力评量上普遍高于其他两类学院的学生。Babb E M 和 Babb S V（1992）对 926 位居住在北佛罗里达州郊区的居民进行调查，他们将居民样本分为创业与非创业两个族群，结果同样也发现前者的社交活跃程度远高于后者。Burke 等（2000）运用国家儿童发展计划的调查数据库，发现一群同年出生的儿童在 11 岁进行的性格调查中被认为具有较高同侪认同取向长大后投入在创业活动的比例明显高于那些低同侪认同取向的同龄儿童。

上述文献显示，具有外向型性格的人相对具有较高的创业倾向，同时也比较善于利用机会。因为外向性格有利于他们获取信息，组织资源，争取协助，组成团队，甚至也比较敢于面对不确定风险的挑战。这样的观点也倾向于支持外向型创业家的创业成就表现将要优于内向型创业家。Burke 等（2000）对研究样本中长大后投入在创业活动的孩童做进一步分析，发现性格调查被认定为内向型与被动型的孩子，他们以后投入创业的绩效表现要低于那些外向型与主动型的孩子。这显示出外向型性格不但有利于创业决策与机会利用，对于创业绩效表现也会有正面的帮助。

（二）缺乏主见

所谓缺乏主见，是指一个人在性格上较为求全、愿意妥协、在意他人意见、从众性高、友善随和、柔软性与容忍性高、客气礼貌、不轻易表现等。虽然上述性格在传统文化中被视为美德，但自创业决策与机会利用的角度来看，缺乏主见显然是一项负面影响因素。

创业家通常都不是人云亦云的从众性格，而是能够领先他人察觉到新的机会与新的发展趋势。在市场机会混沌未明的阶段，机会发掘与利用过程中往往充满了噪声与异议，创业家需要能够独排众议，坚信自己的主见，并且毅然采取行动。探索新机会过程中，也需要对于市场现状提出质疑与挑战，并且敢于改变与特立独行，因此在性格上缺乏主见且习于从众的人，通常不敢领先投入于新机会的开发与利用。

许多研究文献也支持上述观点，例如，Brodsky（1993）对 47 位女性创业家以及 41 位女性经理人进行性格测试，结果发现前者的性格较倾向于质疑（more skeptical）现状，而后者对于现状的接纳度（less skeptical）较高。Wooten 等（1999）对于高阶经理人在职涯转换阶段的研究也发现，那些会转换轨道至创业的高阶经理人通常在性格上也是较倾向质疑与改变现状。

（三）成就企图

成就企图（need for achievement）强的人通常会设定较高的成就目标，因此自我要求也较高，并且愿意为达到目标付出辛苦努力与承受风险的代价。主张成就企图强的人应该更愿意利用每一个出现的机会，乃是基于以下几点原因：①在新事业机会发掘与利用过程中，往往会遇到许多困难与险阻，成就企图强的人比较愿意承受机会利用过程的磨难；②成就企图强的人习惯于设定目标、计划及收集相关信息，而机会利用流程同样也包括目标设定、计划及信息收集等活动（Miner，2000）；③成就企图强的人对于将创意转变为成果具有更强的动力，他们属于成就导向者，未达目标誓不罢手，因此更能够忍受失败与挫折，也愿意在不确定风险环境下采取创业行动（Wu，1989）。

许多研究都支持创业家比一般人具有更高成就企图的观点，以下提出一些研究文献作为佐证。DeCarlo 和 Lyons（1979）的研究发现，女性创业家的成就企图要比一般女性高出许多。Hines（1973）将创业家与工程师、会计师、经理人进行比较，结果发现创业家比其他三种专业职业工作者拥有更高的成就企图。Caird（1991）则将创业家与教师、护士、公务员、人力培训师等进行比较，同样也显示创业家具有较高的成就企图。

Johnson（1990）以不同人种与职业样本进行测试，发现高成就企图是区分创业家与非创业家的最显著因素。如果创业家拥有高成就企图，那么是否具有高成就企图的人会更倾向投入于创业活动？Hull 等（1980）针对俄勒冈大学 307 位应届毕业生进行调查，发现那些具有高成就企图的学生的创业意图要比其他学生强烈许多。Kourilsky（1994）则对 685 位小学生进行社会角色扮演的实验，结果也发现那些具有较高成就企图的孩子比较会选择创业家为其社会角色。

前述文献已明确指出成就企图与创业意图之间的正向关系，但是否拥有高成就企图的创业家的创业活动绩效表现要优于非高成就企图的创业家？由理论分析来看，拥有高成就企图的创业家设定较高的事业目标，愿意承受较高的不确定风险，对于失败与挫折的忍受程度也较高，他们拥有较强动机愿意为实现目标而积极规划与努力投入，因此新事业绩效表现预期也应来得更为优异。

（四）风险态度

你愿意用多少代价去承受不确定风险？"危机"说明机会与危险同在，但是如果风险远远高于机会，人们利用这项机会的意愿必然降低。每个人的风险承受能力与风险承受意愿是不一样的，所以他们也会选择不同的机会。

风险态度代表一个人愿意投入在高风险活动的意愿（risk-taking attitude）以及能够承担风险的程度（risk-taking capability）。由于创业活动具有不确定风险的特质，当一个人越愿意承担风险，则他将越可能利用创业机会。在新产品尚未上市前，创业家无法预知该产品是否获得消费者青睐，同时也不确定自己是否能够在有限经费下如期将产品开发出来，当然也不能知道是否能够获利。总之，创业决策与机会利用将面临技术风险（technic risk）、市场风险（market risk）、营运风险（operations risk）、竞争风险（competitions risk）及获利风险（profit risk）等。创业机会利用是一种具有高风险的决策行为，虽然风险可能被降低，但风险是无法被消除的。因此，创业家的风险态度将直接影响创业决策与机会利用。

研究文献显示，那些善于利用机会的创业家通常都拥有较高的风险承受意愿，也就是说他们具有愿意冒险的性格。Caird（1991）针对 73 位创业家与 189 位教师、护士、公务人员进行性格测试，结果发现前者的风险承受倾向（risk-taking propensity）明显高于后者。针对创业家与企业经理人的比较研究也显示出，创业家的风险承受倾向明显高于企业经理人，同时创业家也比较愿意忍受信息模糊（Begley and Boyd，1987；Seth and Sen，1995；Stewart et al.，1999；Cromie and O'Donaghue，1992）。van Praag 和 Cramer（2001）检视 1952 年针对荷兰小学生进行的性格调查，以及 1983 年与 1993 年进行后续追踪调查的资料，发现其中有 258 位学生后来成为创业家，而且他们的性格明显呈现较高的风险倾向。

Bates（1995）研究发现，已婚的人要比单身者更容易投入于创业活动。Blanchflower 和 Oswald（1998）的研究进一步指出，如果婚姻伴侣拥有稳定的工作，将有利于提高已婚者的风险承受能力，因此他们会有比较高的创业意愿，而且更容易做出创业决策。虽然已婚创业家因为另一半拥有稳定工作而在创业过程中较无后顾之忧，可降低创业风险，更容易掌握创业机会与实践创业行动，但这并不代表机会成本与创业门槛就一定较低，也不代表创业绩效表现会来得差一些。Schiller 和 Crewson（1997）的研究指出，有家庭支持的已婚创业者的创业绩效反而要比那些没有家庭支持的单身创业者来得更高一些。这显示出婚姻与家庭支持不但有助于提高创业意愿，他们的新创事业表现也会来得更优一些。

风险与不确定因素是阻滞创业行动的最主要因素，而这种已婚者要比单身者更容易投入于创业活动的现象可以说明婚姻与家庭支持将有助于提升创业者的风险承受能力，甚至多了一个可以讨论与意见交换的亲密伙伴，因此不但较容易抓住创业机会，同时也因承诺与责任，已婚创业者对于新事业表现产生更高的自我期待。

至于高风险倾向创业家在创业活动上是否具有较优异的表现，不同研究者有着两极的看法。有人认为，高风险与高报酬是相伴相随的，"不入虎穴焉得虎子"，因此愿意冒高风险的创业家才有可能取得重大成功。但也有人认为，无法有效控制风险是造成创业失败的主因，成功的创业家不会去冒自己无法承受的风险，他们都是风险的有效管控者，知晓新事业存活要比快速获利成长更为重要，因此在新事业发展过程中也相对较为谨慎。有关上述两种论点的实证研究并不多，但少数研究文献仍较为支持后者的观点，也就是善于控制风险的创业家与那些具有高度冒险性格的创业家相比，前者的创业成就较为显著。Miner 等（1989）针对 118 位科技创业家进行的研究显示，那些善于回避风险的创业家，他们的新事业营运绩效较佳。

（五）期待独立自主

一个人在性格上越是追求独立自主，他将越有可能利用创业机会。追求自主独立的人，一般比较不从众，倾向于按照自己的想法来行事及做决策。而机会利用隐含着大量不确定因素，具有独立自主人格特质的人，比较不会受到大众一般观点的影响，而能自主做出创业机会利用决定（Wu，1989）。Cromie（1987）的研究指出，追求自主独立是许多人投入创业的重要动机。Boswell（1973）访谈了31位创业家，发现想要独当一面，做一位能够自主做决定的老板，是引发他们创业的最主要动机。Roberts和Wainer（1971）访谈了MIT 69位离职创业的雇员，也认同追求职涯"独立自主"是他们投入创业的主要动机。

许多实证研究（Hornaday and Aboud，1971；Caird，1991；Cromie and O'Donaghue，1992）也显示，创业家比其他人更具有独立自主的性格。Taylor（1996）的研究指出，拥有独立自主性格的人，他们的创业意图比其他人强烈一些，因此未来将比较可能投入于创业活动。Hills和Welsch（1986）对2000位美国大学生进行调查，发现独立自主性格与创业意图之间呈现强烈的正相关。Douglas（1999）在澳大利亚对3000位大学毕业生做的调查也发现同样的正向关系。Wooten等（1999）对于高阶经理人在职涯转换阶段的研究发现，那些会转换轨道至开发新事业的高阶经理人通常在性格上也是较倾向独立自主。

性格上的独立自主虽然有助于利用创业机会与投入创业活动，但是并不代表他们的创业活动绩效同样也较为优异。事实上，个性上过于特立独行的人一般较为忽略人际关系，也不习惯建立外部网络关系与利用外部资源，他们较不擅长团队运作，而这些都是影响创业绩效表现的重要因素。虽然没有实证研究能够明确指出性格过于独立自主会影响创业绩效表现，但是Cooper等（1988）的研究发现，那些出于不想与他人共事而投入创业的人，他们的创业失败率普遍高于整体平均值，而且他们的事业规模相对较小。Feeser和Dugan（1989）针对信息科技产业创业进行的调查发现，如果创业家投入的是过于独特的项目，大家都普遍不看好，而且无法取得外部资源支持的新事业机会开发活动，通常其成长的速度较慢，并且成功的机会较小。

许多研究发现，创业家个人过于追求独立性反而不利于新事业的发展与绩效表现。成功的新事业发展往往需要依赖外部资源网络，需要与利益关系人合作，以便运用人际网络与资源网络来弥补创业家自身的不足。如果一个人是因为不想要依赖别人，不想与人共事，一心想要完全自主掌握新事业的所有决策，那么他的新事业发展也会因为个人的局限性而受到极大限制。Cooper等（1988）的研究发现，如果创业动机只是因为追求个人的自主独立，创业家想要完全自主决定新事业发展，那么他所创立的新事业通常存活率要低于整体平均值。针对硅谷地区高科技创业的研究也发现，团队创业的成长表现要高于个人独资创业。Feeser 和 Dugan（1989）针对 39 家新创计算机公司进行调查，结果发现如果创办人的动机只是想要实现个人主张，希望能够完全按照自己的意愿行事，那么他们所创立的新事业的成长率通常会比其他公司低。总之，人们虽然是因为追求独立自主而投入创业，但是创业过程中却需要依赖团队合作与外部资源网络。很少有创业家能够不与他人合作，完全依靠自己而获得成功，这也是创业活动的一种矛盾本质。

二、自我评价构面

自我评价也是影响创业决策的一项重要心理构面，主要探讨创业家自我认知对于外部环境的控制程度。显然，一个人对于外部环境控制程度的自我评价将显著影响创业机会利用态度。自我评价构面如何影响创业决策与机会利用，经由文献整理，下面进一步细分为控制力（locus of control）与自我效能（self efficacy）两个构面进行研究。

（一）控制力

控制力是指人能够不受到环境影响的程度。被称为内控型（internal locus of control）性格的人，相信人是可以改变环境的，可以按照自己内在意愿行事，而不受外在环境的影响，他们主张人定胜天，命运是掌握在自己的手上；而那些被称为外控型（external locus of control）性格的人，则刚好相反，他们认为人无法控制外部环境，而且非常受外部环境的影响，因此主张顺应外部环境与听天由命。

研究认为创业家比一般人更具有内控型性格（Shapero，1975），Bowen 和 Hisrich（1986）以女性创业家为研究对象，Durand（1975）以非裔创业家为研究对象，都认同上述主张。Ward（1993）比较创业家与专业经理人的性格，也发现前者比后者具有更强烈的内控型性格倾向。Greenberger 和 Sexton（1988）的研究指出，内控型性格与创业倾向之间具有正向关系。他们针对 242 位商学院学生进行调查，发现那些性格上具有内控型性格倾向的学生的创业意图要比其他学生强烈。

内控型性格较为积极、主动、自信、乐观，而且更具有行动力，因此具有内控型性格的人比一般人更擅长利用创业机会。但内控型性格的创业家在创业活动表现上是否比非内控型性格的创业家具有更优异的表现？如由内控型性格者擅长主动出击、扭转不利的环境变量、较积极争取外部资源与顾客认同、勇于尝试冒险等特质来看，显然内控型性格有利于创业的绩效表现。Gimeno 等（1997）针对美国小企业进行调查，发现具有内控型性格的创业家经营的企业平均存活率较高。Lee 和 Tsang（2001）针对中国大陆的新创企业进行调查，发现内控型性格的创业家经营的企业平均成长率较高。Schiller 和 Crewson（1997）针对自雇型小企业业主进行调查，发现具有较高内控型性格倾向的业主的企业获利较高。

　　知名社会学家 Weber（1920）研究基督教对西方文明发展的影响，指出新教徒（protestants）比传统天主教徒（catholics）更为相信上帝赋予信徒在世上努力奋斗克服环境艰难挑战的使命，因此新教徒的基督精神促进美国整体社会的创业精神，新教徒比天主教徒在教义与生活态度上更鼓励人们主动利用机会与创新创业。Bonnett 和 Furnham（1991）在英国的研究，以及 Roberts（1991）在美国的研究，都发现新教徒比天主教徒更具有创业意图，而且投入创业的人口比例更高一些。Shane（1996）检视美国在 1899～1988 年的人口统计资料，发现新教徒比例与创业人口比例之间呈现显著的正向关系。

（二）自我效能

　　自我效能代表一个人相信自己已具备完成某项工作任务的能力，而所谓创业的自我效能，则是指相信自己已经具备投入创业活动所需要的能力，是一种对于创业活动的自信表现（Bandura，1997）。当一个人的创业自我效能越高，则越可能做出创业决策与主动利用创业机会。

　　Knight（1921）指出，对于同样一项机会，不同的人可能会有显著不同的评价，而造成差异的主要原因来自对于利用这项机会的自信。创业家是依据自己的主观认知来评价创业机会，不同的人的主观认知不同，对于创业机会的不确定风险及潜在报酬高低会有不同的评价，因此才导致机会利用态度的差异。那些能够掌握机会的创业家通常具有较高的自我效能，因此对于利用机会的不确定风险感知较低，对于实现机会利益的自信较强（Wu，1989）。

　　研究文献指出，创业家的创业自我效能要比专业经理人强（Robinson et al.，1991），那些能将发明成果转化为新事业的发明家通常具有比较高的创业自我效能。Zietsma（1999）探讨科技创业家与科技专家对于机会利用态度的差异，发现后者对于利用机会与实现机会利益的自信心远低于前者，这也导致他们虽然看到许多机会，却始终不敢采取创业行动。

　　拥有较高创业自我效能的人显然也具有较高的创业意图。创业自我效能来自对于创业活动内容的了解以及具备执行创业活动所需要的专业技能，当然经验累积对于提升创业自我效能也非常有帮助。DeNoble 等（1999）对于 87 位工商管理硕士（master of business administration，MBA）学生进行调查，发现其中主修创业的 MBA 学生对于新事业开发的自信心要高于主修其他领域的 MBA 学生，而且对于创业机会利用的不确定风险害怕程度相对较低一些。提升自我效能是创业教育的主要目的，主修创业的 MBA 学生拥有较高的创业自我效能，因此他们比一般学生更勇于做出创业决策与主动利用市场机会。

高创业自我效能是否有助于提升创业的绩效表现？自理论推演，自我效能如果是建立在专业能力、经验积累、资源人脉的基础上，那么拥有越强的自我效能，显然新事业成功的机会也会越高，新事业的绩效表现也会越亮眼。不过自我效能也可能只是过度膨胀的自信心，虽然能够驱动创业行为，但未必有助于提升创业绩效。过去文献较多探讨自我效能对机会利用与创业意图的影响，较缺乏有关自我效能与创业绩效互动关系的研究。

三、认知态度构面

认知态度将影响一个人的思维与决策模式，但是相对性格与动机构面及自我评价构面，认知态度构面的变化性较大，容易受到环境情境的影响。显然一个人对于创业这件事情的认知态度将影响他是否愿意主动发掘创业机会或是否愿意承担投入创业的风险。文献研究（Yu，2001；Tyson et al.，1994）发现，正面思考（positive thinking）模式有利于做出创业决定，潜在创业家倾向采用主观经验及直觉判断来降低不确定风险所造成的负面影响。以下我们将针对过度自信、主观经验认知、直觉等三项有利于强化正向认知态度构面的因素进行探讨，分析它们对于创业决策与机会利用将可能产生哪些影响。

（一）过度自信

由于创业属于高风险决策，机会利用与新事业开发过程经常面对大量的不确定风险，自信心将有助于提高不确定风险的承受能力，有利于驱动创业行为。一般研究认为，创业家普遍具有比较高的自信，对于新事业发展及未来表现会持比较乐观的态度。Cooper 等（1988）、Busenitz 和 Barney（1997）、Amit 等（2001）等针对创业家进行的实证研究也都发现，创业家比经理人对于新创事业未来前景更具有信心。Arabsheibani 等（2000）的调查发现，对于下年度经济是否景气以及个人收入预测，自雇型创业家比一般薪资阶级通常更为乐观。

具有过度自信性格的人，经常从正面来看待事件现象，属于乐观主义者，对于个人决策具有高度自信，但也会低估决策失误的风险。对于自己具有高度自信以及对于外部环境发展持高度乐观态度的人，显然更能勇于利用机会。但是过度乐观的人往往会忽略市场中出现的负面信息，过度自信将造成轻忽搜集客观信息与进行科学评估的必要性，因此有可能做出错误决策，甚至将新事业陷于危机之中。

（二）主观经验认知

所谓主观经验认知，是指一个人仅凭借有限的个人经验与样本数据就做出全面性的认定。俗语中的"以偏概全"就隐含着决策者认知态度的主观强度。一般而言，当个人认知态度具有强烈的主观性，那么他只要拥有少数的数据证据，就能够对于机会发掘与利用快速地做出决定。

创业家在创业过程中经常遭遇信息不全情况下必须当下做出决定，而且这些经营决策涉及的领域往往并非创业家个人专长。显然创业家除非采取较为主观的经验认知方式，否则将无法在充满不确定风险的情况下进行决策。因此，由逻辑演绎，可以推论创业家的主观经验认知强度将会正向影响他对于创业机会发掘与利用的行为。Busenitz 和 Lau（1996）认为创业家能够在信息不齐全的情况下，依据其个人的主观经验，发掘与利用市场机会。

关于主观经验认知与机会利用的实证研究文献很少，Busenitz 和 Barney（1997）针对经理人与创业家的决策认知态度进行比较研究。他们的研究发现，创业家较常采用经验法则进行决策，而经理人则比较倾向使用统计分析工具进行决策。

（三）直觉

所谓直觉，是指在没有取得事实证据，一个人仅凭借其个人信念与过往经验就做出判断。直觉类似于前述主观经验认知，不过后者还需要依赖少数信息才能进行决策，而前者则完全依据个人经验认知做出决策。一个人对于自己的直觉能力越有信心，则越容易发掘与利用创业机会。信息模糊与不确定风险经常限制人们发掘与利用机会，因此创业决策就更为依赖创业家的直觉判断能力（Allinson et al.，2000）。Schumpeter（1934）建议创业家需要发展运用直觉进行决策的能力，而非运用信息分析进行决策的能力。

Allinson 等（2000）针对创业家与经理人的决策风格进行比较研究，发现创业家比经理人更为倾向采取直觉式的决策模式。Hills 和 Shrader（1998）则针对杰出创业家的决策风格进行研究，发现他们比其他创业家对于自己的直觉能力更有信心。Baron（2000）则针对已经投入创业活动、对创业毫无兴趣及具有创业意图但尚未进行创业活动的三类样本群体进行比较，结果发现那些已经投入创业活动的样本群体比其他两类样本群体更少质疑他们的决策选择，显示出他们对于自己的直觉判断更具有信心。Smith 等（1988）对于电子制造产业的创业家与经理人进行决策风格研究，结果发现创业家较少采取正式的决策分析程序，也较少利用资料搜集与分析工具。

创业家的直觉决策能力确实有助于他们发掘与利用创业机会，尤其创业过程中经常需要在高度不确定风险情况下立即做出决策，这时创业家唯有依赖直觉判断进行决策。许多文献都支持创业家比较擅长采取直觉决策的方式，由于运用直觉将有助于创业家更快速地针对利用机会、取得资源、发展团队、研拟策略等关键创业议题做出决策，我们可以推论创业家的直觉决策能力将有助于提升创业活动的绩效表现。

Carland（1982）针对高成长企业与低成长企业的创业家进行 Myers-Briggs 量表测试，结果发现高成长企业的创办人较多采取直觉思考认知（intuitive-thinking-perceptive）模式，而低成长企业的创办人则主要采取理解感受判断（sensing-feeling-judging）模式。Ginn 和 Sexton（1990）进行类似的比较研究，同样也发现高成长企业的创业家较多运用直觉认知的决策模式，而较少运用理性判断的决策模式。

第四节　影响创业决策与行动的环境情境因素

许多人都认为成为创业家一定需要具备某些特殊条件，尤其许多描述杰出创业家的传记报道经常夸大创业家的人格特征或过程遭遇，以凸显创业的传奇浪漫。一项对于创业家背景所做的大样本调查却显示出不一样的面貌。该研究发现，八成以上创业家认为自己与一般人在能力与智力上并无显著差异，而且创业并不会影响家庭生活，创业过程也不尽然是艰辛痛苦或曲折离奇。他们大部分都是在30～40岁的年纪投入于创业，而且是投入于过去已经十分熟悉的行业，专业知识与管理经验对他们而言也不是太大的挑战，他们普遍认为创业要比担任专业经理人有趣且更具成就感，因此大都不后悔当初投入创业的抉择，甚至许多人还会鼓励子女未来也步入创业的行列。

显然，一般人对创业家的人格特质或背景条件具有很大的误解。因此下面将先自心理学的角度，指出哪些被大家普遍认知的人格特质并无法决定谁可以成为创业家；然后自社会学的角度，分析哪些可能引发创业行动的环境情境因素。并希望经由这样的分析，能够还原创业家平实的面貌，也许因此能激起更多平凡人投入创业的意愿。

一、个人特质研究的局限性

个人特质（personality characteristics）能否帮助我们预测谁会是创业家，或谁不会是创业家？个人特质能否告诉我们谁可能创业成功，或谁不可能创业成功？过去几十年来的创业研究指出一些可以用来分辨创业家的个人特质，其中最常见的几项特质分别是：成就需求（need for achievement）、控制倾向（locus of control）、风险偏好（risk-taking propensity）。以下我们将指出这些人格特质虽然有利于创业活动，但并非成为创业家的必要条件。

（一）创业家未必都属于高成就需求类型

许多研究支持成就需求是创业家的重要人格特质。追求高成就需求的人往往愿意主动去解决问题，他们喜欢自己设定目标，努力去达成，并获得回报，同时他们也乐意接受适度的风险。事实上，多数杰出经理人与学者专家都具有高成就企图，因此我们仍无法以成就需求作为预测创业倾向的主要变量。驱动创业的因素极多，许多人是因为环境因素迫使才投入创业，也有一些人是因为朋友邀请与机缘巧合参与创业团队，成就需求并非他们做出创业决定的主要因素。

有关创业家与高成就需求的因果关系，并没有被任何正式的研究所证实。许多学者尝试重制知名心理学家 McCelland 等（1953）的成就动机研究，但都没有得到显著结果。也就是说，我们无法以成就需求作为预测创业倾向的主要变量。实验数据显示，创业家并不是都属于高成就需求类型，而高成就需求的人也有很高比例未曾进行创业。如果我们认为成就需求会促成创业行为，那么这两者之间恐怕只有微弱的因果关系。

（二）创业家未必都属于内控倾向

控制理论中将人分成内控（internals）与外控（externals）两种类型，拥有内控倾向的人相信人定胜天，认为命运是掌握在自己的手上，所有的结果都来自自身的努力。显然，勇于承担创业风险，实现创业理想的人，似乎比较近似内控性格。自理性分析的角度，内控倾向要比外控倾向更具有创业精神，因此人们普遍推论创业家具有内控倾向的人格特质。

虽然有些研究指出创业家的性格属于内控型，但也有不少研究发现创业家与非创业家的内控倾向并无统计上的显著差异。那些创业失败退出市场的创业家，普遍认为失败是命运使然，将机缘与运气视为创业成败的最重要因素，显然他们并不具备内控倾向的人格特质。比较不具有争议性的观点是，好的经理人应该具备内控型人格特质，因为他们必须相信经营绩效是来自努力的结果。控制倾向的理论或许可以分辨谁比较相信星宿命运，但若作为预测谁会是未来的创业家，恐怕这项量测指标也未必具有可信的准确度。

（三）创业家未必都是高风险偏好

一般人将创业称呼为开创风险事业，认为创业过程是充满风险的，这也是为何将创业投资的资金称呼为"风险资金"（venture capital）。许多学者想探讨为何创业家比一般经理人更为偏好风险，他们运用许多不同假设，企图发觉两者的差异。Brockhaus（1980）将创业家与经理人分为两组，透过许多与实际商务行为相同的情境模拟，来观察两者的风险偏好差异。但这项实验的结果却指出，创业家与经理人的风险偏好并无显著差异。

显然创业不同于赌局，创业家也不是赌徒。虽然创业与赌局都需要面对很高的不确定风险，创业家与赌徒也具有承担风险的意愿，但是创业家不会去冒无谓的风险，也就是说他们会精算风险与报酬，不去冒自己无法承受的风险。总之，创业家会设定风险承受底线，回避难以承受的风险，并且设法提高自己的胜算，让长期报酬高于付出的风险代价。愿意承担风险是驱动创业与机会利用的重要因素，有效控制风险则是影响新事业存活与绩效表现的重要因素，因此创业活动应该被视为一种理性的冒险行为。

创业家究竟有多独特？每位创业家都有各自的经历、背景与发展过程。自人格特质研究的角度似乎很难区分创业家与非创业家的差异。因此有学者得出这样的结论：创业家的共同特征就是"采取创业行动"，这是他们与非创业家唯一的明显差别，也是辨别谁是创业家的最好方法。

创业决策除了受到个人背景与心理因素的影响，创业家所处的环境情境也是不可忽视的影响因素，因此也应该从社会学观点探讨创业家成长历程与所处环境情境因素对创业决策的影响。图4.2为创业决策的社会模型（sociological model），模型指出影响创业行为有两个关键因素，一是创业动力（impetus for entrepreneurship），二是情境因素（situational factors）。这是一个加成的模型（multiplicative model），也就是这两种因素可产生加成影响的效果，但如果缺少其中一项因素，那么就可能不会产生创业的行动。

图4.2　创业动力与情境因素对创业决策与行动的影响

二、创业动力

什么因素促使创业家投入于创业？一般认为有下述四个因素会促使创业家投入创业：负面压力、转换轨道、正面拉力、正面推力。最近的研究指出，拉力对于驱动创业的效果要优于推力，不过前拉后推的创业驱动效果当然一定会更佳。

（一）负面压力

受到社会负面压力的人们比较容易萌生创业念头，这样的概念类似"困境可以强化人们求生存的意念"。负面压力是指当个体无法融入既有社会组织中，无法有效分享主流社会组织的利益，或甚至受到主流社会组织的排斥，这时他们将萌生必须靠自己的想法，而创业动机因此形成。一个常见现象是社会中的新移民采取自行创业的比例极高。对一个可能受到歧视的外来移民而言，在社会中争取经济权利总要比争取政治权利容易得多。

例如，犹太人一向被大家认为是精明的生意人，原因是他们几千年来流离于世界各地，必须依靠坚强的奋斗力，以创业带来经济地位，才能立足于异邦，使自己与家人获得保障。显然犹太人的创业精神并非是民族性格使然，而是与他们在移居社会中所承受的负面压力有密切关系。

在美国最新的趋势是韩国与越南移民创业人数日益增多，据统计，纽约的韩国家庭至少有65%拥有自己的事业。以韩国移民钟白克（Jung Pack）为例，尽管拥有韩国大学的管理学位以及在韩国曾担任企业经理的经验，在1982年移民到美国时，选择一天花16小时经营他的蔬果商店。钟白克说他喜欢生活在纽约这样的国际大都市，不过当移民到美国时，他的职业生涯受制于语言问题与备受质疑的学历价值，因此不得不放弃专业经理人的白领生活。不过钟白克把希望寄托在下一代，他渴望成为美国公民，相信下一代将有更多的生涯规划选择机会。钟白克说若非移民美国，他绝无可能走上创业之路，移民虽然带给他极大的生活压力，但也激发他的创业潜能与提供诸多新机会。

另一种形式的负面压力是对工作的厌恶与挫折，或是受到雇主的不良待遇，因此上班族会想要寻找新挑战与工作自主权。哈佛大学心理学家 Harry Levinson 指出，创业家的确是比企业经理人拥有更多的自由空间。以 Philip Schwartz 为例，他原是大企业的中阶主管，在40岁的时候因升迁受阻毅然辞职创业，成为包装材料的批发商，并建立自己的人生舞台与新定位。他竭力招揽生意，热衷与顾客互动，享受自主的工作过程。公司只有四个员工，所以他尽力让公司充满着家庭气氛，营造轻松与友善的办公环境，并且将他的基督教信仰——诚信、爱心、关怀的价值观，实现在自己的公司，这是大多数中阶主管所没有办法做到的事。

中年危机与离婚也是另一种可能促成创业的负面压力。中年危机常是经理人再创人生事业的动力之一，例如，Tom Chappell 在一家大型医疗设备公司任职多年，虽然薪资待遇都十分优渥，但他在工作上却感觉不到应有的价值感。于是重回哈佛神学院学习，在那里他彻底检视自己的价值观与人生目标，并为人生下半场做出新的定义。回到职场后，他与朋友共同创立了一家个人照护与健康用品公司，以高度的热情为公司设定愿景与使命："我们将到达缅因州的每个小区角落,为居民福祉与更美好的人类社会,全心奉献我们的资源与能力。"

(二)转换轨道

正在经历转换人生轨道的人们,当然会比那些处于一帆风顺的人,更会思考是否应该创业的问题。如前述移民的例子,他们失去过去熟悉环境的依靠,面对一个全新的开始,这时创业也未尝不是一个更好的选择。我们经常看到军人退伍、学生毕业等转换轨道的例子,他们都面临人生的一个大转变阶段,创业对他们而言并不需要付出太大的机会成本,甚至还是一个可以带来美好远景的选择。当人们在面临转换轨道阶段的抉择时,通常都会全面检视人生目标与各种职涯发展选择,这时创业往往就成为下一阶段的选项之一。有些经理人在职场发展陷入瓶颈之际,选择回到学校进修在职硕博士学位,为转换轨道提前做准备,其中不少同学毕业后就做出创业的决定。

(三)正面拉力

有许多正面拉力会促使人们走上创业之路,这些拉力可能来自潜在创业伙伴、业师(mentor)、父母、天使投资人或是顾客的鼓励与支持。潜在伙伴往往是一群志同道合的朋友,大家相互支持,共同承担风险,因此拉动了创业的神经。我们将创业路上的良师益友称为业师,业师可以提携潜在创业家,鼓舞他们的自信,并且给予创业相关的指导。父母与业师一般,作为创业家学习的对象,常会引荐本身的社会网络关系,在关键时刻提供给创业家许多协助。天使投资人注入初始创业资金,能够驱使潜在创业者快速做出决定。顾客支持可以诱发创业动机,不过经理人离职创业往往也会带走原有公司的客户。虽然新创公司较原有公司提供更好的产品与服务,但仍会引发道德上的困境。

(四)正面推力

最后一种诱发创业的动力来自正面推力。正面拉力与正面推力的差别在于,拉力是一种影响创业家的外在力量,而推力则是由创业家本身知识水平所驱动的力量。所谓正面推力,是指透过工作经验、教育训练、专业知识、产业网络关系,发掘潜在的创业机会,进而促动创业行为。

什么样的环境背景与职场路径可以正面促成创业动力?一般而言,有两种职场经验可以促成创业行为,一是产业路径,二是专业服务路径。所谓产业路径,是指专业人员长期任职于一个产业中,由于对于该产业的市场、产品、顾客、技术、服务有深入的了解,并观察到产业变化的脉动趋势,能够发掘许多潜在的创业机会。这些潜在创业家主要依赖其丰富的产业知识与专业技术能力,利用在产业中长期积累的资源与网络关系，他们相对其他非专业创业者更能够准确判断产业的未来发展趋势，因此在新事业开发上将具有一定程度的竞争优势。虽然创业也需要大量的财务资源，但拥有产业专业能力的创业者比较容易说服风险投资家提供支持，因此促成创业行为。我们看到台湾信息科技与集成电路产业中的创业家大都属于这种产业路径驱动下的产物。张忠谋也是在集成电路产业任职数十年后，才有能力判断代工服务市场商机即将兴起，因此创办台积电，造就人生事业的高峰。

另一条是由专业服务者所引发的创业路径。这群潜在创业家的专业能力主要在于市场交易与财务金融服务经验。例如，企业顾问、会计师、律师、银行家（尤其是提供企业金融服务）、经纪人等。他们曾为许多不同性质产业提供大量的专业服务，熟悉这些产业专有的交易方式与获利模式，同时也很容易获取大量的产业信息，因此能够比他人更早发掘新事业开发的机会。这群专业服务者拥有绵密的资源网络关系，熟悉市场运作模式与获利交易方式，当他们发掘潜在创业机会后，只要能够招揽到适任的经理人，创业将会有很大的成功机会。

三、情境因素

在上述创业动力驱动下，纵然具有创业倾向，但创业家仍然需要一股能将想法化为行动的内在引导力量。所谓情境因素，是指一种对于创业情境的内在认知，例如，创业的动机、目的、愿景为何？ 创业这件事情对于人生规划有何重要意义？ 创业构想在现实环境中是否可行？ 目前是否是采取创业行动的最佳时机？ 而这种内在认知将引发对于创业想法采取具体的行动。

动机企图与现实可行是影响创业行动的两个主要情境因素。以下我们分别说明其内涵。

（一）动机企图

如果创业是一种辛苦且高风险的行为，那么我们显然需要一些令自己信服的理由才会做出创业决定。如果创业需要有高度热情的火花，那么创业家势必要对于创业决定赋予意义与价值。创业如果要凝聚伙伴激动人心，则创业家需要提出一个值得为它付出的愿景使命。若一个人对于创业有明确目的与强烈企图心，清楚自己为何要创业，他的创业的想法将比较容易转化为行动。

例如，Bernard Glassman 是一位虔诚的禅宗佛教徒，按说这种宗教背景是不太会产生创业意图。不过 Glassman 有一种强烈的想法，认为他需要关怀那些处在社会底层的贫困人群。但他觉得光是个人冥想静坐并不能实现这样的心愿，因此1983 年他与一些佛教同修在纽约创业，开设以生机酵母制作面包的连锁店。如今他的面包事业营业额已经高达 12 亿美元，聘雇 200 多位员工，其中许多是来自无法找到工作的弱势族群。面包店的获利可以让他实现更多的扶贫助弱心愿，他觉得这是一项快乐的事业。虽然创业家大都会设计一些人生愿景来驱动创业行为，不过像 Glassman 这样有在宗教信仰驱动下的创业愿景，显然动力要比他人高出许多。Glassman 的面包事业获得空前的成功，他不但运用获利开设了许多弱势关怀中心，也设立一个 24 小时老人照护中心，更提供大量就业机会让许多人走出贫困。对 Glassman 来说，创业就是照护普罗大众的曼陀罗（mandala），他乐意为面包店的成功付出毕生心力。

（二）现实可行

创业仅有动机企图是不够的，必须要有实现的可行性才可能被化为行动。撰写一份详细的创业计划书，参加创业竞赛让外界专家来检视创业构想的可行性，是青年创业经常采取的方式。有的业师会建议创业团队在成立公司之前，应先完成产品与服务的原型，送给潜在客户进行测试，并由客户反应来判断创业构想是否具有市场可行性。

总之，在采取正式创业行动前，创业家要能分辨什么机会是可以被实现的、什么行动是有成功的可能，他也需要知道新事业开发需要具备哪些关键资源与专业能力，例如，需要多少财务资源以及如何获取这些财务资源。有时家庭成员支持与追随前人足迹，也能带来实现创业的信心。检视新移民创业的例子，韩国与印度移民之所以勇于创业，除了受到负面压力驱使，家庭网络给予的大力支持，以及移民圈内大量的创业成功前例，恐怕也是激发创业行动的主要原因。

第五节　结　　论

创业是人与机会的互动关系，人这个因素在整个创业活动过程中扮演着最重要的角色。因此，我们有必要深入了解创业家的身份背景与心路历程。为何有的人能够成为创业家？为何大部分的人都未曾创业？为何许多具有创业意图的人最终还是未能跨出创业的第一步？为何只有少数人能够发掘、辨识好的创业机会？为何有的新事业的表现优于其他新事业？虽然这些问题背后的影响因素极多，但创业家个人因素应该也是这些问题的主要影响因素。

一个人会投入创业绝非偶然巧合，创业机会发掘、辨识、利用需要投入时间与资源，因此人们首先将会考虑"机会成本"的问题。教育程度较高，专业能力较强，拥有的企业经营管理与产业市场经验较丰富，将更具有能力发掘、辨识、评估、利用创业商机。因此，教育程度、企业经验、产业与市场经验等对于创业决策与机会利用呈现正面的影响。

　　耳濡目染与家庭支持对于创业决策也会有正向影响，但年龄对于创业决策的影响则呈现倒"U"形曲线关系，主要受到高龄者机会成本增高以及风险承受意愿大幅降低的影响。社会地位与网络关系是另一项影响创业决策的重要个人因素，拥有越绵密的社会网络关系与个人影响力的创业家，越有能力取得创业所需要的各项信息与资源支持，因此更容易发掘、利用创业机会。

　　个人背景因素虽然对于创业决策有重要影响，但还是不可忽略心理层面的影响因素。创业家心理素质相关的三个构面——性格与动机构面、自我评价构面、认知态度构面，前两个构面与创业家个人的本性有关，不会因时间与情境而改变，但认知态度则会受到环境的影响，变化性较大。无论这些构面是否因时间与环境而变化，一般认为创业决策将受到创业家个人心理因素的影响。

　　个人背景与心理特质能否帮助我们预测谁会是创业家，或谁不会是创业家？能否告诉我们谁可能创业成功，或谁不可能创业成功？虽然许多研究指称，创业家具备成就需求、内控型性格及风险偏好等个人特质，但自个人心理素质与特征研究的角度还是无法区分创业家与非创业家的差异。因此，创业家的共同特征就是"采取创业行动"，这是他们与非创业家唯一的明显差别，也是辨别谁是创业家的最好方法。

　　一位学者描述他长期进行创业家特征研究的心得："我们成立创业研究中心，花了十年时间想要明确定义何谓创业家，但并没有获得成功。我们唯一得到的共同概念就是：每位研究人员都可因观察对象的不同，而对于创业家做出他认为最适合的定义。同样地，每位创业家都因不同的动机与环境情境，而采取创业行动，并经历不同的创业历程。因此，我不认为有可能发现创业家共同具备的人格特质！"

　　回到资源基础理论的观点，如果创业家具有相同的人格特质，那么创业家这项资源就不具有差异化，也无法被视为创造竞争优势的关键资源。显然，创业精神中那些无法模仿复制的部分才是最关键的资源。因此，研究创业家与创业精神也许应该聚焦在差异化的部分，而不是同质性。事实上，每一位创业家所处的时空环境与经历过程都不一样，也是这种特殊差异化历程造就了创业精神。因此，自社会路径来探讨创业行动的产生，也许才能知道人们是如何做出创业的决策的。

第五章 创业家如何辨识商机[①]

约翰在圣迭戈找到了新的工作,他们又要再次搬家。首先遇到的问题就是需要约 60 个纸箱用来打包,但是何处去找这些大小与韧性都合宜的纸箱? 约翰记得上次搬家的时候,他还没有结婚,东西还不是太多,向量贩店及朋友索取,勉强可以应付。这次搬家的东西多出太多,因此他估计需要买很多纸箱,但这些纸箱可能用完后就要丢掉了,实在太可惜。约翰的太太建议找找看是否有地方可以租赁纸箱,但他们上网找不到提供这类服务的厂商。

约翰在网上看到一篇文章,提到美国人平均一生至少要搬家 20 次,而且随着国际化趋势,人们的移动次数还要更快速增加。每次搬家都会需要使用大量的纸箱,但竟然市场上没有提供这类的服务,约翰夫妻认为提供搬家纸箱的租赁服务一定具有很大的市场需求。刚好约翰太太目前没有工作,于是夫妻俩决定成立一家搬家纸箱租赁的网络公司,以洛杉矶与圣迭戈为主要服务地区。这家公司将为客户提供各种搬家所需纸箱的租赁服务,同时也会到府回收纸箱。他们将家中的BMW 轿车出售,买了一辆小卡车,并且注册了 UsedCardboardBoxes.com 的域名。他们除了为客户提供搬家纸箱,同时也与一些书商、成衣商、消费品制造商签订纸箱提供与回收的合约。公司成立两年后,营业额很快就达到 100 万美元,而且获利率高达 60%。约翰计划未来将公司的营业范围逐渐扩大至美国的其他 50 个主要城市。

一位记者问约翰夫妇:"你们是怎样发现这项创业商机的?"约翰说:"这一点也不困难,因为当你看到未被满足的需求,商机就自然浮现眼前!"记者继续追问:"许多人都看到搬家纸箱的需求,为何就只有你们能够发掘纸箱租赁的创业商机?"约翰不知该如何回答这个问题。

的确许多人都看到未被满足的需求,但并非人人都能够辨识与发掘商机,因为商机辨识是一种创业需要具备的能力,而并非人人都能够成为创业家。为何有人能够辨识商机,而其他人却看不到? 这是创业研究的核心议题,商机辨识能力与创业精神及创业专业能力密切相关。

---

① 本章部分内容参考自 Shane(2003)及谢如梅(2010)。

第一节 创 业 机 会

一、机会存在的本质

关于创业商机/机会如何浮现、辨识或创造，首先需回顾学者们对于机会本质的探讨与辩论。有些研究将机会视为客观存在，等待创业者发掘，亦有研究指出机会是主观被建构的，不同的看法将导致对于机会辨识过程的解释不同，说明如下。

（一）机会为客观存在

由理论的发展过程来看，最早期的新古典均衡理论认为市场上所有的机会都是公开且公平的，其假设每个人都可以认知到所有的信息与机会，因此个人属性（如创业精神、风险偏好等）是决定能否成为创业者的主因。换言之，能否发现机会及成为创业者，取决于个人的创业动机与倾向。近数十年，新古典均衡理论的论点受到挑战，奥地利学派的学者如 Kirzner 等认为均衡理论不够完整（Shane，2000；Shane and Venkataraman，2000）。奥地利学派的基本假设为信息是不对称的，市场是由不同的信息所组成的，因此人们无法认知到所有的机会，能否成为创业者将受限于每个人掌握信息的多寡。创业者拥有先前知识的数量以及机会可被利用的程度等，才是决定创业机会的主要因素。综合而论，此派学者认为机会是外在环境变动所产生的缺口，而影响发现机会的主因则有赖人们的态度与能力，如企图心强、网络关系好及聪明优秀的人较能成为发现机会的创业者。

（二）机会为主观创造

另有学者强调机会并非全然已经存在，而是透过系统的创造而来的，由于机会本身可能并非明确存在，必须依靠创业者的独特知识与经验，进行系统性的分析、评估与发展，不断地创新与创造，才能成为一个真正的机会。如 Drucker（1985）认为"改变"提供给人们创造新颖且与众不同的契机，必须透过系统化创新，有目的、有组织地寻求改变，并对改变本身可能提供的经济性与社会性机会进行系统化的分析，如此才能真正辨识机会。

这两种观点的不同之处，可以经济学为基础说明。Shane（2003）指出，过去文献中有两派观点探讨创业者如何发掘、辨识与利用机会，一是 Schumpeterian，二是 Kirznerian。Schumpeter（1934）认为新信息是解释创业机会存在的重要因素，他认为技术、政治力量、总体经济及社会等因素都会创造新知识，而创业者即利用这些新知识及新资源的组合加以创新。创业租（entrepreneurial rent）就是来自价格系统的改变，使创业者可以找到最有效率的资源组合，达到较有价值的产出。而

Kirzner（1973）则从个体层面出发，探讨创业者个人的认知与警觉性。虽然 Kirzner（1973）亦指出信息的重要性，然而，两者不同的是，Schumpeter（1934）认为机会来自市场上的不均衡状况，而创业就是一种不均衡的活动，然而 Kirzner（1973）则认为市场上不均衡状况的出现会导致机会的产生，但是整个市场会趋向均衡状况。

简言之，Schumpeterian 认为机会将摧毁现有的体系（机会创造），这些破坏式的行为会改变既存的市场结构，造成既有的市场供需失衡。而 Kirznerian 则认为借由机会的产生可使市场建立均衡体系（机会发掘），强调在失衡经济体系，如何透过企业家觉察利益，以及在获取利益的过程中将经济体系导向均衡，使资源能达到有效利用。虽然如此，但是近期学者并不将这两派的看法视为对立的观点，Yu（2001）即指出两者以不同角度探讨市场过程，应有互补的空间。

二、机会的定义

即使过去学者对于机会存在有着不同的见解，对于机会的定义更是百家争鸣，依循机会存在的客观论点，Shane（2005b）指出外在环境的变化会带来新的商业机会，这些变化包括科技变迁、政治与法规变化、社会和人口结构变化及产业结构的变化。成功的创业者必须了解且清楚这些市场变化的情况，以及变化将如何影响创业机会的产生，才能快速又准确地辨识出机会的存在。简言之，机会是指开创新事业的可能性，也就是经由重新组合资源来创造一个新的方法与目标（means-ends）架构，并相信能由其中获得利润（Shane，2003）。

另外，从机会创造的论点可知，机会是一种创业者透过资源的创新结合来提供特有价值，以创造市场需求的契机。机会描述一种现象的可能性与范围，这样的现象一开始还无法完全清楚地被定义与解读，但会随着时间而逐渐地发展与被了解（Ardichvili et al.，2003）。尽管创造新价值的模式还未被明确定义，但未被充分运用的资源或新的技术能力仍然提供了创造潜在顾客新价值的可能性与契机（Ardichvili et al.，2003）。谢如梅（2010）将创业机会定义为"创业者透过本身的知识、资源与认知能力，去发掘与创造市场上的新资源组合或新方式，来达到创新的目的，并且能够透过实际的行动来获取利润"。

一般而言，机会的内涵可包括潜在经济价值（potential economic value）、创新性（newness）、可行性（perceived desirability）等三种关键特性（Baron，2006）。由于机会产生于外在环境的改变、市场供给与需求之间的不平衡，或是资源的闲置与利用不足，创业者为了填补这一缺口，需对现有的方法与目标架构进行创新或改良，来实现价值创造的可能（Ardichvili et al.，2003）。机会辨识仅为创业的第一步，通常在辨识的初期，并不会特别考虑是否具有经济价值或后续可行性，而是着眼于机会是否能够取代现有市场的缺口，亦即"创新的程度"（Shepherd and

DeTienne，2005；Marvel and Lumpkin，2007）。Marvel 和 Lumpkin（2007）指出创新是创业中的关键要素，个人辨识机会的创新程度越高，将越有助于机会后续的发展潜力。

虽然机会本身是一种客观存在的现象，但机会辨识却是主观认知过程，因此创业家对于机会价值会有显著不同的看法。Corbett（2007）认为机会辨识是一种个人将信息与知识借由独特的认知架构与能力，转化成机会的认知过程。Shane 和 Venkataraman（2000）认为，机会辨识会受到创业家过去累积的知识与经验、个人的信念或是信息不对称的影响。Choi 和 Shepherd（2004）则认为，创业家对于顾客需求的认知、创业家对于技术发展趋势的判断、创业家的经营管理能力及创业家获得股东支持的程度等因素皆会影响机会辨识与利用决策。

三、机会对于创业意图与行动的关键影响

究竟一个人的创业意图是如何产生的？为何有的人创业意图十分强烈？创业意图对于驱动创业行为有多重要？是否拥有意图的人就会采取行动？为何许多拥有强烈意图的人最终还是没有采取创业行动？究竟影响创业意图驱动创业行为的关键性因素为何？

台湾成年人的创业意愿很高，但是最后能够采取创业行动的比例却不高，显示出意愿与行动之间尚存在很大的缺口。调查中也发现台湾成年人害怕创业失败的心态颇为显著，再加上对于创业机会与创业自我效能的认知程度并不高。该报告认为，创业机会、自我效能与风险态度等三项因素影响创业行动，而看不到创业机会与自我效能不足是造成台湾成年人害怕失败的主要原因（刘常勇和谢如梅，2011），显示出机会确实对于创业意图与行动有关键作用。

Shane 和 Venkataraman（2000）主张，创业活动应被视为创业家个人与创业机会的互动过程。创业家是因为察觉创业机会后，才引发取得资源、组成团队、规划创业方案、研拟商业模式、成立企业组织等一系列的创业行动。因此，认知创业机会必然也会与形成创业意图之间具有密切关系，而且发掘具有吸引力的创业机会显然也会有利于提升创业意图。

创业缘起于创业家对于机会实现可行性以及机会实现成果的欲求与自信，于是才引发创业意图与行动，进而实现所期待的目标。因此，所谓影响创业意图的欲求性与可行性都必须建立在创业机会的基础上，创业家在与机会互动过程中，才引发对于创业的欲求与自信。Krueger（2003）的研究也认为可行性与欲求性两个因素应被视为认知"机会"的必要条件，也是引发创业行动的催化剂。由于可行性与欲求性是建立在机会的基础上，我们可用"机会吸引力"来诠释这种达到一定程度可行性与欲求性的创业活动。

　　李信兴（2011）的研究提出在环境、人、机会三个因素的互动影响下的创业意图与行动关系模式（图 5.1）。创业是在动态环境背景下机会与人的互动过程，因此人、机会、环境三个因素将会相互影响。这个互动过程包括客观环境下出现的创业机会、创业家的欲求性与认知机会实现的可行性，强化了创业机会吸引力以及创业这件事情的可信程度，引发创业意图与机会利用行动。创业家的欲求性受到个人的欲求与社会规范的影响，而认知机会实现的可行性则受到创业自我效能与社会资源网络的影响。创业外部环境包括客观存在的宏观环境，还有与创业机会相关的产业与市场环境，以及与创业家个人相关的关系网络环境。由于创业是一个较长时间的过程，创业家与机会在整个创业过程中，都会受到环境的影响。李信兴（2011）针对 248 位参加中国青年创业协会总会举办的创业辅导课程的学员进行调查，将创业机会吸引力的观点纳入新生创业者的创业意图模式当中，并且延伸意图到机会利用行动之间的关系。研究发现，影响创业意图程度最高的是机会吸引力，创业自我效能与社会规范支持程度则居次；而创业意图越高，将越能引发创业行动。

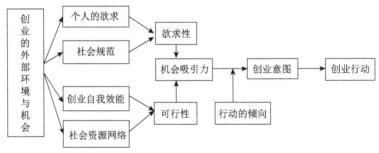

图 5.1　影响创业意图与行动的模式
资料来源：修订自 Krueger（2003）与李信兴（2011）

　　图 5.1 最大的特色在于强调创业机会在意图与行动模式中所扮演的重要角色，并运用机会吸引力来诠释创业家的欲求与认知机会实现的可行性强化了创业这件事情的可信程度，因此才引发创业意图，进而驱动创业行为。至于行动的倾向这个变量，由于与个人的内外控人格特质有关，将会影响机会与意图的互动关系，因此被列为干扰变量。主要强调创业家是受到创业机会吸引才会投入创业，而不是因为人格特质因素而引发创业意图。

第二节　创业机会辨识的决策

　　在一个信息齐全，运作与产出机制完全确定，以及完美平衡的市场体系中，并不存在创业利润。也就是说，只要有额外的投入产出利润存在，系统就会调整资源利用方式，立即取得新的平衡，消除所谓的创业利润。

不过现实市场并非信息齐全与完美平衡，存在大量的不确定风险，因此提供创业家赚取创业利润的空间。创业利润主要来自创业商机的不确定以及创业家需要承受的不确定风险。因此，如果市场没有不确定，创业家不需要承受不确定风险，那么就不会有创业商机与创业利润的存在。创业利润将归属于那些具有创造力与想象力，运用自己的判断力，相信自己的主观认知，愿意承担不确定风险，勇于掌握创业商机，取得资源使用权力，发展创新的运作与产出机制，能够有效利用资源，并创造更高资源产出价值的人群，他们通常被称为创业家。

所谓创业利润，就是对于创业家在不确定风险中开创资源利用新价值的努力付出给予相应的回报。当然创业家也需要承受判断与臆测错误的风险，并愿意付出创业失败的代价（entrepreneurial loss）。要想取得创业利润，创业家需要具备更佳的创造力、判断力、资源取得能力、风险承受能力、创新运作与产出机制、执行力、动态决策能力、价值创造能力等。

经济学理论强调资源将永远投入在具有较高使用效率的产品活动中，因此只要市场信息齐全以及方法与目标架构明确，我们就可以做出有关资源使用的最佳决策。也就是说，我们可以借由建立数学模式与科学分析方法，来得到最佳的决策方案。

但是这样的观点却无法运用于创业活动相关的决策。因为创业决策分析所需的信息不齐全，创业机会隐藏着不确定风险，创业活动也没有固定的运作产出架构，并不存在理性最佳决策。由于创业决策受到个人主观认知与风险态度的影响，Casson（1982）认为创业决策是一种判断式决策（judgmental decision-making），Sarasvathy（2001）则提出效果导向的决策模式来诠释创业过程。

一、并不存在最佳的创业机会

在同一时空环境情境下，人们选择不同的创业机会，也做出不同的创业决定。因此，在现实世界中并不存在所谓最佳的创业机会。原因是创业机会决策问题存在以下三个特征。

（1）与创业相关的市场信息经常是不齐全也不透明，因此创业机会隐藏着大量的不确定风险。

（2）即使可以取得创业机会相关的信息，我们也无法用以预测此项创业机会可能创造的成果效益。创业过程不但受制于创业者的执行能力，而且这个过程本身就存在高度不确定，再加上环境变动风险以及无法控制的机运因素，都在影响创业机会的未来成就。

（3）当市场中有多人竞逐同样一项机会，以至于产生不同的创业行动，那么这些创业行动必然会形成相互竞争与影响。问题是我们无法预知竞争情境，也无法控制竞争者的行为，因此纵然个人做出最理性明智的创业决策，也可能因为他人的决策行为，而造成完全不如期待的结果。

上述三项的特征情境可以说明人们面对创业机会时为何无法理性客观地进行决策分析。虽然在现实世界中并不存在最佳的创业决策，但具有创业意图的潜在创业家又必须在不确定风险情境下选择创业机会，做出创业决策。

二、需要为创业机会决策建立创新的方法与目标架构

虽然信息不齐全，但创业家仍需运用其主观认知为创业过程建立一套方法与目标架构，作为创业决策的依据。创业家凭借其专业知识与经验，以创意思考方式提出如何有效运用资源的创新构想，并相信这种创新作为能够创造显著的效益回报。创业家对于自己所提出的创新方法与目标架构（new means-ends frameworks）能够将机会转化为利润具有完全的信心，这正是创业决策的核心基础。

显然不同的创业家针对相同的创业机会，可能会建立不同的方法与目标架构，因此他们也会做出不同的创业决策。为创业机会建立创新方法与目标架构不仅是创业过程的重要工作，也是创业决策的主要依据。

当市场机制出现变化扭曲，无法运用常态市场交易价格来评量资源使用价值的时候，就会出现创业机会。潜在创业家运用自己的专业知识与经验，自外部网络搜集相关信息，然后自创一套能够有效运用资源的方法与目标新架构，并且相信这样的新架构将可能创造显著的投资回报，因此毅然做出创业决策。

由上述的解析可知，创业决策并非理性的市场交易结果，而是需要建立新的方法与目标架构作为创业决策的依据。

三、创业机会辨识是一种主观认知决策

由于市场资源不齐全与不透明，创业机会的价值无法经由常态的市场交易价格来评量，每一个人对于此项机会的价值认知将有很大的差异。也就是说，创业机会的价值是无法客观评量的，当潜在创业家看到一个创业机会，并且认为能够自此项创业机会中发掘大量的利益，这样的机会评量过程具有强烈的个人化主观认知，是一种主观认知决策。

当许多人都在探索同样的一个创业机会，如果他们拥有相同的专业背景与信息来源，并且采取近似的观点，做出相同的创业决策，这种缺乏差异化的创业决策将带来显著的利益。因此，在创业决策中，差异化扮演很重要的角色，而个人主观认知就是导致差异化的主要缘由。也就是说，创业决策具有强烈的个人色彩，

每个人对于环境情境与机会价值的主观认知不同，每一个人为创业机会建立的方法与目标架构也会有所差异，当风险态度不同，他们对于机会价值的判断也会不同，因此他们将做出非常个人化的决策。

个人有时也会受到所处群体环境的影响，例如，当产业结构变迁，出现大量且明显的市场商机时，我们看到这时进入市场的新生创业家都采取类似的创业决策与商业模式。创业决策虽然是个人化，但也会受到所处群体环境的影响，因此做出相似性很高的创业决策，但这并不影响创业是一种个人化决策的观点，因为是否选择追随群体决策或选择独特性决策，也是属于个人的自主决定。

四、创造力对于创业机会辨识具有重要影响

由于创业机会存在很高的不确定风险，创业机会价值探索存在极大的信息缺口，因此需要创业家运用创造力建立一套能够创造机会价值的创新方法与目标架构，包括如何有效运用资源以及如何重组资源以发挥新价值，如何设计商业模式以及经营策略以赢得市场，如何开发新产品服务以满足顾客需求。

由于市场尚不存在，顾客需求尚不明确，也不清楚竞争者行为，创业机会开发等同在一张白纸上描绘出美丽远景商机。规划能够实现商机的可行方案，需要依赖创业家的创意思考与创造力，显示出创造力在创业决策过程中将扮演重要的角色。

虽然有些学者主张创业机会是由创业家经由努力过程所开创出来的（Gartner et al.，1992），但是产生创业机会的背景环境应该是不受个人因素的影响，而是客观存在的。机会的环境背景是客观的，机会是因为环境、科技、政策、市场、社会变迁所产生的，然而机会实践的过程则是个人化的，对于机会价值的评量也是主观的，因此个人创造力发挥程度就会对于机会辨识起到关键作用。

本书强调创业是一种人与机会互动的过程，机会虽然是客观的存在，但是如何运用机会、如何评断机会，则纯然是个人的主观决策。至于创业机会价值的开发，也需要依赖人们发挥创造力，探索创业机会，建立能够发挥资源利用价值的创新方法与目标架构。因此，机会辨识与决策过程将会明显受到个人创造力、主观价值认知、资源能力及风险态度的影响。

五、机会辨识也需要考虑市场进入时机

好的机会是否许多人都会看到，如不及时把握，就会给别人捷足先登？这是一个有关机会窗口开启时间与长度的问题，当机会窗口打开的时候，有多少人能够及时察觉？是否需要即刻进入？或应该观望一段时间？领先进入的是赢得先机还是失败收场？跟随者是否还能够取得商机？机会窗口开启的时间会有多长？何

时才是创业机会最合适的进入时间?

时机一词强调机会与时间有关,亦即机会只会存在一段时间,错过这段时间机会窗口就消失了。所谓机会辨识,就是发掘机会窗口打开的时间,但我们也需要知道机会窗口的长度,是否好的机会存在的时间都非常短暂?

一般而言,领先进入者将具有市场占有率的优势,虽然市场赢家来自领先创新群,但我们也看到领先创新群中多数都成为开创市场的先烈,因此纵然能够辨识到创新的市场商机,创业者仍须审慎评估最合适的市场进入时机。

有的时候机会窗口打开了,但却无人问闻,需要等到市场需求较为明确的时候,才会有人投入于开发这项新事业机会。例如,滑轮型手拉行李箱在 20 世纪 90 年代后成为旅游市场的主流商品,早在 70 年代空服员就已经普遍使用这种商品,但行李箱制造商却要等十多年后才决定将这项商品推广到旅游市场中。大家早已看到这项商品创新,为何 70 年代没有人及早想到空服员使用的产品同样也能适用于一般搭机游客?是因为人们缺乏创造力无法辨识这项商机?或是大家虽然看到这项创新商品,但不以为机会窗口已经打开了?还是认为最合适的进入时机尚未来到?

许多重大创新的商机在早期都不被人们看好,例如,开发静电复印机的全录公司,早期在寻求 IBM 公司为合作投资伙伴时被拒绝,IBM 公司认为市场对于复印这项产品是不具有需求的。IBM 公司创办人华生早期对于计算机这项产品的市场需求评估,也以为只限于大型政府机构才会需要使用计算机。在个人计算机的机会窗口打开初期,很少有人能够明确辨识这项市场商机。

一般而言,重大创新的机会窗口打开初期,通常市场需求尚不明确,产业与市场生态系统均尚未发展成熟,初期投入的风险很大,真正的获利商机可能要很长一段时间才能出现。创业家在机会窗口打开早期投入于开发市场商机将承受极大的不确定风险,但如果采取跟随者策略等到市场商机完全成熟后才投入,往往参与者众多,获利空间将极为有限。因此,所谓商机辨识,除了能够察觉机会窗口打开的时间,还要能够判断机会窗口打开的时间长度,并做出最合适进入时机的决策以及采取最合适的进入策略。商机辨识需要考虑最合适时间点、进入策略模式及结合产业生态体系,也就是说创业家在进行商机辨识的时候,需要综合天时、地利、人和后才可能做出最佳的商机评估抉择。

六、创业机会决策潜藏着有待验证的假设臆测

由于市场信息不足,未来充满了不确定,创业决策中充斥了大量有待后续验证的假设臆测。所谓主观认知决策,就是对于未知做出自我臆测,对于未知市场、未知顾客需求、未知的竞争行为、未知的价值效益,由自己的观点与立场,做出

大量的假设与臆测。依据这些假设臆测补足空白信息，并做出创业决策。创新的方法与目标架构就是建立在大量的假设基础上，包括对于未来可能发展情境的假设以及资源使用效益的假设。当然创业家会利用自己的专业经验与所能搜集到的信息，做出自己认为最具有可能性的假设臆测，不过创业家也知道所有的假设均非真实，一切都还有待后续的验证与落实。

由于创业是一个过程，创业家将在创业过程中持续检视假设与臆测的正确性，并将适时修订他们的创业决策。不确定性是创业机会辨识的本质，因此并不存在所谓正确与最佳的决策。创业决策所依据的假设臆测都具有不确定风险，创业决策依据的主观认知也可能偏颇或错误，唯有在实践过程中采取动态决策才能降低不确定性所造成的巨大风险，因此为降低创业的不确定风险，创业决策具有动态性的特质。

第三节　以信息观点探讨机会辨识

机会虽然客观存在于环境中，但是机会辨识是个人化的主观认知。创业机会辨识需要建立运作与产出机制，也需要运用主观判断力，因此是一种个人行为，而非组织群体行为。

如果机会是客观存在于大环境背景中，为何只有特定人或少数人能够发掘创业机会？原因是机会虽然客观存在于大环境中，但是由于市场信息不齐全与不透明，人们无法清楚看到创业机会，导致在机会辨识过程中伴随着大量不确定风险。那些拥有较多专业知识与市场信息的少数人，比较能够辨识机会的存在，也比较能够建立一套创造机会价值的运作与产出机制。他们相信自己对于未来发展情境的假设，愿意承担臆测错误的风险，因此比其他人更能够辨识与利用创业机会。信息与经验能力因人而异，再加上意愿、信念及风险承受能力的差异，导致人们对于机会辨识与价值判断的差异。

总之，那些拥有较多信息与经验能力、较强资源运用与价值创造能力，以及对于主观认知较自信且愿意承担不确定风险的人，通常都比较能够辨识与利用创业商机。

有些人具有比较强的信息取得能力，因此能够比其他人更快地察觉创业机会。拥有较多市场信息将有利于辨识创业商机，而市场信息取得能力将与每个人的生活经验、知识广度、社会网络及信息搜寻方法与态度相关。以下我们分别探讨影响创业家信息取得能力的重要因素。

一、生活与工作经验对机会辨识的影响

影响创业机会辨识的信息具有多元的广度，可能是属于技术相关的信息、产

业与市场相关的信息或是社会人口统计与法规变迁相关的信息。不同的生活环境与工作经历将使人们拥有不同的信息来源，因此得以取得不同种类的信息。例如，房产中介行业工作者会比其他人更容易掌握闲置店面的信息，同时也比较了解当地商圈的购买水平以及知道如何活化与提升闲置店面的价值。如果这位房产中介行业工作者过去曾在成衣零售商店工作过，那么他将在如何运用该闲置店面开设成衣商店以及如何取得开店所需要关键资源等商机辨识议题上比其他人具有更多优势。显然工作性质与人生经历将影响一个人的信息取得能力。

物理学家在纳米科技领域商机辨识的信息取得能力显然要高于历史学家，因为后者的工作性质对于取得纳米科技信息并无帮助。不同工作性质可以取得不同类型的信息，研究显示，从事科技创新工作所取得的信息，较有利于发掘创业商机，原因是研发工作者比较关注科技变迁趋势，创新成果往往能够创造新市场与新需求，因此他们也较常与风险投资者接触（Freeman，1982；Aldrich，1999）。

从事营销性质工作者持续接触市场与关注顾客需求，也有利于取得市场商机相关信息。他们可由顾客抱怨或未被满足的顾客需求中，比他人更早知晓潜在的市场商机。有些市场营销工作者与顾客建立长期紧密关系，当他们离职创业时，比较容易获得老顾客的支持，因此在发掘与辨识创业商机方面拥有比其他人更多的优势（von Hippel，1986）。

Roberts（1991）认为专业工作表现对于商机发掘具有显著影响，他以工程师与科学家为样本研究对象，研究发现拥有较多专利成果产出的工程师与科学家群体的创业比例要明显高于那些不具有专利成果产出的工程师与科学家。专利成果通常都会与商机发掘有所关联，因此能够驱动工程师与科学家的创业诱因。虽然都是从事科学与工程工作的专业人员，如果工作性质与市场应用或顾客需求较有关联，那么他们的工作成果表现将有利于商机发掘。

除了特定工作性质有利于商机发掘，工作经验的广度也会有利于商机辨识。信息不足导致商机发掘与辨识面临大量不确定风险，拥有较丰富人生阅历与多元工作经验者，比较能够填补商机辨识所需要的各种信息，因此工作经验广度将有利于商机发掘。

Evans 和 Leighton（1989）研究发现，与非创业家相比，创业家通常拥有较丰富的职场转换经验。Dolton 和 Makepeace（1990）的研究也发现，那些自学校毕业后经常转换工作的人，后来成为自雇型工作者的比例较高。Blanchflower 和 Oswald（1998）在英国做的调查也发现，拥有越多职场转换经验的人成为自雇型工作者的概率也会越高。

Casson（1982）研究发现，工作变换时，地理移动性（geographic mobility）越大，也会越有利于创业商机信息的取得。他认为地理移动越频繁，代表市场经验越多样化，因此也越有可能发掘到好的市场商机。这点也可说明许多农村青年离乡背井闯荡许多城市后，成为创业家或自雇型工作者的比例很高。

二、信息取得与应用能力

为何有的人能够发掘、辨识特定的创业机会，而其他人却看不到？本书认为能否取得相关信息是机会辨识的关键因素。如果一个人在专业领域拥有丰富的知识，在相关市场拥有丰富的信息来源，当然就比他人能够更早得知产业与市场机会。许多人在其职场经验相关领域进行创业活动，原因是他们能够比其他人更早发掘市场商机。如果一个人拥有强烈的创业意图，愿意花时间主动搜寻市场商机，当然也能提升他的创业机会辨识能力。因此，潜在创业家的生活经验越多元，职场经验越丰富，人际网络关系越绵密，主动搜寻创业机会的意愿越强烈，则将越有利于发展他的创业机会辨识能力。

机会辨识除了需要能够取得大量的信息，也要能够有效地应用这些信息。有关信息的整理、过滤、连接、重组，并由其中发掘新的现象趋势，我们称之为一种认知过程。也就是说，创业家如果想要强化他的机会辨识能力，除了需要拥有信息取得能力，也需要具备信息应用能力。而信息应用能力的发挥将与创业家的知识基础、动机意图、认知分析能力、创造力及智慧能力有关。因为创业家需要具备知识基础才能理解、整理、过滤他所取得的大量无序信息，由于这是一件辛苦、烦琐与持续性的工作，需要有较强烈的动机意图驱使。许多专业经理人也拥有丰富的信息来源，但如果不具有创业动机意图，就不会主动采取行动来分析、探索、搜寻创业商机，因此动机意图是创业家与专业经理人对于信息处理态度的差异。

创业家需要运用创造力与智慧能力来解析这些信息，创造力与智慧能力将有助于提升创业家发掘机会认知能力。认知能力除了与创业家先前积累的大量工作经验与产业市场知识有关，也与能有效连接重组信息的创造力以及能自复杂系统找到关键元素并发掘解决方案的智慧能力有密切的关系，因此成为机会相关的信息应用能力的核心元素。

总之，创业家之所以能够比他人更善于发掘与辨识创业商机，是由于：①拥有较丰富的产业与市场知识，能结合工作与生活中所积累的各种信息，并充分运用社会网络关系取得各种信息，因此拥有比其他人更多的机会相关信息储量；②能主动且有效地利用上述信息，运用创造力与智慧能力将信息连接重组，经由分析探索，发挥认知能力，并辨识出新商机。

图 5.2 指出机会相关的信息取得能力与信息应用能力将明显有助于强化创业家的机会辨识能力。通常商机辨识能力并非先天具有的，而是建立在后天长期学习积累而成的信息取得与应用能力，因此创业经验丰富的连续型创业家往往比新

手创业家拥有较强的机会辨识能力。

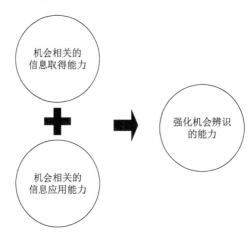

图 5.2　信息取得与应用能力对机会辨识的影响

第四节　以创造力观点探讨机会辨识

创造力（creativity）又可称为创意能力，对于商机发掘辨识具有重要性。但是一个人的创造力是如何形成的？为什么有的人能够产生好的创意，但其他人却做不到？

创意的定义为："一种新颖且有效用的点子构想，这种创意构想呈现在新思维、新产品、新服务！"新颖是指不同于现有的，有效用则是指能够创造顾客价值或提升用户的效益。创意既是心智活动的产物，也是人脑认知模式运作的成果。创意显现在思维模式的延伸、变化、创新，也就是能够突破现有思维模式的僵固性，经由将数种不同信息与观念架构加以连接、延伸、重组，形成新的观念架构，这种新观念架构所产生的新产品与新服务构想，不但新颖而且能够创造效益价值。

创意构想产生与每个人的经验、知识水平、价值观息息相关，因此不同的人会产生不同的创意构想。人脑认知模式经由持续接收、整合各类信息与经验累积，形成观念模式。创意产生与机会辨识基本上都是脑部活动的结果，经由获取、储存、分析、连接、重组各类信息后，产生了各种认知模式（prototypes），而综合这些认知模式就形成我们的心智模式系统（mindset system）。每一个人都是透过他的心智模式系统来分析判断各类信息与问题，包括形成创意与辨识机会。新的创意构想来自外部信息、事件结合内部已有的信息、经验，经由连接与重组产生新的思维、观念。

创意构想形成、商机发掘将与创业家的经验背景、认知模式息息相关。例如，从事公平交易咖啡贩卖的生态绿股份有限公司创业成员都具有社会运动背景，过去参与很多环境保护、劳工权益保障有关的活动，由于在理念上与公平交易咖啡组织相契合，他们认为贩卖公平交易咖啡在台湾将是一个具有潜力的创业商机。其他不具有社运环保背景的创业家，可能就难以认知公平交易咖啡背后所隐藏的商机。

一、影响创造力形成的关键因素

创造力对于商机发掘与辨识具有不可或缺的重要性，同时也是创业家智慧能力的重要组成部分。但是创造力是天生的，还是可以经由后天培养而成？为什么有些人能够拥有较高的创造力？究竟影响创造力形成的关键因素有哪些？

虽然创造力部分来自个人的天生智慧与人格特质，但影响创造力形成的并非单一因素。认知心理学的理论研究发现，一个人的创造力形成将受到以下五项因素的影响。

（1）智慧能力（intellectual abilities）：个人对于复杂系统的理解分析以及发掘解决方案的能力。

（2）先前知识（prior knowledge）：个人记忆库中拥有先前知识与所形成心智模式的丰富程度。

（3）思维态度（thinking style）：个人对于突破思维模式框架的态度与意愿，以及是否具备突破框架的思维方式。

（4）人格特质（personality traits）：个人对于开创性与冒险犯难的态度，以及追求新事物的动机与热情，将影响创造力的发挥。

（5）背景环境（surrounding environment）：所处的环境是否鼓励与支持创造力的培养。有的国家的社会价值观相对较为僵固，不欢迎新思维，在教育上也不鼓励创意能力养成，因此该国国民的创造力相对较差。

创意点子不可能无中生有，好的创意一定来自有效运用、连接、延伸现有的知识库，以及突破现有的思维模式框架，因此创业家必须先拥有丰富的知识储量以及相关市场与产业经验。我们看到那些具有丰富创造力的创业家，他们通常都曾有较多元的工作经验、居住过许多不同的城市、拥有较绵密的人际网络关系，而这些背景因素也是导致他们能够更具有创造力的原因。

由于人容易受到所处环境的影响，突破现有思维模式框架往往是较为困难的挑战。因此，所处环境的多元程度，对于异类新思维的包容程度，将影响人们挑战现状与突破框架的勇气与意图。一般越是多元文化与民族组成的开放社会，越能够包容不同思维模式，因此将比较容易培养人们的创造力。创业团队成员背景差异性越大，也越可能摩擦出新的创意点子。

二、智慧能力

一个人的创造力从何而来？为何有的人拥有比他人更高的创意能力？虽然先前知识、思维态度、人格特质、环境背景都会影响创造力形成，但智慧能力却是创造力的组成核心，也决定一个人的创造力能够被发挥的程度。虽然智慧能力有一部分是天生的，但后天养成也极为重要，人们经由广泛的学习以及系统的教育训练，采取开放性思维，再加上个人的创业动机与诱因，以及环境对于创意思维的支持鼓励，创业家的智慧能力将可在创业过程中被有效培育出来。

以一个小故事为例。当教授与创业家在森林中散步，突然发现后方奔来了一头凶猛的大灰熊。教授运用其专业知识快速分析大灰熊的奔跑速度以及人类的跑步速度，发现在30秒内大灰熊就会追上他们，因此他告诉正要往前跑的创业家："不用跑了，因为我们怎么也跑不过灰熊！"创业家回头说："我知道跑不过大灰熊，但是我只要跑赢你，就可活命了！"这是一个经常在课堂上被提及的故事，主要用来分辨知识与智慧的差异。拥有知识的人往往只能看到复杂系统的表层，但是拥有智慧的人却能看到复杂系统全貌，因此能够快速辨识出解决问题的关键要素。

智慧能力不同于智商，智慧能力也不等同知识丰富程度。我们对于智慧能力的定义为："一个人对于复杂系统的快速理解能力，以及能够在复杂世界中找到最适问题解决方案的能力。"拥有智慧能力的人擅长自做中学积累经验，能够很快地演绎推论事理，并且能够很快发现问题与提出问题解决方案。

智慧能力的内涵组成包含以下四个构面。

（1）分析性智慧能力：能够自复杂系统中快速找出关键要素，并产生解决问题的路径。分析性智慧能力与一个人的聪明才智相关，不过专业领域经验累积也会有助于强化这种智慧能力。

（2）创造性智慧能力：能够产生新的概念及新的问题解决方案，是一种在既有思维模式之外的开创性能力，科学家的发明成就多数需要依赖这类智慧能力。

（3）应用性智能能力：是一种问题解决的能力，能够对当前市场或产业产生的问题，应用新思维提供新的解决方案。

（4）社交性智慧能力：擅长解析与应对系统中复杂的人、事、物问题，并能妥善提出各方都能够接受的解决方案。

上述智慧能力不但攸关创造力的发挥程度，也与问题解决密切相关，因此无论是创业家还是专业经理人其实都需要具备这样的智慧能力。对于创业家而言，如何将创造性智慧能力与应用性智慧能力相结合，并发挥分析性智慧能力与社交性智慧能力，显然攸关其发掘与辨识新商机的创意能力。

任何人在工作职位上都需要智慧能力，对于创业家而言，智慧能力更是影响创业成败的关键因素。由于创业过程面对大量的不确定风险，创业家需要实时掌握各种动态信息，快速进行分析，考虑各方利益关系人的需求，并提出有效的对策与解决方案。创业虽然是一种摸着石头过河的决策过程，在信息与资源不足的情况下，需要实时做出决定，因此才格外需要依赖创业家的智慧能力。而这种创业的智慧能力无法自知识学习中获得，而需要在做中学与错中学的创业过程中积累。

三、创造力有利于突破心智模式的框架

人们经由信息搜集与经验积累逐渐形成了心智模式，并据以分析判断后续的新信息与新事件。由于心智模式是由认知规范与主观概念所组成，有其固定框架。人们对于新信息与新事件的解析，往往会受限于心智模式框架。例如，千年前南美印加帝国虽然拥有许多创新发明，但他们却从未使用装置车轮的载具，货物大都负载于动物的背上。由印加帝国废墟中挖掘出许多装置车轮的儿童玩具，显示出车轮装置在当时已被大家知晓，只是在印加帝国人民的心智模式中，车轮已被定位为一种儿童玩具的装置，因此货物运输仍然沿袭以动物负载或拖拉载具的方式。一个文明如果不具备创造力，就会受限于既有心智模式框架而无法持续创新，未来就可能面临被新文明淘汰的危机，印加帝国就是最佳的例证。

创造力能够将既有心智模式的认知规范与新信息所创造的新概念加以结合，并衍生出新的规范与新的概念。具有创造力的人能够突破既有框架，其心智模式较为开放，且乐于接受新概念，能将数种不同的新信息整合转化为新概念，或将现有概念扩张延伸至新的领域，或发挥想象力将概念转化为新的应用。

建准电机创办人洪银树先生描述他发明无电刷微型马达的创意，主要来自太极拳阴阳两极概念。虽然许多人都练过太极拳，但拥有创造力的人却能将这个大家熟知的阴阳两极概念转化为马达领域的应用创新。另一个例子，不含酒精的软性饮料与啤酒是两种截然不同的饮料，但是将两种概念结合，市场上就出现了受到大众欢迎的无酒精啤酒新产品。而四轮传动越野车与高价名牌轿车是两种不同型态的产品概念，将两者结合后就出现高档休旅车（Luxury SUV）的新产品概念。瑞士表厂过去将手表视为可以传家的高价精品，是一种精心打造的机械式工艺品。但是 Swatch 集团将手表重新定位为一种可以配合服饰的穿戴装饰品，因此开发出多款式低价的电子式石英表，完全突破传统瑞士表的认知概念。Swatch 表获得市场好评，销售数量超过两亿块。电视机刚上市的时候，人们将这项产品视为一种放置于客厅的家具，因此早期的电视机大都与橱柜结合。但今天电视已被视为信息产品，因此与计算机、网络、电信相结合，电视机设计就完全脱离传统家具的框架。

创业家需要具有比常人更强一些的创造力，他们才能突破既有思维的框架，结合新信息、新知识、新事物，进而开创出新的思维模式。具有创造力的创业家能将既有的思维概念扩大延伸至不同的应用领域，或加以重组产生新的用途，同时他们也较具有想象力，擅长引用模拟、隐喻方式将新概念转化为新的应用。

第五节　以认知观点探讨机会辨识

在新事业开发的过程中，创业家被视为整个创业活动的行动者（Baron，2007），因此过去许多研究均从创业家个人的角度来探讨。早期学者着眼于探讨"什么样的人会成为创业家"，也就是所谓人格特质的议题，如创业家具有高风险倾向、高成就需求、高内控程度等特质。但经过数十年的研究，仍难以实证出不同人格特质对于创业行为差异性有何显著影响（Baron，1998；Mitchell et al.，2002）。于是20世纪90年代中期，学者们将专注重点转往创业家个人"认知"的议题。认知旨在了解个人的感知、记忆及思维，而认知心理学着眼于解释个人在人际互动或环境互动时的心智过程。认知可用以系统性解释人们在创业过程中的思维与决策，引发后续学者开始探讨创业认知的重要性与内涵（Mitchell et al.，2002）。

要了解创业的核心，必须更深入地去探讨创业家的思考模式，因此研究者从认知心理学角度切入，试图解开创业家认知模式的黑盒子，借此了解如何才能有效发掘创业机会（Krueger，2003）。Mitchell 等（2002）将创业认知（entrepreneurial cognitions）定义为"个人用以评估、判断、决策关于市场机会、新事业开发及成长的知识结构"（knowledge structure）。换句话说，创业认知就是用来理解创业家如何使用心智模式，将众多外部信息加以连接，大胆判断市场商机所在，进而组合必要的资源，以开发新产品与开创新事业。

一、机会辨识过程如同模型辨识

机会辨识过程如同认知过程理论所描述的模型辨识（pattern recognition），能够自一些看似不相干的事件与变化趋势，经由连接、重组，推导出一个新模型。通俗一点来说："在复杂世事中看出变化的端倪，将混乱事务理出头绪，并发掘出新的契机。"因此，机会辨识是一种认知过程，创业家能将许多看似不相干的事件、信息加以连接、重组，形成一个全新的结构形态，并由其中发掘与辨识创业的新机会。每一个人的认知架构将受到先前知识与经验模式影响，而认知架构将决定他如何连接、重组信息与事件，以及最后产生的新结构形态。

例如，宏碁集团创业人施振荣先生长期在计算机产业发展，他的丰富信息知识以及在信息产业领域的创业经验，形成了对于信息产业发展的个人认知架构，因此能够将互联网发展、智能通信、手持装置创新等信息、事件加以连接、重组后，推论出云端产业的创业新商机。前例中的约翰，创业前原服务于一家网络公司，对于网络创业产生自己的独到认知，因此能够由搬家经验以及购买与处理搬家纸箱不符合经济效益的体会推论出租赁纸箱的创业新商机。

在同样的市场环境下，不同背景的人们由于拥有不同的经验知识，他们的认知架构也会有显著的不同。因此，纵然针对同样的信息与事件，大家所推论认知出来的创业机会也会显著不同。Baron（2006）针对新手创业家（novice entrepreneurs）与老手创业家（repeat entrepreneurs）机会辨识差异的研究发现，纵然两者的其他专业背景均十分相似，但新手创业家比较倾向选择那些产品技术创新幅度较高且具有差异化特色的创业商机，而老手创业家则青睐那些顾客导向、获利高、容易得到合作伙伴支持以及可控制风险的创业商机。

Chester Carlson 是 20 世纪 40 年代少数看到可以运用静电复印技术来开发复印机的人，这与他的法律与化学工程背景有关，再加上任职专利事务所工作多年的经验，才使得他能够比其他人更早辨识到静电复印技术的市场商机。人们经常疑惑，一项事后证明绝佳的市场商机，为何只有极少数人能够辨识？运用认知架构理论可以解释为何只有特定知识经验背景的人可以认知到特定的创业商机。因为认知架构是由个人独特的经验背景所组成的，再加上每一个人接触的信息程度以及对于信息、事件的认知方式都会有所差异，所以对于同样一项创业商机会有显著不同的认知。因人而异的认知架构就好像每个人都戴着一副有色的眼镜来观看世界，即使处在同一环境下，我们所看到的世界却是大不相同的。所谓情人眼里出西施，人们选择的对象会是不一样的。同样地，每个人辨识与选择的商机一定也会有很大的差异。

二、影响认知能力的创业家个人因素

创业商机发掘涉及信息的辨识、归纳、演绎、重组等，创业家需要将片段、模糊、不连接的信息加以重组解析，并创造出一套商机实践的模式方法，因此认知能力也会成为重要影响因素。Kirzner（1979）用创业家的商机警觉力（alertness to opportunity）来描述这种对于商机发掘与辨识的认知能力。

为什么有些人能看到商机，而其他人却看不到？Gaglio 和 Katz（2001）认为那些看到商机的人擅长推论，能够建立问题、现象的因果关系，能快速过滤与分类信息，自复杂信息中归纳演绎出一套商机实现的模式方法与脚本剧情，并能直觉判断商机蕴含的效益与风险。Schumpeter（1934）、Knight（1921）、Sarasvathy 等（1998）等几位学者认为商机辨识能力不仅是一个认知构面，更与创业家的智慧能力、知觉能力、创造力及正面思考能力等都会有所关联（图 5.3）。

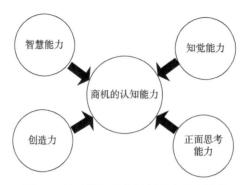

图 5.3　影响认知能力的创业家个人因素

（一）智慧能力

在科学与艺术领域研究中很早就发现，一个人的聪明才智程度将影响他对于复杂现象的观察与认知能力；这种观点同样也适用于创业商机辨识。Wit（1993）研究发现，那些获得智商测验高分的儿童，成年后创业的比例要高于低分的儿童。当然所谓智慧能力并非全然先天，正如爱迪生所说，成功的人还是要依靠大量的后天努力。Busenitz（1996）的研究指出，创业家比经理人花更多的时间用来搜集、研究、分析各种市场商机，他们也更常为事业提供创新的构想。创业家投入大量功夫于商机发掘与辨识，因此也提升他们在这方面的智慧能力。

（二）知觉能力

创业家常被外界认为具有精明的商业头脑与敏锐的商业眼光，因为他们能够快速地发掘商机，凭直觉与经验就能立即辨识商机。这种创业家对于商机发掘与辨识的直觉与先见之明，我们称之为创业家的知觉能力。由于商机信息往往伴随着大量的不确定因素与误导性信息，一般人很难看到商机的全貌，更无法立即察觉这是否真是一个机会。Bhide（2000）、Hills 等（1999）的研究均指出，创业家发掘与辨识商机的知觉能力普遍要比经理人高，而且他们的直觉判断能力要优于经理人。Hills 和 Shrader（1998）针对杰出创业家进行调查，结果发现他们的决策模式更倾向于直觉判断，而且经常不需经过详细的商机评估就做出新事业开发决定。

（三）创造力

创造力是一种创意思考能力，能无中生有，将有限信息演绎成崭新的蓝图架构。因此，创造力不但与一个人的智慧能力相关，同时也与他的创意与创新能力有关。许多创业家都说机会不是被发掘出来而是被打造出来，也就是说商机发掘其实要经过淬炼的过程，包括：如何设计产品？如何提供服务？如何创造顾客价值？如何获利？等等，都需要大量创意点子与创新构想。许多人都看到同样的商机，但只能少数人能够投入与实践商机，其中的差异就在于是否具有商机发掘的创造力。好的商机需要具有差异化特色，需要能够创造顾客价值，需要能够提出创新的商业模式，因此创造力将决定创业家是否能够比其他竞争者更早发掘到好的商机。

Bellu（1988）、Robinson 等（1991）的研究发现，创业家的创新能力表现要优于经理人。Hull 等（1980）运用创造力量表，测试一群俄勒冈大学的毕业校友，结果发现那些正在创业的校友的创造力分数明显要高于整体平均值。

（四）正面思考能力

任何市场商机都同时蕴藏着利润与风险，有人看到机会，也有人看到危险。创业家一般都具有比其他人更为正面的思考态度，他们的认知模式更倾向于看到机会的阳光面。Kaish 和 Gilad（1991）对金融产业 51 位创业家以及 36 位经理人进行比较研究发现，创业家比经理人更能持正面态度来看问题。所谓正面思考并不代表创业家会刻意忽略风险，事实上创业家比一般经理人更为重视风险因素，只是他们会持正面的态度来面对风险，这才导致创业家比一般经理人更能勇于面对风险。

过去许多研究文献也显示，创业家比经理人在人格特质上将更为乐观与自信，纵然事业遭遇困难，他们大都还是对于未来前景持乐观心态。创业家通常拥有较强的自我效能认知，因此比较能够面对不确定风险，相信自己拥有能够渡过难关的能力。这显示出正面思考与自我效能两项因素对于发掘商机与促动创业行为确实具有正面影响。

三、由认知能力局限性所引发的风险

人非万能，每一个人的认知能力都有局限性，能够储存的信息量有限，能够处里的信息量也是有限的，当面临必须立即做出决定的情境下，人往往就会受制于个人主观意识与习惯行为，因此造成决策危机与风险。创业家比经理人更常面临在信息不齐全状态下必须实时做出判断决定，因此创业家经常采取直觉、主观、感性的决策方式。在信息不齐全的情境下，由直觉与主观来主导决策，这时的认知模式也很可能出现偏误（cognitive biases）。

创业家习惯采取直觉方式进行决策与判断，因此当面对复杂问题情境，能够依据过往经验以及客观佐证信息，很快地做出判断。直觉判断能力是一种创业家的专业认知能力，需要长时间经验积累，因此能够对于某一专门领域的市场或技术议题快速做出有水平的分析与决策。但是当人们企图以简单认知模式来解决复杂的系统问题，往往也会存在严重的决策偏误。由于认知模式受到个人经验偏好的影响，一些印象深刻的个别经验事件比较容易主导认知模式的形成。所谓的经验直觉，还是存在很多的个人感性与主观因素，并不全然客观理性。例如，当一位面貌英俊、口才较好的经理人离职，创业家在甄选替代人选时，往往在直觉上会比较偏爱那些面貌英俊、口才较好的候选人。这显示出采用直觉来甄选人才并不十分理性。

除了直觉偏误，创业家的认知模式还会出现以下三种偏误。

（1）正向心态的偏误：创业家比常人更为自信，比较持乐观态度看待创业过程中出现的不确定风险。创业家通常都会低估失败风险，高估自己的胜算，他们总是认为问题不大，都能得到克服，最终必然能够达成目标。自信乐观是面对不确定风险的最佳利器，因此人们才敢做出创业决定。但失控的正向心态也有可能导致创业家轻忽风险，做出错误决策。

（2）主观心态的偏误：创业家在面对诸多信息时，往往较为青睐那些符合自己利益认知的信息，排斥那些与直觉认知不一致的信息，因此会造成信息采用的偏误。创业家一般都拥有较强的主观认知模式，较易受制于先入为主的观念，经常会导致认知偏误。

（3）人定胜天的偏误：创业家大都属于内控性格，他们认为人定胜天，英雄可以造时势，相信经由自己的努力奋斗绝对可以实现新事业目标。内控性格的人自信心较强，因此才勇于创业，但往往也会忽视外部不可控制的环境变化。

这些认知偏误导致创业家较勇于冒险犯难，但往往犯的错误也要比一般人多。如果创业家不知道如何克服认知偏误所导致的决策风险，那么创业失败风险必然也会相对增高。但如果一个人纯然地客观理性，积极地回避风险，那么他极可能不会做出创业的决定。乐观、感性、自信、内控性格、相信直觉等都是创业家的人格特质，这些特质需要付出认知偏误以及较高比例决策失误的代价，因此创业家有必要理解认知偏误可能导致的失败风险，并要设法采取应对对策。做中学与错中学是许多成功创业家克服认知偏误的方法，他们知道自己较常人更容易犯错，因此采取摸着石头过河的试误决策模式，设定风险承受底线，在尝试错误过程中学习成长。

第六节　结　　论

有人主张商机辨识能力是一种天赋能力，难以后天培养，一些人天生就具有敏锐的商机辨识能力。但自模型辨识的理论观点，每个人都可能经由训练学习来提升自己的商机辨识能力，而且这种能力提升可以循序渐进的方式进行。

我们不但要能察觉好的商机，而且要知道在对的地方搜寻商机。首先，应该针对技术变迁、人口统计变迁、法令变迁、消费行为变迁等，探索其背后可能衍生的新商机。其次，要特别关注那些与过去认知不一样的突发意外事件，并由其中搜寻可能蕴藏的新商机。一般而言，重大商机总是隐藏在变化与危机之中，当出现与过去不一致的变化，或出现矛盾意外事件，这时往往是发掘新商机的好机会。再次，拥有越丰富的产业与市场经历，将越有助于辨识新商机。由于商机辨识需要能够连接、重组各种不同类型的信息、事件，丰富的人生阅历与产业市场经验当然有助于强化商机辨识的认知架构，过去许多研究文献也证实拥有较丰富产业市场经验的创业家在商机辨识表现上要明显优于阅历较浅薄的创业家。最后，一个人如果能够经由学习来知晓接触许多卓越的商机辨识案例，并积累丰富的知识，这将有助于强化他的商机辨识认知架构，因此有利于辨识与发掘具有潜力的新商机。

归纳以上观点，对于提升商机辨识能力给予以下建议。

（1）为强化商机辨识能力做好准备，包括：培养创造力，提升智慧能力，增加产业与市场经验，以及透过创业教育与案例学习进一步强化认知架构的商机辨识能力。

（2）每个人一生中都会有许多机会接触到适合自己的商机，因此只要勇于尝试，采取做中学的方式，最终必然能够发掘到一个好商机。

（3）机会是打造出来的，选择一个适合自己的商机，只要不断地挖掘、修订、调整，再结合外部资源，最终一定可以打造出所谓的最佳商机。

（4）要选择在对的环境与情境中辨识商机，也就是说要在对的时间、对的地方、运用正确的方法，选择那些适合自己情境的商机。

虽然商机是客观存在于大环境中，但是是否能够辨识商机，还是会受制于每一个人的思维模式、价值观、认知架构、风险态度、专业知识与产业市场经验、创造力与智慧能力、人际网络及所处环境背景。上述诸多影响商机辨识的关键能力都是可以经由后天学习训练而加以提升，所谓创业专业能力，是在做中学的创业过程中磨炼学习而成的，连续型创业家的商机辨识能力也是在持续创业经验中积累出来的。

第六章　创业机会辨识过程与影响因素①

创业源头通常来自一个具有吸引力的市场商机，因此机会发掘与辨识就成为创业过程的首要议题。究竟创业机会是如何产生的？如果机会是外部产业与市场环境变迁的产物，那么为何有的人能够看到机会，而其他人却看不到机会？纵然人们看到相同的市场商机，为何他们对于商机评估会有差异很大的看法？如果商机是客观存在于市场，那么创业机会是如何被发掘与辨识出来的？机会发掘与辨识的过程为何？影响机会辨识的因素有哪些？机会辨识能力是否也会受到创业家个人知识经验、认知判断能力、社会网络关系以及机会搜寻的方式所影响？这些都是本章想要探讨的重要议题。

第一节　影响机会发掘与辨识能力的因素

不同学者对于创业机会辨识过程有不同的分类，例如，Ardichvili 等（2003）将机会辨识过程分类为辨识（identification）、发展（development）、评估（evaluation）三个阶段，而 Shane 和 Venkataraman（2000）则分成发掘（discovery）与利用（exploitation）两个阶段，另外，Lumpkin 和 Lichtenstein（2005）将机会辨识分为发掘（包含准备、育成及洞察）与形成（包含评估与发展）两个阶段。多数创业研究文献将机会辨识过程分为两大阶段，首先为机会的发掘与辨识，在此阶段，机会正在成形，不论是透过个人辨识、发掘或是创造，机会都是属于初步产生的阶段。其次为机会的发展、评估、利用，是指个人针对所辨识出来的机会，进一步进行发展、评估、执行、利用，将机会付诸实现。

一、创业机会辨识的过程

图 6.1 指出"机会发掘与辨识"将受到两方面影响。一为"环境变迁与技术创新"，包括：政治与法规的变迁（如政府采购法、市场自由化、空气防污规定、

---

① 本章部分资料来自谢如梅（2010）的《创业机会确认：先验知识与创业警觉性之关联性实证研究》（台湾中山大学企业管理学系博士学位论文），以及吴弦派等（2012）的《人脉扩展好，还是深化好？台湾资通讯产业创业家社会网络策略之研究》（《中小企业发展季刊》，（25）：67-92）。

国营市场民营化、知识产权法令、中国的兴起等）；社会和人口结构的变迁（如老龄化社会、单亲家庭、少子化、女性就业、移民社会、引进外籍劳工等）；产业结构的变迁（如信息科技造成去中间化的现象、连锁商店的大规模出现、半导体产业的解构、制造功能大量转移海外、非核心业务外包的趋势、物联网与大数据整合的趋势；"互联网+"应用等）；科技创新（如纳米科技、生物科技、微电子科技、新能源科技等新科技的出现）；经由技术创新、产品创新、制程创新、经营创新所创造的新的生产方式、新的原物料、新的供应方式、新的顾客服务方式、新的销售方式、新的市场机会等。

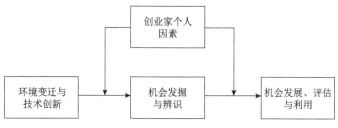

图 6.1 创业机会辨识的过程

二为"创业家个人因素"，包括：人格特质、先前知识、社会网络、创业意图、认知模式等。机会辨识除了受到环境变迁与技术创新的影响，同时也具有人为的主观性与需求性，会受到创业者内在人格特质与心理因素的影响（如创意能力、冒险性格、成就动机、控制欲望），以及受到创业者拥有的资源能力、教育程度、社会支持系统、网络关系、先前知识与经验等的影响。

图 6.1 可以用来回答第五章的案例问题"为何约翰夫妻能够发掘纸箱租赁的商机"，因为 1999 年正是网络科技创新蓬勃发展的时期，互联网基础设施普遍建置，而加利福尼亚州也出现大量的新工作机会，导致工作变动产生的搬家需求十分旺盛，因此运用网络科技媒合供需的 O2O 模式（在线订购线下服务）不但具有可行性，而且具有庞大的商机。另外，很有可能约翰夫妻本来就具有创业意图，刚好太太没有工作，创业的机会成本较低，而且搬家经验让他们充分认识到顾客对这项创新服务的需求，再加上这项创业机会所需要的资本与技术门槛均不高，风险是他们能够承担得起的。总之，一个人之所以能够辨识与利用机会，一定会与当时环境、所处情境及个人意图认知有关，在天时、地利、人和搭配下，当创业机会浮现，创业家就能做出机会辨识与利用的决定。

一般自市场上辨识的商机都只是初判该商机的潜能，至于商机是否具有可行性，还需要经过市场测试验证与评估。因此，创业机会往往需要一个较长的发展过程，并在发展阶段不断地被检视评估，创业家与投资者会以主观判断或是客观衡量方式来确认此项创业机会是否真正具有被开发利用的价值。

（一）创业机会的发掘与辨识

机会可能是创业者意识到外在环境改变产生的缺口，或是经由创业者破坏现有均衡体系所创造而来的。在创业之初，创业者需要辨识机会存在与否，先从"意识"到市场需求或未利用的资源，进而"发掘"特有市场需求与特有资源的市场关联性，最后"创造"新的市场需求与特有资源的连接方式。因此，机会辨识乃是一个从意识到一个可能的机会，设法搭配特有资源，再用创新的手段逐渐将其概念化的过程。

如前所述，过去学者指出机会辨识的途径有两种不同的观点：一是机会是意外发现（serendipity）或是创业家能主动警觉机会的出现，二是经过仔细搜寻（deliberate search）而来的。Shane（2000）认为机会应是福至心灵地被发掘出来，因为搜寻指的是已经知道自己缺少什么、要找什么，但是机会在被发现之前是未知的。从奥地利学派的观点来看，机会已经存在，只是受制于个人对于新信息的认知不足，而无法发现机会。Kirzner（1979）指出，当机会出现时，如果创业家拥有察觉到机会存在所需的信息与知识，则这种察觉并非机运与巧合，而是创业家对于机会辨识与发掘的警觉能力。所谓创业警觉力，不仅能察觉机会的存在，还能形成对于未来发展的想象，进而引发后续的行动。

Lumpkin 和 Lichtenstein（2005）指出，在机会辨识的过程中，这两种途径应是并存的，在机会的育成（incubation）阶段中，较多着眼于系统化分析与搜寻；在机会的洞察（insight）阶段中，则是靠创业家的警觉力将许多相关的事物串联起来，是一种"我发现了"（eureka）的认知过程。不论经由系统性主动搜寻，或是特殊的警觉能力，都是为了发掘出好的创业机会，创业家在辨识机会的过程中，经常交替运用这两种方式，而且系统搜寻能力与警觉力会呈现互补效益（Baron，2006）。

创新是创业中的关键要素，个人辨识机会的创新程度越高，将越有助于机会后续的发展潜力。但机会辨识除了要求"创新性"之外，辨识机会的"数量"亦为值得重视的议题。由于机会辨识、发展、利用是一个精炼与萃取的过程，创业者往往会先发掘到多个机会，再从中筛选与评估出最佳的机会，若创业早期能辨识出较多的机会，对于后续机会发展与利用将有很大帮助（Shepherd and DeTienne，2005；Corbett，2007；Ucbasaran et al.，2008）。

（二）创业机会的发展、评估、利用

机会发展是一个连续且主动的过程，目的在于将辨识的机会概念做详尽的推演，使机会能够渐趋明确，并具有实际发展的价值。影响创业机会利用的因素来自两大方面：个人特质与环境（Shane，2003）。在个人特质的部分，包括了心理性与非心理性，前者指的是个人的人格、动机与认知，后者指的是受教育程度、工作经验、年龄、社会地位与机会成本的考虑；这些创业者个人特质因素对于是否会继续发展与利用机会将有很大的影响。而在环境的部分，则包括了产业差异与总体环境的影响，前者指的是知识条件、需求条件、产业生命周期、产业结构等因素，而后者则包括了总体的经济环境、政治环境与社会文化环境等。由于许多因素皆会影响到机会的发展与利用，虽然很多人发现了机会却无法去付诸实行。

另外，机会评估则是专注于评估机会利用所可能产生的价值，以及创新方法、资源分配、商业化运营、实现效益的可行性。然而，机会评估亦可能同时存在于机会发展的任一阶段，提供修正与反馈的功能，使机会内涵更为明确，让投资人有更充足的信息以了解机会的价值与可行性，进而愿意提供资金，促进新事业的开展（Ardichvili et al.，2003）。此外，在机会发展与评估的过程中，透过许多创造与分析的活动，将促使机会更具价值，并提升机会实现的可行性。

由于创业机会发展是一个长期过程，在每个发展阶段，机会都会不断地被评估，创业家会以主观判断或是客观衡量的方式来辨识创业是否能够继续进入下一个阶段。当信息越来越丰富，创业构想经过实践检验，可能改变对于原有机会的认知，调整资源分配与经营模式，甚至打造出与原有面貌不同的创业机会。

二、创业家个人因素对于机会辨识过程的影响

Ardichvili 等（2003）描绘影响创业机会辨识过程的个人因素（图 6.2），包括：人格特征、社会网络、创业倾向、机会警觉力及先前知识与经验资历。拥有

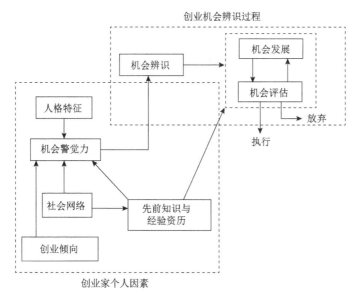

图 6.2　创业家个人因素对于机会辨识过程的影响

资料来源：Ardichvili 等（2003）

先前知识（知识、经验、能力）的质与量，以及取得信息的社会网络与处理信息的能力，是辨识机会的重要因素，但影响机会辨识的关键因素还是创业家所拥有的机会警觉力。所谓机会警觉力，除了建立在个人拥有创造力与智慧能力基础上，创业家的社会网络、先前知识与经验资历，以及创业家人格特征所呈现的正面思考与敏锐的直觉判断能力等，也是重要影响因素，再加上较强的创业倾向促使他主动积极搜寻市场机会，因此能够及时快速地辨识出新商机。拥有创业机会警觉力的人，通常会主动搜寻、过滤、辨识、分析、评估有关环境变迁与技术创新的各种信息，并进行商业化可行性的研究，因此机会警觉力也可以被视为一种能有效发掘商机的心智模式。

由机会辨识到机会确认，要经过发展与评估的过程。最后确认的机会可能与先前辨识的机会之间有很大的变化，也可能确认过程只是将前述辨识的机会进一步地深化与明确化。如果确认的结果认为前述辨识的机会不具有可行性，这时创业家需要再回到机会辨识的程序，重新寻找与筛选新的创意机会。如果辨识的能力差，那么辨识出来的机会质量则也会较差，因此通过机会确认的概率也一定较低，将导致由辨识到确认的时间拉长，当然也会影响新事业的成功率。所谓机会辨识过程，就是将辨识出来的创意构想，经由发展与评估的过程，降低不确定风险程度，并打造成一个可行的创业机会，进而促成创业的具体行动。

三、影响机会发掘与辨识能力的关键因素

综合创业文献以及 Baron 和 Shane（2008）的研究可以发现，先前知识、社会网络、主动搜寻、创业机会警觉力是影响机会发掘与辨识能力最重要的四项因素，如图 6.3 所示。先前知识与社会网络有利于机会相关信息的取得，主动搜寻

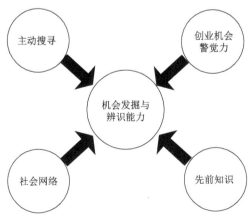

图 6.3　影响机会发掘与辨识能力的四项关键因素

资料来源：Baron 和 Shane（2008）

则与创业动机倾向有关，能进一步提高机会相关信息的取得与应用意图。创业机会警觉力则是一种能够在各种信息流入过程中，及时发掘与辨识机会的认知能力，因此也会与创业家人格特质以及创造力有关。以下将深入说明这四项关键影响因素的内涵。

第二节　先 前 知 识

先前知识泛指个人受教、私下学习、工作、创业等经验所累积而得的知识与信息，有助于个人对事物的理解、推断与解释。这种信息与知识是基于每个人不同的经历背景所累积的，所以难以直接复制于他人身上（Shane，2000）。由于先前知识是个人整合与创造新知识的基础，在复杂外部环境变化下进行创业决策与机会评估，都需要以先前知识为基础（Davidsson and Honig，2003）。

Hayek（1945）在 *The use of knowledge in society* 一文指出，知识可区分为日常知识及科学知识，由于知识分散于经济体中，而每个人所拥有的知识皆不相同，几乎没有人能知道所有新的发明或资源是如何被分配使用的。独特的（idiosyncratic）知识是个人经由特殊经历（包括职业、社会关系及日常生活等）渠道而获得的，当创业者有效地利用这类独特知识时，则必将对机会发掘、评估、利用产生关键影响。

Venkataraman（1997）提出"知识信道"（knowledge corridor）的概念，指出每个人拥有不同的信息储量，以及由不同背景经历累积而成的不同经验模式。这些由日常生活所累积的知识与工作累积的经验，以及与他人互动、学习实践的心得体会，会逐渐形成一套对事理分析的心智模式，进而主导个人对于创新与创业商机的感知、判断与解释（Yu，2001；Baron，2006）。

一、先前知识的类型

现有文献关于先前知识的分类有分歧，并没有特定的分类方式，而且研究者对于先前知识与人力资本（human capital）两个概念往往混合使用，这也造成这一概念的模糊性。例如，Dimov（2004）针对个人特质如何影响机会辨识这个议题的评论，谈到的先前知识即同时包括先前知识与人力资本的概念，并未加以区分。Corbett（2007）亦同时探讨知识及人力资本对机会辨识的影响，显示出这两个概念具有高度的相关性。

多数学者将先前知识分为两类："一般知识"（general knowledge）及"特定知识"（specific knowledge）（DeTienne and Chandler，2007）。前者是指运用范围较为广泛的知识，并非仅限于特定工作或专业领域，如正式教育、过去的工作经验、过去的创业经验等；而后者则是指只能用于单一工作或领域的专有知识，较难以转移与被复制，必须有长期的经验积累。

正式教育是一般知识的重要来源，可协助有利于创业的知识技能累积。此外，个人在工作中的实务经验与学习，例如，非属正式教育的特定训练课程以及管理经验与创业经验，亦是累积创业所需先前知识的重要来源。Davidsson 和 Honig（2003）曾探讨教育程度、工作经验、管理经验及创业经验等构面对于机会辨识与利用过程的影响，其实证结果显示教育程度并非最重要的影响变量，而工作经验、管理经验与创业经验，对于机会辨识则有较高的影响程度，其中尤以创业经验为甚。Ucbasaran 等（2008）的研究有着相似的发现，认为一般知识对于机会辨识与利用影响较小，而创业者过去的企业经营经验则有显著的影响效果。

特定知识是指与产业或专业领域相关的知识，Shane（2000）所提出的三类先前知识就是针对个人在特殊产业背景中所获得的专业知识，分别为：①市场知识，指的是个人对于市场供货商关系、销售技术或是资本设备等的知识；②如何运营市场的知识，指的是个人拥有关于市场运营的专业知识与能力，例如，在生产与服务过程中如何创新技术、创新产品、创新配销方式或是取得新的物料供应来源等；③解决顾客问题的知识，指的是个人知道市场中顾客的需求或是一些未获解决的顾客问题，以及如何满足顾客需求的知识。Shepherd 和 DeTienne（2005）、Marvel 和 Lumpkin（2007）等亦依照上述分类，进行有关先前知识对于创业机会辨识的影响研究。

Politis（2005）则认为有三类由个人经历所累积的特定知识，对于创业活动将起到重要作用，分别为：①创业起始经验，是指创业者在创立新事业与执行经营计划的阶段所面临的种种活动与挑战下获得的经验；②管理经验，管理活动让创业者对事业的各个面向有更深一层的了解，如融资、销售、技术、后勤供应、营销与组织架构等；③产业特定经验，个人拥有担任供应者与顾客的经验时，较容易判断该产业市场的顾客需求，这样的能力非一般教育所能提供的。因此，先前在相关产业与市场所积累的创业经验、管理经验及经营经验，将成为创业者先前知识的重要组成部分，而且会密切影响他的后续创业决策活动。

二、先前知识与创业机会辨识

Shane（2003）指出，取得信息的途径与个人信念是两项辨识创业机会的重要因素，前者包括了过去的生活与职场经验、社会网络及搜寻的过程；而后者指的是对机会的认知，包括吸收能力、智力及认知的性质。其中，过去的生活与职场经验就是先前知识的重要组成部分，包括创业家个人的教育背景、工作经验、市场知识、生活体验及其他独特的经验等，都会影响对于机会发现的敏感度与认知。

先前知识的内容范围除了市场知识，也包括如何开发市场与满足顾客需求的知识与经验。这种知识不但能使创业家看到市场机会，同时也知道该如何实现市场机会，这样就比较有可能驱动实践行动。一般而言，具有企业实务经验的经理人通常都能在工作过程中累积许多有关如何开发市场与产品的知识，同时也能由频繁接触顾客过程知晓该如何满足顾客需求，因此这类与实践市场商机有关的先前知识当然更能强化潜在创业家的机会辨识能力。

Shane（2000）曾对八个新产品开发成果的创业商机发掘案例进行调查，结果发现那些具有特定市场经验背景的创业家通常都能比较快速地发掘与辨识市场商机。他的研究指出，市场相关的先前知识对于商机发掘与辨识具有明显的正面效应。Long（1982）与 Boyd（1990）的研究也同样认同先前知识对于商机发掘的重要性，他们以亚洲移民为研究对象，发现新进移民者由于欠缺当地市场经验与信息，投入创业的比例要比老移民低。但是当外来移民因群聚而形成具有种族特征的小区后，他们由于自己的背景经验较容易掌握当地小区市场的需求，因此将有利于引发较多移民投入创业的行列。Borjas（1986）、Evans 和 Leighton（1989）针对美国华人移民小区、墨西哥人移民小区、古巴移民小区进行调查，验证了上述的观点。华人在唐人街（Chinatown）创业比例较高，主要是因为他们对于华人市场的了解程度较高，种族背景因素让他比较容易发觉华人小区的市场商机，这点也可以佐证先前知识对于商机发掘的正面影响。

许多研究都指出，许多离职创业者所创立的新事业都与他们原先任职公司的市场性质相关（Johnson，1986；Klepper and Sleeper，2005）。Cooper 和 Dunkelberg（1987）以美国中小型新创企业为调查对象，发现 66%的创业者所投入的行业都是与先前任职公司相关的。主要原因就是创业商机发掘受到先前工作所累积的先前知识的影响，他们比较容易在自己熟悉的市场与客户领域中发掘机会。

综合而论，学者们大都认同先前知识对于机会辨识的重要性，例如，Baron（2006）指出先前知识与认知、机会辨识的关联性相当重要。Smith 等（2009）亦提出先前知识对于机会辨识具有重要影响，尤其是难以辨识的内隐型机会。因为内隐型机会是隐藏于特定产业与市场缺口，相较于一般社会大众容易辨识到的具体型机会，先前知识将扮演更重要的角色。Shepherd 和 DeTienne（2005）运用实证研究探讨先前知识、潜在财务诱因与机会辨识之间的关系，他们采用 Shane（2000）的分类，选择以服务顾客知识作为测量的构面，结果显示顾客问题知识对于机会辨识有显著的影响。Ucbasaran 等（2008，2009）的实证研究也指出个人过去经营企业的经验将有助于机会辨识的创新程度与数量提高。

第三节　社　会　网　络

创业研究关注新创事业从无到有的过程，新事业也因常面临资金、技术、人力资源等挑战，而使创业失败占有很高的比例（温肇东等，2000）。因此，资源于创业过程中扮演着重要的角色（Penrose，1959），拥有资源不但可以让创业者解决创业上所遇到的问题，也因为拥有某些资源或信息，使其可以辨识出其他人无法辨识的机会（Aldrich and Zimmer，1986）。而最直接影响获取资源的就是创业者的社会网络，网络连接可以让个人获取原本难以取得或无法取得的所需资源（Brass et al.，2004；Granovetter，1985；Powell et al.，1996）。

社会网络的概念可追溯至社会学与人类学研究，Mitchell（1969）将社会网络定义为某一群体中，个体间特定的连接关系，包括正式与非正式的人际关系。更具体地说，网络就是点与点间连接所构成的结构，而所谓的"点"可以为个人、团队或组织（Borgatti and Foster，2003）。Kristiansen（2004）指出社会网络是由核心行动者与其熟识者之间的正式与非正式连接所构成的。本书将社会网络定义为"两个以上的个人或组织所形成的关系连接，是创业者获得外部信息与资源的重要渠道"。

过去社会网络的研究多着眼于行动者与他人关系的内涵，以及个人在关系结构中的位置（Slotte-Kock and Coviello，2010）。例如，Granovetter（1973）提出连接强度的概念，并以"接触的频率、关系的情感密度、熟悉程度与行动者的互惠承诺"等四项准则来评量连接强度，并可分为强连接与弱连接两大类。总体来说，强、弱连接对于新事业的萌发与成长皆有帮助，但是对于不同的创业阶段发展会有不同的效果。Elfring 和 Hulsink（2003）以创新程度（剧烈式创新、渐进式创新）作为调节变量，探讨在不同情境下，强、弱连接对于创业过程的影响。该研究结果认为强、弱连接在不同目的与时机下各有利弊，应可以混合使用。

一、社会网络的信息获取渠道

由于机会往往产生于市场发生变化的缺口，在市场信息不充分流通与不对称的状况下，若能比他人更快速取得有利于辨识机会的市场信息，将是机会辨识的要素（Hills et al.，1997；Shane，2005a；Davidsson and Honig，2003；Minniti，2004；Venkataraman，1997；Smith et al.，2009）。过去研究亦指出个人透过社会网络关系获得的信息对于辨识机会有显著的影响（Cooper et al.，1995；Singh，2000；Baron，2006；Ozgen and Baron，2007；Vaghely and Julien，2010）。因此，创业者需要借由外部网络关系取得更多有利于辨识机会的市场信息。

更具体地说，透过不同渠道所得到的信息，会影响个人吸收、理解现有市场的状况。例如，陈家声和戴士娴（2007）通过个案访谈及次级资料整理后发现，创业者的社会网络关系具有七种特性：①创业家会透过与学校、研究机构合作的方式，获得最新的产业知识与技术，培养及招揽人才，以及建立良好的口碑与声誉。②创业家平时会通过与下游客户、合作厂商的密切互动，维持彼此间的关系，并取得信任。③创业家借由参加产业协会、专业协会、同业公会、青年创业促进会等民间社团活动，与同业及异业建立关系，获取产业知识与市场动态，以及扩大本身的人际社会网络。④创业家常通过饭局、联谊聚会等各种非正式聚会，借以拓展网络关系、增进私人情谊，交换商业信息，并发掘可能的潜在商机。⑤创业家通过过往工作所建立的人际关系，取得创业所需的协助，如市场信息或成为创业伙伴，以协助新创事业拓展。⑥创业家运用过去在学校、社团所建立的网络关系，取得产业相关的信息与知识。⑦创业家通过其社会网络关系交流分享产业技术及相关信息，将有助于强化产业的群聚发展，并促进不同区域间产业的合作联盟关系。

Cooper 等（1995）分析六种被广泛使用的创业信息来源，分别为：亲戚好友、其他企业主、银行家、律师、会计师，以及一般书籍手册等。Ozgen 和 Sanderson（2006）则探讨高科技产业中，男性与女性在信息获取渠道上的差异对于机会辨识的影响，并指出前辈业师（mentors）、技术训练（technical training）、非正式网络（informal network）与专业论坛参与（participation in professional forums）为机会辨识的重要信息来源渠道。业师指的是比一般创业者更具有丰富产业或创业经验者，业师可以提携潜在的创业者，鼓舞他们的自信，并给予创业相关的指导。非正式网络是指个人与产业中潜在顾客、供货商、管理者之间的互动，通过此种非正式渠道，可以搜集许多独特的产业信息。专业论坛指的是较为正式的研讨会、研习营或是工作坊，借由参与专业论坛可以获得产业中较为创新、主流、专业的信息，并与领域中相关工作者拓展人脉关系。

根据 Cooper 等（1995）、Ozgen 和 Baron（2007）、Ucbasaran 等（2008）的研究，将通过社会网络关系所获取的信息渠道分为：私人网络（personal networks）、专业网络（professional networks）两类。

首先，私人网络是指通过与自己密切相关的家人、朋友及前辈渠道来获取创业相关的市场信息。私人网络具有强连接关系特色，因为创业者在寻找创业机会的过程中，较倾向询问身边熟识者作为参考信息，经由私人网络取得的信息，可信度较高，对于个人的影响较大。Shane（2005b）指出，通过社会网络关系，如熟人、社交圈人脉，可得到别人无法获取的重要信息。此外，人们在不确定情况下比较愿意相信来自人脉关系的信息，并且乐意互惠地交换信息。

其次，专业网络是指个人获取市场信息的渠道，是通过外部专业的产品发表、研讨会，或借由书报、杂志等来搜集专业商业信息，或是请教领域专家的意见等。这类透过社会网络的弱连接关系，可获得多样化的市场信息，包括目前市场顾客需要的产品、未来技术发展趋势，或是得知尚未充分利用但可再重新组合的资源，皆会影响个人的创业机会发掘与辨识能力（Ardichvili et al.，2003）。

二、社会网络形成与发展

过去关于创业与社会网络的研究多聚焦于网络内容、机制与结构、网络程序等议题，旨在了解社会网络在创业过程中的用途与适用情境（Hoang and Antoncic，2003；Slotte-Kock and Coviello，2010）。多数研究将创业者的社会网络视为外生变量（先天给定条件的变量），较注重网络所带来的信息或资源效益（Ozgen and Baron，2007；Ma et al.，2011），却忽略探讨创业网络如何形成与策略行动（Stuart and Sorenson，2007；Vissa，2011；Newbert et al.，2013）。

以创业的角度来看，个人网络被视为一个协调相关资源的渠道（Aldrich，1999），指的是个体与相关连接人的直接互动关系（Aldrich and Zimmer，1986）。多数研究着重于现有网络质量与结构对绩效产出的影响，例如，社会网络关系如何影响新创事业建构（Davidsson and Honig，2003）、如何影响新创事业成长（Vissa and Chacar，2009）、如何提升新创事业的竞争力（McEvily and Zaheer，1999）等。相较之下，较少研究着重于创业者社会网络的发展策略。在"从无到有"的创业情境下，创业者不像现有企业已拥有许多存在的网络关系可运用，因此，创业者更需要了解如何建立与发展社会网络。以下我们将从网络扩展（network-broadening）与网络深化（network-deepening）的角度进行分析（吴弦派等，2012）。

（一）网络扩展

网络扩展是指超越现有网络基础所进行的延伸连接交流。创业者会持续向外寻求更多的新接触点，但同时也会运用"筛选"手段，检视这些新连接对自己的帮助，并将注意力集中于对自己较有利益的连接上（Vissa，2010）。网络扩展的一个优点为"被关注性"，因为与新连接点建立良好关系，会使创业者更容易受到瞩目。许多创业者会通过参加各种活动或加入协会组织等方式，试图取得不同面向的交流，并进一步扩展现有的社会网络。

Vissa（2011）借由匹配理论（matching theory）检视创业者对于个人社会网络扩展的意图，认为任务互补性（task complementarity）与社会相似性（social similarity）是创业者筛选与检视新连接点的重要标准。社会相似性是指创业者喜欢与拥有相同背景、态度与世界观的人沟通，进而影响新连接的形成。任务互补性则是建立在彼此资源互补、明显利益连接的基础上。不过一般还是认为，网络扩展的过程中，创业家往往还是会优先选择具有较高社会相似性的新连接点。

（二）网络深化

网络深化指的是通过许多方式不断强化与现有连接的关系，且善用现有人脉的引荐来拓展关系（Vissa，2011），因此采取网络深化的创业者通常会较依赖引荐行为所带来的好处。引荐指的就是通过现有网络连接将自己扩展出去的行为，但也因为如此，这一网络型态的创业者都是通过与现有连接（如家人、朋友、同事等）交流，导致他们较少投入于新的交流活动。通过网络深化的创业者会较注重时间为基础的步调以及维持网络运作，希望与现有的连接培养深远的关系，并通过关系嵌入的方式，将现有网络连接拓展出去。

引荐行为存在两个好处：第一，如果创业者在现有网络中被认可，将会有助于他在往后"协议"上的达标率（Nohria，1992）；第二，网络连接可以通过引荐方式促进信息流动，进而推广好的行为，或监视与制裁连接伙伴间的异常行为（Burt and Knez，1995）。网络深化代表现有连接更频繁地互动，而频繁互动将会增加凝聚力，使人更容易分享私人信息。而深化活动有助于提升引荐价值，进而增加创业者对引荐行为的信任度。总之，引荐行为对创业者是有用的，创业者会因信息转移而加快信任的形成。

虽然创业者本身拥有的先前知识未必优于经理人，但他善于采取网络扩展与网络深化的手段来发展社会网络关系，经由社会网络所取得的各种信息与协助，来提升他的创业机会发掘与辨识能力。因此，创业者所拥有的社会网络关系可以用来解释为何他能比其他人更早地发掘与辨识创业商机。

第四节　主 动 搜 寻

从新古典经济学派的观点来看，机会发掘与辨识是经由一系列理性决策与分析过程的结果，因此必须通过系统化搜寻方式，才能做出理性决策。系统化搜寻是指在风险与不确定性之下，个人针对所欲寻找的目标采取全面性的信息搜寻，并进行理性分析与决策的过程（Fiet and Patel，2008）。"搜寻"一词隐含着要花时间与成本，为克服风险与不确定性，需要先设定目标与搜寻方向，然后系统地取得所需信息，进行理性分析，并做出商机辨识的决策。

机会虽然客观存在于市场，由于人们拥有的先前知识储量与社会网络信息来源不一样，搜寻的方法与渠道也会不一样，因此有人能够看到商机，但另一些人却无法察觉商机的存在。机会搜寻需要花费时间与心力，个人创业倾向与价值观认知也会影响其主动搜寻的意愿与力度。

　　一般而言，创业机会辨识起始于一连串的创意构想，经过搜寻与筛选过程后，自众多创意中辨识出一个具有市场潜力的创业机会。这种搜寻与筛选可能是一种系统化的搜寻过程，也可能是一种试误摸索的过程，甚至还可能是一种机缘巧合。

　　有人是先做出创业的决定后，才进行创业机会的找寻。也有人是无意中看到潜在的创业机会后，才引发创业决定。前者称为"创业导向的机会辨识"，是一种由明确创业意图而引发机会辨识过程，通常采取系统化与不断试误的主动搜寻方式；后者称为"问题导向的机会辨识"，是一种由机会辨识引发创业决策，机会搜寻过程可能较多的是机缘巧合或是问题事件衍生需求。

　　有人以摸着石头过河与走迷宫寻宝模式来形容创业机会辨识过程，由创意构想到机会确认往往会有许多的曲折变化，是一种结合系统搜寻与不断试误的过程，而且会受到机缘巧合的影响。不过，创业意图也会影响机会辨识的过程。具有较强创业意图者，将会以系统化方式主动搜寻创业机会，也会比较积极地进行试误寻找，因此创业机会辨识的质量也会较高一些。同时商机辨识也与个人的价值观及资源能力相关，有的机会对某甲是好的，但未必适合某乙。例如，引发张忠谋投入创业的晶圆代工商机，可能对于其他人并不适合，因为多数人不具备半导体专业背景，也不具有张忠谋的资源能力与人脉关系。

第五节　创业机会警觉力

　　奥地利经济学者 Kirzner 承袭新古典经济学派的观点，认为刻意、有目的的搜集而来的信息往往都会很快被市场上其他行动者所发现及利用，而由于机会在被发掘之前往往是未知的，故若创业者能具有独特商机察觉与敏锐辨识能力，将是先取得市场商机的关键要素。Kirzner（1973，1979，1985）将创业机会警觉力定义[①]为"个人能不需刻意寻找便察觉到过去被别人所忽略的机会""并能形成对于成就商机未来想象的一种能力"。Kirzner 认为创业机会警觉力是创业者独具的能力，能促使创业者及时发掘市场上尚未被利用的机会，此项概念受到后续学者们的重视与引用（Kaish and Gilad，1991；Gaglio and Katz，2001）。

一、创业机会警觉力的定义与形成

　　依据 Kirzner（1979）的定义，创业机会警觉力是创业者拥有的一种特殊能力，

---

　　① 原文为：the ability to notice without search opportunities that have hitherto been overlooked (Kirzner, 1979, p.48)，以及 a motivated propensity of man to formulate an image of the future (Kirzner, 1985, p.56)。

对于信息搜集与判断具有敏锐直觉与独到眼光，可以实时看到市场需求的缺口，并早一步发掘到机会。因此，机会发掘与辨识主要是凭借自身拥有的警觉力，而不只是运气好或意外遇上机会。Kaish 和 Gilad（1991）根据 Kirzner 的概念，指出机会并非完全是经由刻意搜寻或决策所发掘得来，而是因为创业者习惯把自己置于某些"特殊的信息情境"中，故能比他人更快警觉到市场上不均衡之处。Yu（2001）认为"警觉力像是一个天线，创业者总是把自己的触角放在高处，接收各种市场机会的信号，使创业者能及时认知到市场上的缺口"。

Kaish 和 Gilad（1991）从信息搜集的角度，以 51 位创业者及 36 位管理者为研究样本，研究结果显示，创业者对于信息搜集较为积极，且警觉力较管理者更高。但由于创业机会警觉力一词的内涵仍未有清楚的界定，再加上研究缺乏完整设计与样本不足，这项研究结果仍有待进一步确认。

Gaglio 和 Katz（2001）以认知心理学取代信息搜集的观点，探索个人的创业机会警觉力运作过程，并指出早期的研究多着眼于"未经刻意搜寻"（notice without search）的部分（如 Kaish and Gilad，1991），忽略 Kirzner 对于创业机会警觉力解释的原意。他们认为若单从信息搜寻观点切入，会发现许多不成功或是没经验的创业者也同样擅长搜集信息，再加上创业者与管理者对于信息搜集的模式也多所相似，因此并不能以此观点推论创业者与管理者的警觉力有显著差异。

据此，Gaglio 和 Katz（2001）认为除前述信息搜集观点之外，应将研究焦点从"未经刻意搜寻"转移到"创业者对于成就商机的未来想象力"。因此，创业机会警觉力的内涵应包含对于未来的创造力与想象力，创业者必须拥有建构未来的能力（Yu，2001）。

换言之，创业者与他人的不同之处在于对信息的独特认知与分析能力，使创业者相对他人更能理解市场环境的真实状况，更能正确解析信息的意涵，并对将来可能发生的结果有更好的臆测。Gaglio 和 Katz（2001）指出认知心理研究提供很好的理论基础来解释人们如何去掌握、解读与应对外在环境，并借用"基模"（schema）的概念说明人的信息处理过程是通过记忆进行编码、储存与提取的运作。一般而言，存于记忆中的信息单元彼此环环相扣形成系统组织结构，称为基模。基模能解读进入脑内的信息，并指导信息的处理规则，从而评估信息的适切性。当外在信息被诠释、理解的程度越深，信息越能够依据记忆组织结构进行系统化的储存。

心理学家观察到人们会习惯地活化某些特定基模，称之为惯性基模（chrnoic schema）[①]。当个人使用惯性基模时，主要是出于习惯反应，因此将不会意识到

---

① 亦可称为警觉力基模（alertness schema）。

自己正在做这件事。惯性基模可用以解释为何创业者未经刻意搜寻就能发掘机会，因为建立在丰富心智模式基础上的创业机会警觉力，使他能够比其他人更快且更正确地辨识到创业机会（Gaglio and Katz，2001）。

虽然 Gaglio 和 Katz（2001）为创业机会警觉力开启新的观点，并建立多项研究命题，然而近年来的研究仍多停留在观念性探讨或是沿用过去量表的状态，至今尚缺乏足够的实证数据对这些概念加以验证。例如，Gaglio（2004）延续认知心理观点，为了更了解创业者的思考模式，探讨认知捷思法运作方式，指出个人能根据逻辑快速思考各种与现实相反的情境，借以建立事物的因果关联，进而打破现有市场架构，并创造新架构来辨识潜在的机会。虽然他提出 12 项研究命题，但仍停留于理论性探讨阶段。其他相关研究如 Ko（2004）试图结合创业机会警觉力与先前知识、社会网络等构念，探讨个人如何利用"同步联想思考方式"来辨识机会。这种思考方式起先会灵光自然闪现，使得原本熟悉的情境或事件出现一种新形态，然后诱发新反应，再将过去毫无关系的经验架构连接在一起，形成一种全新的思维模式，用以发掘与辨识新的市场商机。

二、创业机会警觉力的内涵

谢如梅（2010）将创业机会警觉力分为两个构面——感知能力、诠释能力，分别说明如下。

（一）感知能力

机会出现源起自外在市场环境的变化，创业者若要辨识机会，必须与外在环境形成互动，透过互动来感知环境的状态并形成有意义的解读（Yu，2001）。本书将感知能力定义为个人对于市场信息的注意与理解能力，此种能力能促使个人注意到市场不均衡的状态，并提高对市场信息解读的正确性（Gaglio and Katz，2001）。每个人基于各自的成长背景、工作经验，形成截然不同的认知心智模式，进而对外界信息产生不同的反应与解读。一般而言，高度感知能力者应具有以下特征。

1. 认知市场不均衡信号的敏感度

此处所指的信号（signal）是个人依据所处产业（如制造业、服务业或高科技产业等）获得的市场信息；而市场不均衡是指来自外在环境变化所导致现有均衡状态的破坏。具有高度感知能力的个人，对于发生于总体经济与个体经济层次的市场不均衡信号特别敏感。例如，当总体经济层次中的政治、经济、社会、人口产生变化时，感知能力将驱使个人注意到某些不规则或未预期的事件。而在个体经济层次部分，感知能力将驱使个人注意到现有企业的不效率或不足之处，或是发现未充分利用的资源等（Gaglio and Katz，2001）。Ray 和 Cardozo（1996）以敏锐度（awareness）来说明个人对于环境中关键事件信息的敏锐认知，具有高度感知能力者对于市场不均衡的信号均较为敏感，因此能特别注意到市场供需变化或新资源组合所引发的商机。

2. 快速地感知信息的意义

对于信息或事件发生，每个人有着不同的感知与解读。若个人具有较为丰富且复杂的认知模式，则对于市场信息的感知与解读也将会较为快速。例如，专家相对新手，前者在专业领域的认知基模将更为丰富且复杂，因此专家能够很快地注意到特殊事件发生的原因与重要信息的意涵（Gaglio and Katz，2001）。

综合上述说明，当市场发生变化或出现特殊事件时，多数人可能会完全忽视或虽然注意到却无法理解，只有那些具有高度感知能力的人，不但能注意到，而且能正确理解其背后意涵。

（二）诠释能力

当个人感知到外界的信息与信号后，诠释架构即开始运作，解读、整合、分析与创造新的想法，故诠释架构可以形成认知形态，并用以解释发生的事件。Yu（2001）举例说明这一概念的运作："假设在时点一，John 经历了事件 A，下一个时点，经历了事件 T，他的诠释系统会整合这两个事件，变成 AT。然后又经历了事件 R，接着他的系统会诠释这三个事件成为 ART。如果他持续经历事件 E 与 G，则会形成 RATE 及 GREAT。至此，他能毫无困难地去解释类似的事件，但如果新的事件 T 发生了，会发生什么事？有些人可能会认为事件 T 与既有的 GREAT 架构不符，因此拒绝这个新事件，或刻意忽略它。然而具有警觉力的个人，不但能感知新事件出现，而且会跳脱过往的思维，修正诠释架构中的内容，并进一步思考事件背后的意涵，再将事件重新组合为 TARGET，并形成新的诠释架构。"

Gaglio 和 Katz（2001）指出，高度诠释能力者对于信息并非全盘接受，而是多方尝试理解信息背后蕴含的意义。当新信息与个人原先的认知不同时，会试图寻找其他配套的信息，将之整合于现有基模中，甚至改变现有的认知基模。例如，创造新的因果关系来增加基模的差异化特色，使修订后的基模可以与新信息对应连接。因此，诠释能力是指个人针对所感知到的市场信息，持续创新其诠释架构，进而对市场要素间动态关系形成新的推论能力。所谓具有高度诠释能力的创业者，通常具有以下特征。

1. 能够进行跨领域的连接组合

由于高诠释能力者具有较为复杂且多元的认知基模，故当认知到新事件发生，能很快地联想到此事件对于相关领域的可能影响。换言之,在诠释能力的运作下,创业者会倾向将市场信息与相关领域知识加以连接,组合出新的构想。Yu(2001)提出两种诠释架构:一为直线式思考,能将信息与现有诠释架构加以连接,形成有意义的组合;二为开创式思考,能将信息以全新的方式融入现有架构中,产生创新的构想。不论何种模式,都显示出高度诠释能力者能够将很多看似无关联的事件加以连接。

2. 能够打破现有框架开创新的方法与目标架构

一般而言,管理者较专注在现有框架与运作模式,追求以最有效率的方式来完成工作,将有限资源进行产出最大化的分配决策。但是创业家则是擅长建立新框架与新运作模式,他们试图以新方法来改变现状,设法满足外在环境不均衡的缺口。换句话说,与管理者相比,创业家对于新的市场信息具有较高的诠释能力,他的思考模式会着眼于找出不同于现有市场的问题,会采取创新的角度思考,而不只是墨守成规遵循前例。

Ward(2004)从认知心理角度,探讨个人如何通过概念组合(conceptual combination)方式,产生符合市场需求的创意构想。概念组合是指个人可以从现有知识中,结合原本无关的信息或事件来产生创意构想,此为创业警觉能力的重要内涵。当个人能将许多看似无关联事件加以连接,甚至重新诠释异常事件的前因后果,往往能产生许多不同的创意构想,进而创造出新的方法与目标架构。

Yu(2001)指出创业机会警觉力最大的阻碍是惰性(inertia),个人在诠释架构形成惯例后,对于新信息不再解读分析,而是依照固定模式自动分类。长期下来,心智模式形成一种常规,被限制在既有的概念架构之中。除非持续发展新的诠释架构,否则一切都将受制于原有的诠释架构。因此,创业机会警觉力需要打破现有心智模式与思维架构,甚至改变原有的创业构想,才能持续发掘与辨识新商机。

总之,创业机会警觉力的内涵除了能够感知外在环境变化,找出变化的驱动因素以及变化对市场现状的影响,同时还要能够理解这些因素之间的因果关系,设法将新的信息与现有架构加以结合,甚至打破原有的框架,创造出一套新的方法与目标架构,进而发掘未来在市场上可能出现的新商机。不可否认,创业机会警觉力与一个人拥有的创造力及智慧能力相关,同时也会受到先前知识与社会网络的影响,创业家人格特征所呈现的正面思考与敏锐的知觉能力等也是重要影响因素,再加上较强的创业倾向促使他主动积极搜寻市场机会,因此能够及时辨识出新商机。创业机会警觉力是图 6.3 影响机会发掘与辨识能力的四项因素中最为重要的一项,也是评量创业家能力的关键指标。

第六节 结 论

随着创新、创业成为当前社会的主导潮流，为了掌握市场变化趋势与顾客需求，创业者如何辨识机会是创业研究的核心议题（Shepherd and DeTienne，2005）。本章旨在探讨影响创业机会辨识的因素，并指出创业者的先前知识、社会网络、主动搜寻及创业机会警觉力为影响创业机会辨识能力的关键因素。

实际上，许多创业者会从自己的专业领域与工作经验中，找寻适当的创业机会，在相对不熟悉或是未碰触过的领域，创业者较无法辨识机会的存在。不过社会网络可以提升创业者的信息来源广度，有助于创业者将商机辨识范围延伸至本身专业与经验之外的领域，而且通过社会网络能够提高创业者的资源能力，因此在机会辨识过程中敢于承受较高的不确定风险。

虽然先前知识与社会网络在创业机会辨识过程中扮演不可或缺的角色，但如果想要辨识较多且较优的商机，恐怕还需要具有主动搜寻的意愿以及高度的创业机会警觉力。举例说，某甲与某乙两位具有相似的知识背景与社会网络，他们面对同样的环境变迁情境时，可能出现迥异的商机辨识态度与结果。假设某甲具有较强烈的创业倾向，因此采取主动搜寻与不断尝试探索市场商机，而某乙并无创业动机，仅是被动地等待机会出现，显然某甲在商机辨识过程中的成果产出必然要优于某乙。假设某甲比某乙具有更高的创业机会警觉力，某甲能够敏锐地感知环境变化背后潜藏的商机，能够快速感知取得信息背后的意涵，而且擅长诠释多元信息与异常现象，并推论、连接、开创新的观念架构，进而发掘未来市场可能出现的新商机，某甲机会辨识的质量显然一定将优于某乙，而且他能比某乙更早察觉市场潜藏的商机。

机会辨识是指察觉到一个可行的机会，并引发后续的机会发展与评估行动。创业家的创业机会警觉力是促成机会辨识与产生后续行动的主要因素，不具备创业机会警觉力的人，纵然看到机会，也不会化为进一步的行动。因此，我们可以说机会是客观存在的，而创业家的创业机会警觉力的有无或高低，才是造成是否能够辨识机会与化为行动的关键因素。

虽然彼得·杜拉克认为创新与创业机会可经由系统的研究而被发掘出来，不过如果缺乏动机诱因、积极性、网络关系，还是无法催化运用知识来发掘机会的行动力。创业机会警觉力就是建立在创业倾向、人格特征、社会网络及先前知识与经验的基础上，由于机会辨识需要经过辛勤搜寻、分析、评估的过程，如果不具备创业机会警觉力，将很难引发具体的创业行动。

有学者建议可以采取一系列客观的查核表，来协助潜在创业家辨识创业机会。

不过查核表并无法消除不确定的风险。除非创业家有比较明确的动机与信念，否则仍无法只是经由客观方法来辨识创业机会与引发创业行动。创业家相信机会能带来极高报酬，相信自己的预测与规划，相信新事业会成功，信念将大幅降低机会的不确定性，从而驱动创业行为。因此，我们探讨创业机会辨识，不能仅从环境变迁与技术创新来看待，创业家的个人因素也非常关键，这点也显示出创业环境与创业教育对于创业家养成的重要性。

第七章　专业创业家的心智模式[①]

所谓专家，是在特定专业领域拥有比常人更为优异的专业能力，但在其他领域，他们则与常人一般。世界围棋大赛冠军得主的智商未必优于其他参赛者，他们在物理、数学、音乐上的表现也未必优于常人。不过对于赢得围棋赛局确实具有独特的专业能力，这种能力并非天生，而是长时间的比赛练习与经验总结，积累出一套如何布局下子取胜的直觉心智模式。

所谓创业专业能力，是创业家在创业过程中面对不确定与失败风险，经由持续尝试摸索与经验积累所产生的一套创业决策心智模式。我们将拥有这种创业专业能力的人称为专业创业家，因为他们在创业领域具有比常人优异的专业能力，内在的创业心智模式使他们敢于迎向不确定风险，并能由其中发掘新机会与开创新事业。

第一节　创业心智模式的特征

创业家的传记总是述说他们独具慧眼，能看到别人看不到的机会，他们无畏大胆，能勇于创新冒险；他们坚毅卓绝，纵然遭遇失败打击亦不放弃，坚持到底。但事实并非如此，创业家与我们一般都是常人，不但无法预知未来的机会，同时也会恐惧担忧未来的不确定风险，甚至他们也不确定新事业未来的可能发展。不过创业家与非创业家有一点显著的差异，就是他们投入于创业，针对所看到的机会毅然采取行动。创业成功并非纯然依赖机运与巧合，成功的创业家确实具有创业专业能力，虽然他们的聪明才智与胆识勇气与常人一般，不过在创业过程中学习积累了许多创业决策所需要具备的专业能力，因此创业家的能力才会不同于常人。

一、创业家与常人心智模式的差异

人天生具有逃避风险的心态以及企图控制未来的本能，因此常人会想要经由预测未来而取得掌控权力。创业家不是宿命者，他们并不想去预测未来，而是主张要勇于开创未来，纵然未来充满不确定风险，但只要去做，就有可能在未来实现自己

[①] 本章部分内容参考 Sarasvathy（2008）。

的梦想。这种创业心智模式不是天生的，而是可以在后天行动中学习获得的。

（1）常人的心智模式：设法先预测未来，然后再设定目标与计划方案，控制执行过程以确保达成预定目标。

（2）创业家的心智模式：眼前才是唯一能够掌握的，不去担心设想未来，尽管活在当下把握现在，针对眼前能够掌握的事物，设定目标，采取行动。

二、创业心智模式的四点特征

专业创业家大都专注于当下机会，运用手边所有的资源工具与方法去展开行动。他们善于控制创业风险，心中随时想到最糟的情况，不要去冒无法承受的风险。对于非预期与计划外事件发生，持正面态度，并由其中寻求新机会。因此，能够根据环境变化与意外事件，适时动态调整创业方向，开创新局面。在创业过程中他们持续寻找合作伙伴，并与合作伙伴共创新事业的未来新局面。

Sarasvathy（2003）认为专业创业家采取的是效果导向的思维模式，也可称其为效果导向的创业家（effectual entrepreneur），他们的创业心智模式具有以下四点特征：①从能做的开始；②理性设定风险底线；③建立伙伴关系利用外部资源；④善于运用动态变化来开创新局面。

第二节　从能做的开始

"从你能做的开始"与"从你的目标开始"是两种不同的创业思维模式，前者强调由现实出发，将重点放在行动；而后者则由理想出发，将重点放在规划。创业往往起始于具有吸引力的伟大目标，创业家致力于规划可以实现目标的方案，并据以采取行动达成目标。自目标出发的创业思维模式虽然十分理想，但主要缺点则是经常超出现实，规划的方案并未实际考虑创业家个人因素以及资源能力的局限性，因此大都不具有可行性。

"从你能做的开始"是一种比较务实的创业思维，先盘点自己的能力与网络资源，然后探索各种可行的方案以及各方案的结果，最后由其中评选最配适的方案，并采取行动。这种创业思维模式的优点是降低驱动创业的门槛，较为强调"做"而非"规划"。但也不是完全忽略创业所追求的目标，"从你能做的开始"的创业思维模式是将理想目标视为终极目标，要以分阶段方式来实现。创业初期的目标可能只是追求存活与立足于市场、学习经验与建立合作关系等，但随着创业家资源能力提升，新事业将不断调整、提高目标的规模与层级，最终还是能够成就超出预期的伟大事业目标。

一、创业应该强调手段导向而非目标导向

人们经常问过程重要还是结果重要，人生是追求目标的实现还是追求过程的价值，其实过程与结果是相互依存的，必须经历过程方能产生结果，创业当然需要目标的引导，但是创业的重点是开创，没有行动与过程就不会有结果。由于未来是不可测的，达成目标的路径是不明确的，因此创业必须由眼前出发，要从现实考虑，采取可行的方案。创业过程的产出价值在于提升能力以及提升阶段性目标，因此最后才能达到理想目标。

过于强调新事业远大目标与市场潜力的规划方案，往往忽略执行面的难度与限制。想做的事情与能做的事情两者之间经常出现落差，好高骛远，眼高手低，往往是新手创业家遭遇的盲点，为了达到目标，他们规划超过现实资源能力的方案，导致执行过程将自己陷入高度风险的危机。欲速则不达，新事业发展目标最后反而因此无法达成。手段是实现目标的路径，如果无法采用适当的手段，远大目标将永远无法达成。而所谓适当手段，当是务实与量力而为的手段，能根据环境变化而采取灵活弹性的手段，并且以阶段发展方式来逐步渐进地达成目标。

创业应由现实出发，创业过程强调手段导向的好处包括以下几方面。

（1）量力而为，不必过度依赖投资者，也不会过度拉高风险。

（2）可以降低创业门槛起点，不必刻意搜寻梦幻市场机会，不必耗费资源进行详细规划，也不必依赖他人资源。

（3）采取精简创业，能让有限资源做出最大的发挥。

（4）能有效控制风险，让失败转变为试误的学习过程。

（5）随着创业资源能力提升，再持续发掘与打造新机会，带动新事业持续跃升。

（6）能运用环境变化与意外事件，发掘新事业发展的契机，并动态调整与提升新事业发展方向及新商机。

二、创业需要先自我盘点

创业是一个非常个人化的行为，创业家的人格特质、专业能力、决策与风险模式等将决定创业的成败。但我们也不能说创业家因素是形成新事业竞争优势与创业成败的主要因素。因为没有一种确定的人格特质、专业能力、决策模式可以保证创业成功。而那些成功推动创业活动的创业家各具不同的人格特质与专业能力，他们的决策风格与风险承受能力也有很大的差异。因此，我们这样认定，创业家因素将影响创业活动与决策过程，这也是导致创业成败的关键，但是创业家人格背景就如同创业机会一样的，各具不同特色，因此形成新事业开发过程的多样化，以及最终结果的多样化。

（一）创业家人格特质影响创业过程

创业过程的独特性就如同创业家人格背景的独特性，但成功的创业案例都是能够将创业家人格特质、创业机会及创业过程做紧密的搭配与结合，这也导致所有的创业过程都是独一无二且无法复制的。并非创业家参加创业活动，而是创业家主导创业活动，因此，创业家必须清楚地认识自己，而且要经常地检视自我。只有清楚认识自己，由创业家本身的动机、能力、资源网络、目的出发，进行机会辨识、评估与发展，方能务实有效地催生与建构新事业。

总之，所有的创业活动都必须量身定做，无法模仿与复制，是独一无二且具有创业家个人特色的。在所有成功的创业活动过程中，都可以看到创业家独特人格特质与能力的彰显。

（二）创业家的先前知识影响创业过程

创业是一个做中学的过程，你的专业与资源能力决定了创业起点与进行方式，但是你的学习能力则决定了事业的未来远景。先前知识将影响机会辨识与利用程度，如果我们将同样一个创意构想提供给八组不同的创业团队来执行，则他们看待机会与使用机会的方式必有很大的差异，当然所发展出来的新事业面貌也会有很大的差异（Shane，2000）。在创业学习过程中，创业家的先前知识与资源能力都会不断地提升，因此他们后来能够开创原有能力所不及的新事业成果。许多成功创业家的起点不高，但由于他们拥有很强的学习能力，在做中学与错中学的创业过程中，他们的专业与经验能力不断地被提升，最终还是能够实现远大的梦想。

在盘点自己的资源能力时，要懂得善用自己的长处，选择那些能够发挥自有优势的创业商机。天生我材必有用，其实每一个人都有他的独特优势，创业家要懂得如何将自己的长处在新事业开发过程中获得充分发挥。因此，机会选择与事业发展模式也需要与自己的资源能力以及拥有的长处相互结合。

（三）创业家的人际网络影响创业过程

人际网络关系可大幅扩张创业的资源，弥补创业资源不足的问题。人际网络关系具有加乘的连接效益："任何人可以通过不超过六个层次的人际网络连接，而联系上地球上的任何一个人。"也就是说，你认识的亲朋好友是你的第一层次人际网络，他们的亲朋好友则是你的第二层次人际网络，如此向外繁衍，当达到六层次人际网络时，你将可以连接上百亿人。

强连接的人际网络是指那些你非常熟悉，可以直接联系的亲友，至于弱连接则是指那些你不熟悉，必须通过他人才可以联系的朋友。一般而言，从弱连接中你反而可以取得更多有用的信息，获得更多的协助。总之，这个世界完全具备你所需要的信息、资源及专业能力，问题是你需要经由人际网络将之找寻齐全，并将这群利益关系人整合成一个可用的合作团队。

表 7.1 可以作为创业家自我盘点的参考，有助于创业家更深入了解我是谁，拥有哪些先前知识以及自己的人际网络关系。

表 7.1　创业自我资源能力的检核表

我是谁	我的先前知识	我的人际网络
个性、兴趣、嗜好	学历、证照、专业职级与社会身份	亲戚、同学、朋友
创业动机与价值观	工作经历与人生体验	参加的专业学会与社会团体
风险态度	专业经验与技术能力	网络上的社群
创业热情与信念	特殊专长	偶然接触的人群
家庭背景与财务能力	市场经验、消费体验、营销能力、渠道影响力	工作、业务、日常生活中的交往者

三、起始行动方案比创业计划更重要

一鸟在手，胜过十鸟在林。拥有十个伟大创业构想以及十份得奖的创业计划书，远不如起草一份起始行动方案，并投入创业。现今青年人不乏创意，市场上也有大量机会，因此阻碍创业的不是创意机会，也不是资源与团队，而是行动。当前创业教育投入太多精力于创造力开发与机会探索，投入太多时间于撰写计划书与寻找资金，投入太多心力于评估风险与投资报酬，但却缺少一份可行的起始行动方案以及诉诸行动的决心。

创业很简单，就是采取行动（just do it）。创业的核心议题应该是研拟一份具体可行的起始行动方案，针对你所选择的机会，就你的资源能力与风险承受范围，规划最合适的行动方案，然后就去执行。实践检验真理，只有去做才有实现目标的可能，仅靠预测与规划是无法实现目标的，因此研拟一份能够被执行的起始行动方案才是创业的核心议题。

创业不需要先有伟大的创意，也不需要规划伟大的计划书，更不需要资金、人才、时间全部到位后才能启动。创业是一种做中学、摸着石头过河、渐进式地打造市场机会与新事业发展模式的开创过程。创业的驱动力量在于理想与信念，创业过程管理的重点在于风险控制以及实验中学习（做中学与错中学），创业发展的关键因素在以做中学来提升创业能力，大量利用外部网络资源来扩大创业能量，并据此持续为新事业发掘新机会，不断追求新事业的成长。

当然也不能贸然没有准备地启动起始行动方案，创业家需要先检视自己，并寻求外部网络支持，同时也要探索市场商机，为自己选择一个启动创业的合适机

会。起始行动方案依据的资源能力基础，并非局限在创业家个人，也应包括合作伙伴与利益关系人。创业家可以运用检核表（表 7.1）来澄清自己的现有资源能力与限制条件，并据以规划最能发挥自己优势或最适合当前情况的行动方案。也可以请利益关系人一同来检核行动方案，并持续地进行修订。总之，行动方案与潜在市场机会需要做紧密的结合，创业家是利用行动方案将市场机会的潜能发掘出来，因此行动方案也会随着创业资源能力提升，而不断地修订与扩大。当市场机会潜能被全面开发出来，这时所创造的成果也可能超过创业团队的预期。

一般而言，起始行动方案不会是高风险行为，因为创业家已将其风险承受能力列为限制因素。起始行动方案是动态的，它的内容以及执行方式会随着环境变化而随时弹性调整。创业家将利用每一个他所看到的机会，进行测试探索，他也会不断地寻求外部资源与合作伙伴，当市场信息越来越明确，拥有更多的资源能力，这时创业家将适时抓住关键机会，扩大营运规模，新事业便向前迈进一大步。

起始行动方案是创业的核心议题。创业家必须具有高度的创业精神，创业的意图与动机明确，对于新事业开发具有期盼，对于新事业成功具有信心。所谓创业精神，就是彰显在创业的热情与信念，因此能够在创业过程中呈现出坚持毅力。创业精神是驱动起始行动方案的推手，也是持续推进行动方案的最主要动力，更是在遭遇艰难挫折时的坚持毅力来源。

第三节　理性设定风险底线

当你看到一个具有吸引力的机会，将如何做出创业的决定？显然你需要先回答以下四个问题。

（1）我想要知道这是否是最佳的创业机会？

（2）我需要知道如何计算创业机会的现值？

（3）如果我是一位投资家，我将愿意为此项创业机会投入多少资金？

（4）在最糟的情况下，此项创业机会失败将会对我造成多大的损失？

前两个问题属于预测性问题，可以经由理性分析来计算每一个创业机会的现值，并选择其中最佳的创业机会。后两个问题则是实务性问题，无论是创业家或投资家都需要评量失败风险的代价，并作为创业或投资决策的参考依据。前两个问题主要是考虑投资报酬，后两个问题则是评量投资风险。高报酬固然能够吸引创业投资，但是如果失败风险过高恐怕也会阻碍创业的意愿。一般而言，专业创业家通常都是效果导向的创业家，他们将更重视后两个问题对创业决策的影响。

一、创业是否应该选择最佳的机会

准确预测创业机会的投资报酬不但十分困难，甚至是近乎不可能的任务。例如，如果你在 1987 年看到思科公司创办人波萨克夫妻提出的创业计划书，当时你是否能够判断该公司未来的市值可能高达 5000 亿美元？如果你在 1980 年看到星巴克的创业计划书，当时正是美国咖啡销售最低迷的阶段，你是否能够准确预测星巴克的投资报酬？事实上，无人能够准确预测未来，非常成功的创业案例在开始的时候通常都不被投资人所看好，当然创业家当时也无法预见如此巨大的成就。

不过最佳创业机会潜藏的庞大投资报酬诱因确实能够吸引投资者的目光。因此创业计划书的财务报表往往都尽可能呈现新事业未来发展最美好的一面，以非常高的投资报酬来吸引投资者的兴趣。创业家以及他的团队成员之所以投入于高风险创业活动，不可否认也是为了追求伟大梦想的实现，期望新事业未来能够取得重大成功。创业机会搜寻与评估过程中，总是尽量选择那些最佳的机会，因为机会吸引力是促成创业行为与创业投资的重要因素。

最佳创业机会未必对于每一个人而言都是最好的机会。所谓最佳机会，通常都是指投资报酬最高的机会，但它也是风险最大的机会，因此无论是创业家或是投资家并非都会以高投资报酬为机会评估的主要依据。

由于无法预知未来，评估最佳创业机会在实质上是一个不可能的任务。创业家为了提升自己的信心与吸引投资者的注意力，往往过度夸大新事业未来的表现，它们预测新事业未来发展的假设依据也大多过度理想化，甚至出现幻想的情节。尤其严重的是，它们都轻忽创业失败的概率，以及失败可能造成的严重风险。

但是对于创业家而言，估计创业失败所造成的损失应该不是一项太困难的任务。创业家为新事业开发投入金钱、时间、声誉、技术资源及机会成本等，创业失败最严重的后果可能就是所投入的一切心血都付诸流水。以高报酬诱因驱使创业行动与投资决策固然是一种常见的作为，但专业创业家知道所谓高报酬诱因并不真实，因此在机会选择上，他们更关心"失败的风险与需要付出的代价"。

二、计算创业机会的现值

计算创业机会的现值需要依据该机会未来发展的预测资料，市场需求预测是其中的主要项目。预测新事业未来的营收显然需要进行大量的数据收集与分析，包括不同定价水平、不同市场环境变迁与竞争情境，可能创造的销售业绩，并据以估计成本效益及不同时间点的现金流量，最后才综合计算出创业机会的现值。基本上，现值估算需要依据许多对于未来的假设，成本面、需求面、转换面、产出面的计算都存在很大的不确定性与变动风险。创业家为了提升自我信心及吸引投资者目光，通常都会以比较乐观的态度来计算创业机会的现值，因此也造成预测数据与真实情境的严重落差。

总之，现值估算是建立在预测的基础上，而所有的预测都无法准确。以不准确的预测信息作为创业机会选择的依据，将可能误导后续的创业决策与创业活动，并引发较严重的创业失败风险。虽然计算创业机会现值是可行的，但以创业机会现值作为创业决策的依据显然具有很大的风险。

三、创业过程充满不确定风险

人生不如意十之八九，同样的创业过程表现往往也会不尽如人意。纵然顺利取得亲朋好友与风险投资者资金的支持，但在创业过程中也可能出现下述风险。

（1）市场需求并未如预期般出现，因此投资者决定退出，或要求结束这项新事业。

（2）新事业虽然如预期般获利成长，但所有权旁落投资者，创业家被逐离新事业。

（3）创业家与投资者意见不合，但创业家无力回购股权。

（4）有新的策略性投资者要加入新事业经营，但这位投资者的条件是要排除早期支持你的亲朋好友。

（5）新事业严重亏损，引进的新投资人要求必须先减资后再增资。但减资的结果将造成早期投资者股权大幅降低。

（6）新事业经一番努力后，虽勉强损益平衡，但市场已无法继续成长，新事业未老先衰，前景无望。

纵然新事业得到客户订单的支持，但也可能你的交货质量出现严重瑕疵，给客户造成很大的损失，或产品与工艺开发过程出现很多问题，始终无法顺利量产。总之，创业道路崎岖难行，创业初期充满了挫折与困难，创业家不但损失金钱与时间，有时还会付出朋友失和、声誉扫地的代价。

四、机会报酬与风险代价哪一个更为重要

机会报酬与风险代价都是创业决策上的重要考虑因素，虽然以创业机会现值作为创业决策依据将更为科学化，但是专业创业家将更为重视风险代价这项因素。主要原因是，需要付出的风险代价可以被清楚地估算出来，而且属于创业家本人可以掌控的因素；但是机会现值则更多依赖对未来的预测，不但不准确，也无法被信赖。创业家与其将创业决策依据寄托在无法知晓与掌控的未来，倒不如将创业决策依据立足于自己可以控制的风险代价。

创业家可自行决定愿意投入多少创业资源，并将创业失败可能付出的代价纳入创业决策考虑，而这项失败代价应限定在自己能力承受范围内。

五、你愿意为这项创业行动投入多少资源

天下没有免费的午餐，创业行动都必须付出代价，包括：投入金钱、投入时间、投入声誉、投入情感。但是该投入到怎样的程度才是合宜？能否综合量化上述四种资源投入？这四种资源投入的最佳组合与配比为何？显然这是一个因人而异的答案，而且没有所谓最佳的答案。为创业投入资源的程度除了与此项创业机会可能创造的报酬有关，还会与失败结果的承受能力有关。理论上，一个人将身家性命全部都压在一个具有高度风险的新事业开发项目上，显然是不理性的。因此，创业家愿意投入的资源将受到他个人的风险承受能力限制。

每一个人的人格特质、资源能力、创业动机、网络关系均有所差异，因此他们的风险承受意愿与能力也会有所差异。风险承受能力也会受到创业机会的影响，如果这项机会具有高度的吸引力，创业家有强烈投入意愿，当然他也愿意付出更高一些的风险代价。总之，评估风险承受能力是一项个人化的决定，也是研拟创业行动方案必须进行的重要工作。

以下提出研拟行动方案以及决定自有资源投入程度的三个步骤。

步骤一：创业家挑出那些对自己具有较高吸引力的创业机会，研拟可以实现目标的行动方案，估计在创业初期需要投入的各项资源。

步骤二：自外部关系网络寻求外部利益关系人的协助，经由说服、沟通、意见交流，设法取得各类利益关系人的资源投入与承诺。创业初期所需资源投入减去你能够自外部取得的资源，就是创业家本身需要弥补的资源缺口。

步骤三：评估自己拥有的资源能力以及自己能够承受的损失代价，然后考虑创业机会吸引力与创业意愿强度后，决定自己愿意为执行此项行动方案付出的资源。如果创业家的资源投入无法满足上述缺口的需求，则显示出原有的行动方案风险过高，并不具有可行性，需要回到步骤一，重新修订行动方案，降低资源的投入量。当然创业家也可以直接回到步骤二，设法自网络关系中发掘更多的资源支持。

由于新事业发展过程有太多不确定因素，情境变化是无法掌控的，何时才能实现期待的获利目标也是无法预知的。因此，有效控制风险就成为启动创业行为以及新事业生存成长的最重要依据。

六、创业过程无法被预测且充满不确定风险

创业家才是创业活动的主体，新事业是创业家的作品，因此如何打造新事业将是十分个人化的决策行为，必须考虑创业家的动机目标、资源能力与风险承受能力等因素。由市场机会预测与竞争情境分析，计算新事业可能创造的报酬，是一种客观的决策行为。但这种新事业决策方式最大的盲点是假设未来是可以被预测的，新事业发展路径是可以被规划的，因此新事业目标可以按照最佳规划方案而被实现。

而这一系列的假设都不是准确的。当新事业决策是建立在错误假设前提下，进行筹资与开展业务，经常可能将新事业陷入极端危险的境界而不自知。

认同计划、评估、执行的创业流程与决策模式的创业家一般都过于理想，他们认为人定胜天，未来是可以被预测的，自己可以控制不确定因素，英雄可以创造时势，创业就是一项详细规划与有效执行的项目管理活动。专业创业家却不做如此想，他们更重视自己的想法与能力，将规划的重点放在当下与可承受的风险。他们认为未来是无法预测的，当然也不可能控制未来的发展路径，因此更愿意顺应时势，认同"时势造英雄"的观念。

七、专业创业家坚守风险底线

专业创业家清楚自己资源能力的限度，因此会先考虑风险承受能力，并在创业行动方案决策中确认资源投入程度是自己能负荷的，失败的后果是自己能够承担的。专业创业家不会去冒自己无法承担的风险，重视风险控制甚于追求未来遥不可及的报酬。他们知晓创业过程筚路蓝缕，让新事业存活才是创业初期的首要工作。因此，如何有效控制风险，如何管理失败，如何使新事业在错中学与做中学的过程中生存成长，将成为创业初期新事业管理的重点。

创业与就业最大的差异就是高风险与高失败率，而且创业失败的后果往往十分严重，因此害怕失败就成为阻碍潜在创业家采取行动的最大阻力。如果能够有效降低创业失败的风险与后果，那么必能有效克服意愿与行动间的落差。因此，专业创业家采取的创业行动方案将以可承受的失败风险为底线，他们规划的创业行动方案需要务实考虑创业家本身拥有的资源能力限度，同时会将创业失败的风险控制在自己能够承受的范围内，因此大大提升创业行动的可行性。

一般而言，连续型创业家大都采取效果导向创业的心智模式，他们擅长结合外部资源与控制风险，因此失败风险不会成为创业行动的阻力。许多成功创业家对外陈述，认为自己是一位在创业过程中曾犯过多次错误，遭遇多次失败挫折的人。显然，效果导向的创业并不会减少犯错概率，但是错误与失败不会击垮专业创业家，反而成为他们学习成长的主要动力。他们将犯错与失败风险控制在自己能够承受的范围内，并且自做中学与错中学过程中找寻到成功的路径。

八、如何设定风险承受的底线

如何决定你愿意为此项新事业开发付出多少风险代价？一般而言，代价越低则启动创业的概率越高。以下提供几点评量资源投入风险的准则。

（一）你愿意承受的风险代价

资源的价值因人而异，失业者的时间成本可能比就业者低一些，拥有较多财富的人，他的资金成本将比没有财富的人低。因此，多金的富人在创业资源投入配置可能更多地考虑投入金钱而非时间，资金不足的高阶人才反而会比较倾向全时间投入新事业开发，而不愿意向家人借贷很多的创业资金。

资源投入在何种项目也会影响人们对于风险的评价。例如，父母对子女投入大量的教育资源，虽然短时间是不会有回报的，而且子女未来是否会有出息有很高的不确定性，但是大部分的父母都不会吝惜投入于子女教育，原因是他们将这项投入视为必要且有价值的投资。生物科技公司需要投入大量的研发资源，而且很长一段时间都无法创造收益，但是生物科技公司筹资的难度有时还会低于一般的高科技制造公司。因为投资者认为，生物科技公司的研发投入是一种投资，研发产出的智能资本是有价值的。因此，生物科技公司的研发资本投入风险未必会高于一般企业的研发资本投入。

风险趋避乃人类之天性，人们通常都不愿意将最珍贵的资源暴露在高风险情境下。因此，我们需要自人性以及个人背景情境角度来评量各项创业资源的投入风险。以下分别探讨不同创业资源性质与来源的风险代价差异。

（1）时间资源：相对于资金投入，多数创业家较不吝惜投入时间资源，他们对于时间的风险评价要低于资金。由于时间无法储存，再加上时间的机会成本因人而异，而且投入时间可以累积个人经验，创业家对于时间投入的风险承受能力通常也会较高一些。

（2）资金来源：回顾联邦快递起始创业的那一年，Fred Smith 的父亲刚刚过世，他与姐姐继承了一大笔遗产，因此他们决定各投入 400 万美金于此项新事业开发。将 800 万美元投入在高度不确定的新事业开发应该是一项高风险行为，但由于金钱来得十分容易，再加上此项投资可以回避部分的遗产税金，对于这对姐弟而言，800 万美元是他们可以承受的损失风险。理性上我们可以理解，一个人将终身积蓄投入于新事业开发所感受的风险，绝对要比他用乐透得奖彩金投入于新事业开发所感受的风险高出许多。当金钱来得十分容易，人们对于投资风险的承受能力也会相对提高许多。另外，如果将已有特定用途的资金转移至投入新事业，则也会呈现比较高的风险意识。例如，通常人们不愿以子女教育费、养老退休金或唯一住房作为投资资金的来源，因为他们将感受到极高的投资风险。

（3）借贷资金：一般人对于使用信用卡进行循环式借贷的方式，接受程度较高，相对感受到的风险较低一些。因此，我们经常看到创业初期许多创业家都运用信用卡借贷来解决资金周转的问题。政府鼓励创业所提供的创业贷款，通常只会要求创业家以个人信用担保取得银行融资，作为创业初始的资金来源。由于利息较低且还款期限较长，普遍受到创业家的欢迎，这显示出创业家对于不同性质融资所取得资金的风险感受程度也会有所差异。

（4）向亲友融资取得的资金：大部分创业家在创业初期都是向亲友取得融资协助，虽然也要承受还款压力以及亲情信用损失的风险，但一般而言，亲友融资比较没有还款期限的压力，属于一种不具有短期风险的长期融资，因此创业家所感受的风险也相对较低一些。

（二）你愿意付出的损失代价

"天下没有免费的午餐"，创业当然也要付出代价。鸡蛋不要全部放在一个篮子，纵然拥有十分的风险承受能力，也需要决定投入此项创业机会构想所愿意付出的损失代价。我们可由创业动机以及新事业商机的吸引力来决定愿意为它付出多少代价。一旦心中有了清楚的投入底线，而且这个底线不会超过自己的风险承受能力，那么启动创业行动的阻力将会减少很多。

运用"可以承受的损失"作为创业商机选择与评量的准则，要比新事业机会的投资报酬现值更具有可实践性。因为"害怕失败的严重后果"是限制创业行动的最大障碍，创业投资报酬固然具有吸引力，但无法排除人们对于失败严重后果的恐惧。如果有效运用"可以承受的损失"作为创业决策依据，则失败的后果就不再成为阻碍因素，创业家可以放手投入于创业活动中，并设法为新事业开创更多的投资报酬，实现期待的净现值。

由于"害怕失败的严重后果"是影响创业行动的最大障碍，需要一套可以控制失败风险的决策模式，而"可以承受的损失"即成为十分有用的风险控制准则。当"可以承受的损失"成为投入底线，这时创业家对于创业活动的风险管理就取得了控制权，只要不超过这个底线，失败风险就不再成为障碍因素，那么启动创业行为就不再如此困难了。

创业追求的目标虽然在于高报酬获利与事业愿景，但在创业初期发展重点却是在于损失风险的管控。两者听起来似乎是有矛盾的。依据高报酬、高风险的定律，追求高报酬必须要承担高风险，但是高风险又成为阻碍追求高报酬的最大限制因素。因此，创业成功的要诀就在于控制风险，必须先控制风险才能引发行动，唯有经由控制风险的各种行动方案，方有机会实现新事业愿景与高报酬目标。

所谓成功的创业家，并非勇于冒很大的风险，而是善于控制各种风险。因为他知道新事业必须先存活方有后续发展的机会，新事业必须先获利才会有成长的机会。因此，将失败风险控制在"可承受的损失"范围内，新事业将不会因失败而破产倒闭，可以使创业家将新事业发展的重心放在如何获利与成长的议题上。创业家可以总结失败的经验教训，不断地调整行动方案与短期目标，使得新事业能够早日获利成长。

第四节　建立伙伴关系利用外部资源

创业是一个由无到有的过程，外部环境不确定性高，再加上创业家的资源能力相对有限，而且经常需要大量结合多方面的力量与资源，因此创业很难是一个有效规划与执行的过程。无论在创业之初有多少愿景规划，在执行创业的过程中，必然需要经历大量的修订与妥协，最后成就的事业图像当然也会与当初的预期有很大的落差。

没有任何一项新事业不需要借助外力，纵然是独资创业，也会需要依赖供货商与专业服务机构的协助。成功的创业家善于结合外部资源，不仅取得外部资源，还以较大的胸襟与弹性，邀请外部成员加入团队，共创新事业的价值。独断独行与排拒合作伙伴参与创业决策的创业家，其新事业发展将会受限于创业家个人的能力、资源、眼界、格局，最终的发展恐将十分有限。

一、建立伙伴关系将改变新事业面貌

当创业家寻求外部伙伴的参与时，外部伙伴除了带进资源之外，亦会带进新目标与新方法，也将影响新事业的发展方向与成果。虽然创业家可以选择比较符合自己需求与理念的合作伙伴，但由于加入团队的伙伴需要付出资源，承担风险，他们也会参与后续的事业决策，并设法遂行自己的主张，保护投资利益。新事业是在变动与不确定环境下成长，调整与妥协是新事业发展过程中的普遍现象，也因为具备调整与妥协的机制，新事业方能茁壮成长并且避免失败。

创业与执行企业既定项目计划有显著的不同，后者在详细规划与充分预算支持下，经理人依照计划时程达成使命目标。但创业过程与结果则有很大的变化空间，弹性与权变是创业决策的特征，因此创业家并不执着于达成原定的使命目标。事实上，创业之初所提出的计划与短、中、长期目标，主要是在大量假设前提下所设计的，通常不具有可行性。纵然依照计划方向进行，在过程中也需要保持弹性，随时根据环境变化而调整。再加上，创业发展过程中将会有许多合作伙伴加入，资源规模能力不断提升，因此新事业的面貌也会持续发生变化。事实上，新事业就是在每一次利用外部资源与掌握市场机会过程中，弹性调整经营策略与行动方案，因此才促成企业的成长跃升，并避免可能发生的重大风险。

二、创业家与合作伙伴共创新事业价值

寻找合作伙伴是创业过程的重要工作，创业家应尽量结合外部资源，推进新

事业发展。创业家与合作伙伴共创新事业价值，但也因为合作伙伴的加入，新事业才呈现不同的面貌。有利于新事业发展的周边利益关系人都是潜在的合作伙伴，创业家需要花时间与合作伙伴进行沟通，寻求支持与参与承诺，新事业因为伙伴的加入而呈现新的面貌。

效果导向的合作关系不会要求合作伙伴只是配合要求，也不是寻找能依循原定计划目标与执行需求的合作伙伴，而是站在较为平等的地位，充分沟通彼此的需求与认知，找到可共同合作的基础，并寻求共创新事业价值。因为专业创业家知道新事业的未来发展方向充满不确定，新事业也不会按照自己期待的蓝图构想来发展，所以对于新事业发展路径要保持很大的弹性，在现有资源基础以及风险能力承受范围内，尽量寻求可能的合作伙伴。经由沟通、讨论、说服的过程，取得合作伙伴的参与承诺，由于合作伙伴的资源投入，新事业产生了新的商业模式与阶段目标。在新事业发展过程中，也将持续寻求不同的合作伙伴参与，因此新事业的核心能力、商业模式、目标也会发生变化，当然最后成就也将与原来预期有很大的差异。

三、创业的拼凑原则

我们将效果导向创业发展的过程描述为"拼花布块"，而不同于计划导向创业过程被比拟为"拼图游戏"。后者有非常明确的图形目标，创业家必须找到各种正确的图片资源，才能实现设定的目标愿景。事实上，这样的设计理想并不符合大部分的创业实况，由于未来充满不确定风险，能够找到的外部资源与合作伙伴也不同于期待的图片形状，因此创业家必须迁就当前的情境实况，就地取材，设法将能够取得的外部资源做出最大的发挥。因此，比较类似"拼花布块"的情境，设法将目前能够找到的合作伙伴与自己做出最佳的连接，连接后的布块将呈现新的面貌与新的价值。

一般而言，合作伙伴追求的事业目标以及能够承受的风险损失很可能不同于创业家，因此选择适当的合作伙伴以及弹性调整新事业发展目标与营运模式，就成为争取外部支持与投入承诺的重要手段。"拼花布块"组成过程往往要经过充分的讨论与协商方能取得共识。新事业因为不同合作伙伴参与投入，需要重组资源，创新商业模式，设定新的发展目标，因此为新事业与新市场创造了新面貌。

面对不确定未来，提出新事业发展愿景与目标，显然需要创业家发挥高度的说服沟通能力，方能凝聚团队成员与合作伙伴的共识。虽然创业家不一定具有准确预测未来的高瞻远瞩能力，但创业家显然需要具备能够说服他人接受自己所提出新事业发展愿景与目标的能力。因为成功领导人的魅力更多展现在沟通与说服能力，而非高瞻远瞩的能力。

四、创业家依靠沟通与说服来重组资源

由于创业具有高度的不确定性，若仅提供完全客观的数据，人们很难从有限信息来判断失败风险与投资报酬，因此大家较愿意接受经过分析的信息。虽然所有的建议案均带有主观性，但只要经过良好的沟通与说服，人们还是愿意接受他人提出的方案。创业是一个不断连接外部资源以及持续争取合作伙伴投入的动态过程，沟通与协商在这一过程中扮演十分重要的角色，因此创业家需要具备强大的沟通与说服能力，方能有效接合"拼花布块"，并确保"拼花布块"能够呈现创新的价值。

当然说服能力不只是彰显在口才表现上，创业家的被信任程度、是否能够互惠与分享、是否具备领导者的魅力、是否具备良好形象以及是否拥有关键核心资源能力，都将影响他的沟通与说服能力。理想的协商应该是双向沟通，而非单向说服。因此，创业家除了设法说服潜在合作伙伴接受自己的目标与规划方案，同时也要保留很大的弹性空间，用来了解对方的动机与需求，并设法在其中寻求符合共同利益的目标以及取得双赢的行动方案。

为争取潜在合作伙伴支持以及承诺投下资源，也需要先满足他们的需求，并提供潜在合作伙伴可以发挥的空间。因此，可以预期，当新事业有更多伙伴参与，新事业的市场范围、发展目标、行动方案内容都会发生很大的变化。其中唯一不变的就是，新事业发展始终致力于创造所有参与者的共同价值，并且为新事业开创更美好的未来前景。

创业沟通协商也有底线的问题，当你在争取外部支持的过程中，愿意对修订新事业发展目标与行动方案保留多大的弹性，哪些是必须坚持的，哪些是可以妥协的？创业家也需要知晓潜在合作伙伴的风险承受能力，并设法经由说服，降低潜在合作伙伴对于参与新事业开发的风险意识。以下是创业家与潜在合作者在沟通与谈判过程中需要思考的问题。

（1）哪些目标与行动方案内容是你必须坚持且不愿意改变的？

（2）哪些目标与行动方案内容是你想要极力说服潜在合作伙伴并得到其支持的？哪些是你愿意妥协的？

（3）为何潜在合作伙伴需要支持你的目标？你的目标对于潜在合作伙伴有何利益？

（4）如何说服潜在合作伙伴承诺投入你所期待的资源？

（5）如何说服自己愿意弹性调整对于新事业发展原有的坚持？

（6）如何引发潜在合作伙伴的参与兴趣？如何争取潜在合作伙伴对你的信任与信心？如何让潜在合作伙伴知道你了解他的动机需求、你在维护他的利益？

第五节　善于运用动态变化来开创新局面

人生不如意十之八九，创业的路程经常出现颠簸意外，但是成功的创业家都善于利用这些意外事件，由逆转胜，为新事业发展创造惊奇。在稳定环境下的企业经理人，擅长预测、设定目标、研拟计划，并有效执行计划以达成预期目标。他们对于计划执行过程中出现的意外事件，将尽力排除问题，并使之回归至原定计划目标。但是创业家却能够将变动视为一种机会，不以负面态度来看待意外事件，除了能够面对与接受意外事件，还会认真思考变动背后的意涵，并探索意外事件是否蕴藏着新商机。

创业家需要具备自信与不执着等两种人格特质，前者有助于面对不确定未来，后者则愿意接纳变化。专业经验与价值观虽然有利于机会辨识，但同时也限制我们所能看到的机会类型。创业家比经理人在机会辨识程度上拥有更大的弹性，他们不会立即使用自己的专业来评估机会，而是以开放的思维来探索每一个意外事件背后可能潜藏的商机。

一、创业家应以正面态度来看待意外事件

"人生是由一连串的偶然与巧合所组成的。"因此，我们更需要重视创业过程中所遭遇的偶然与巧合，尤其要以正面态度来看待偶然巧合所发生的意外事件，并由其中寻求新事业重大转变的契机。显然，创业也是无法预先规划，更无法加以控制的，成功创业家大都能够利用过程中的意外事件，使之成为新事业的转机。

"塞翁失马，焉知非福"这句成语的意义是，我们应该将意外转变为新的价值。天下事都是中性客观的，但自主观面来看则有正、负两面的评价，不如预期的意外事件并非都是坏事，只要转变态度，用新思维来看待意外事件，则可以发现其中的新价值。专业创业家对于创业过程中发生的意外事件将保持开放与弹性的态度，并不以失控与损失来看待意外，反而会设法将之转变为新机会，引导新事业的新方向。专业创业家并不以传统计划管理模式来推动新事业发展，虽然也会运用计划与执行的功能，但不再强调控制与修正，反而将意外事件视为转变的新契机，并据以调整计划方向与目标。

创业过程中的可能意外包括：遇到贵人指点、遇到新的客户、遇到新的伙伴、获得新的信息、发现新的趋势、出现矛盾与意外、遭遇挫折失败、不如预期的事业发展、法令变化等。这些意外可能会影响原定目标与计划进度，也代表现实与计划之间的巨大落差。但是创业家能够接受环境中不可控制的变化，也比较善于利用意外事件，他们并不拘泥于既定计划，也不想要控制外部环境的演变，他们

通常都比较具有弹性，对于未来变化采取正面态度，以乐观务实的手段来应对意外事件。

莫非定律（Murphy's law）认为事情只要有可能出错，就必然会出错。以莫非定律来看待意外事件，创业家相对一般经理人就更能够以弹性的心态来看待不如意的意外事件。一般而言，创业过程中的意外事件大致可分为人、事、信息等三类，但创业家都能以正面方式来发掘其中的价值。

（1）意外遇到的人：创业必然会扩大人际互动的范围，许多创业商机与合作伙伴都是在创业过程中意外遇到的，所以创业家需要格外重视每一次意外相遇的陌生人，因为他们可能是带给你重大转变契机的贵人。

（2）意外发生的事：在创业过程中意外的产品应用或意外的损失都可能带给新事业许多意想不到的新商机。例如，辉瑞药厂自心脏病新药临床实验中观察到病人异常的反应，而发现这个新药对于治疗阳痿具有更高的价值功效。因此，创业家应该采取正面态度来看待所有的意外事件，以弹性态度接纳意外事件所引发的变化，并自顺应变化中发掘新事业的商机。

（3）意外得到的信息：在创业过程中出现市场需求的意外变化或顾客的意外新需求，往往能够指引产品与市场的未来新方向。意料外的信息往往要比意料内的信息更有价值，因为后者只是进一步证实已知的，但是前者却是带来未知的信息，将有利于指引新事业未来的方向。意外的信息来源是不可测的，或是可遇而不可求的，因此创业家必须经常接触不同的人群，涉猎不同的领域，扩大接触面与活动面，进行多方面的尝试冒险，如此方才有机会得到较多的意外信息。

二、创业家应善用意外事件开创新局面

一般人面对不如意的意外事件，多半采取以下两种态度。

（1）采取适应与调整的态度。所谓逆来顺受，是指以比较消极与低调的态度来接受意外事件，调整原有的做法来适应意外事件，并将意外事件所造成的负面影响尽量减低。

（2）克服意外事件所造成的困难。以人定胜天的态度克服意外事件所带来的挑战，以正面迎战设法逆转胜。一般采取较积极态度的经理人通常都会设法极力克服意外事件，设法消除意外事件的负面影响，坚持原有目标，设法将发展方向引导回原来的经营轨迹上。

但专业创业家面对意外事件的态度就不同于上述两种方式。专业创业家是以较正面的态度面对意外，并将意外事件视为转变的新契机。因此不会采取适应与克服的手段来对待意外事件，反而会思考该如何转变现有的目标与手段，将意外事件视为转型升级的新契机。自创业的角度，意外事件往往是刺激转型与创新发

展的最佳催化剂。但自企业原有的目标与经营手段来看，意外事件可能是一种负面的损失；因此创业家需要采取更创新的思维来看待意外事件。也就是说，意外事件将激发创业家的创意与创新能力，并转变新事业原有的目标与手段，这样才有可能将负面损失转变为正面加值的效果。

评判意外事件是一种负面损失还是一种正面资源，完全要看你的事业目标与策略手段。所谓意外事件，是指不利于当前的商业模式与价值网络，因此自当前的经营思维模式来看，意外事件带来的主要是负面效果。但是，如果我们转变商业模式，重新定义价值网络，那么意外事件可能就会成为正面资源，对于新的商业模式能够带来加值效果。专业创业家擅长以转变经营模式的角度来看待意外事件的出现，因此他们总是能够自意外事件中获取更大的商机利益。

图 7.1 说明意外事件如何促成事业进入另外一个新局面的流程。当出现意外事件（包含人、事、信息），创业家采取不同的思维模式来看待意外事件，将意外事件视为能够引导改变创新的新资源，并设法创新商业模式来发掘意外事件背后可能蕴含的新契机，然后采取与以前不同的行动方案来探索运用新契机，最后将引导新事业进入一个意想不到的新局面。而这一切转变的源头都来自意外事件。只要创业家将意外事件的正面价值做出最大的发挥，那么有效利用意外事件就可能引导新事业开创新局面。

图 7.1　意外事件引导新事业开创新局面的过程

三、创业家面对意外事件的对策态度

所谓意外事件，就是发生一些与我们原有思维模式、价值网络不一致的事件情况，因此意外事件明显不利于事业营运发展与利益创造。一般经理人的职责就是避免发生意外事件，以及尽快排除并解决意外事件，以让企业运营能够回到原有正常轨迹上。

从新事业当前的营运模式来看，意外事件大都带来负面的严重影响，回避与消除意外事件方才有利于新事业的利益与发展。因此，除非创业家能够充分发挥创意思考能力，跳脱现有的经营框架，大幅改变经营目标与营利模式，否则将很难发掘出意外事件的正面价值。如何应对意外事件、发掘意外事件的价值、创新经营模式及需要做出多大的转变来利用意外事件？基本上是因人而异的，没有固定的模式与方法程序，不同的创业家对于意外事件也会做出不同的反应。

如果要使意外事件有利于事业新契机的发掘，引导新事业开创新局面，那么创业家显然需要扩大自己的社群网络，以更开放的格局来接纳新奇经验与事务，同时也需要以正面态度来定义新机会的内涵。一般而言，专业创业家都会具有如下的特质：①发展更广泛的社会网络关系；②以开放的格局接纳新奇的经验；③以正面的态度来定义意料外的机会。

我们知道平顺的人生，多半也是平凡的人生，缺乏意外事件将无法开创精彩的人生。成功的创业家大都擅长利用意外事件，将危机变为转机，将意外事件视为新事业能够开创新局面的新契机。因此，创业过程中出现意外事件是常态，而且专业创业家通常都能将意外事件转变为一种机会资源，进而利用意外事件作为带动新事业创新成长的外部推力。

以下针对创业家面对意外事件的策略态度，提供几点建议。

（1）认识到意外事件是新事业转变的新契机，意外事件将有可能为新事业开创新局面。

（2）探讨你拥有多少可以响应意外事件的选择方案，通常选择方案越多，响应就越有弹性，意外事件的机会价值就会越大。

（3）改变你的思维模式，以正面的角度来评价意外事件，设法以各种创新的商业模式来发掘意外事件的新价值。

（4）研拟能够有效运用意外事件，使之发挥最大价值的行动方案。

第六节　结　　论

所谓专家，是在特定专业领域拥有比常人更为优异的专业能力，但在其他领域，他们则与常人一般。世界围棋大赛冠军得主的智商未必优于其他参赛者，他在物理、数学、音乐上的表现也未必优于常人。不过他对于赢得围棋赛局确实具有独特的专业能力，这种能力并非天生，而是长时间比赛练习与经验总结，积累出一套如何布局下子取胜的直觉心智模式。

创业家的传记总是述说他们独具慧眼，能看到别人看不到的机会，他们无畏大胆，能勇于创新冒险，他们坚毅卓绝，纵然遭遇失败打击亦不放弃，坚持到底。但事实并非如此，创业家与我们一般都是常人，不但无法预知未来的机会，同时也会恐惧担忧未来的不确定风险，甚至他们也不确定新事业未来的可能发展。不过创业家与非创业家的心智模式显然有很大的差异，他们勇于投入于创业，针对所看到的机会毅然采取行动。创业成功并非纯然依赖运气与巧合，成功的创业家确实具有创业专业能力，虽然他们的聪明才智与胆识勇气与常人一般，不过在创业过程中他们学习积累了许多专业决策所需要具备的专业能力。因此，创业专业能力使创业家比常人具有更高的风险承受能力，也更勇于面对风险。

　　所谓创业专业能力，是指商机打造与开创的能力、新事业组织建构与团队领导的能力、网络关系建构能力、技术商业化能力、风险控制能力、动态环境中决策能力、执行力、自信与直觉判断能力、专业资源取得能力、市场进入能力、商业模式创新能力等，这种由无到有的开创能力，非属系统化的知识能力，更多的是经验与隐性知识的结合，而且奠基于创业家的人格特质与心智模式。必须依靠时间的积累，并经过失败经验与实战经验的淬炼，是一种隐性的心智模式与无形的经验能力。创业家在创业过程中面对不确定与失败风险，经由持续尝试摸索与经验积累所产生的一套创业心智模式，才使得创业家在创业领域具有比常人优异的专业能力，敢于迎向不确定风险，并能由其中发掘新机会与开创新事业。

第八章　效果导向的创业发展模式①

第一节　创业不是一种因果的观念

创业不同于企业管理与策略规划，因为创业是一种无中生有的过程，也是一种探索与创建未来的行动。创业并不强调管理与控制，创业也无法预先规划，我们无法预知事业发展过程中可能遭遇的各种情境，当然也不可能知道新事业最后的结果。所以创业可以视为一种不断探索、开创、积累成果的过程，事业由小到大，成果由无到有地积累，创业家在创业过程中不断地发掘机会，采取行动，扩大事业的范围、规模。

一、因果论认为未来是可被预测的

因果论认为系统关系是稳定的，未来是可以被预测的。因此，只要设定明确的目标，研拟理性的行动方案，投入必要的资源，那么就应该能够成就目标。因果论追求最高的投资报酬率，将报酬凌驾于风险之上。因果论强调市场分析与竞争策略，认为超越现有市场竞争者是事业成功的关键因素。因果论主张要控制与排除不确定风险，新事业发展必须走在预先规划的主轴道路上，因为偏离计划，就无法达成预期的目标。

因果论强调预测未来、设定目标、规划方案、控制行动，它的假设前提是"未来是可以被预测的，目标是可以被实现的"，而创业家主要的任务就是预测、规划及有效执行与达成设定的目标。这是现代管理的核心基础，因此认同因果论主张的人，必然非常重视产业、市场、技术、竞争的研究分析，对于提出的创业规划方案也认为需要再进行可行性分析与验证，当然也需要确认执行团队具备相关的核心资源能力，在计划执行过程设定许多查核点以确定计划执行不至于偏离方案目标。

二、因果论重视理性规划

因果论是建立在 FGPDCA（forecast，goal setting，plan，do，check，action）的理性规划模式的基础上，这是专业经理人惯常采用的管理思维模式。他们认为

---

① 本章部分内容与观念主要依据 Sarasvathy 等（2011）。

未来是可以被预测的，只要经由详细深入的产业与市场机会分析，为事业的未来设定明确的目标，进行策略研拟与行动方案规划，新事业就可以水到渠成。因此，新事业发展应该按照既定的计划目标与行动方案去落实执行，在事业发展过程中要极力去控制不确定风险，当出现与预期目标有所差距的结果时，要设法排除不确定干扰因素与调整行动方案，使之导正回原来的目标道路上。

创业是一个从创意构想到采取行动，由无到有，由出生到存活，再由立足到成长的过程。在孵化阶段（incubation stage）与婴儿阶段（infant stage），创业过程充满了不确定因素，创业团队、创业资源、市场机会都将出现很大的变化。因此，强调稳定系统关系以及认为未来是可以被预测的因果论，并不适合作为创业过程的管理模式。一般而言，建立在 FGPDCA 理性规划模式基础上的因果论，较适用于新事业进入成长阶段以后的经营管理模式，是一种专业经理人的管理思维，而不适合作为专业创业家在创业初期的思维模式。

第二节　效果论适用于创业初期

一、效果论认为未来是无法预测的

效果论认为未来是无法预测的，未来也不等同于过去的延伸，未来更多是因为人们的投入才被开创出来。所以主张效果论的人并不会花许多时间来预测未来，而是积极整合资源，并以行动来开创未来的梦想。效果论者当然对于未来也是有所期待的，当他们看到市场机会来临的时候，会利用自己所能掌握的有限资源，先采取行动进行测试验证，并设法使未来发展符合自己的想法与期待。效果论者对于开创未来与实现未来梦想，并不是放在预测与规划，而是更多投入在凝聚创业团队的梦想与共识，发挥创业精神来开创未来。效果论者并非宿命论，而是认为事在人为，只要持续坚持投入发展，那么未来一定有成功的机会。

虽然效果论者的创业成功概率未必会高于因果论者，但是效果论者采取实践检验真理的态度，将会使其在创业过程中避免犯下重大失误，因此可以减少重大挫败的风险。效果论者认为未来是不可预测的，并不会想要控制未来的发展，因此他对于未来环境变化是持正面态度，亦会设法积极运用这些变化（含意外事件）来为新事业发展创造成长的机会。反观因果论者，由于主张未来可被预测，为了达成所设定的目标与行动方案，对于环境变化采取控制的手段，这种逆势而为的态度往往也会增添创业失败的风险。

一般而言，采取因果论的人比较适合在稳定与可预测的环境中进行新事业开发；而持效果论者则适合在不确定环境中进行新事业开发活动。例如，在新市场中开发新产品就是一种不确定环境下从事的开创性活动，创业精神要比分析规划控制等专业管理能力更为重要。如果市场需求相当明确，产品规格也经过市场的充分验证，那么未来市场是可以被预测的，这时就比较适合以因果论来规划有效的营销与市场竞争策略，而经营管理效率就成为该新产品上市成功的关键因素。

二、效果论重视创业精神的作用

创业精神是效果论的核心支柱，就如同企业管理能力是因果论的核心支柱。创业精神强调无中生有的开创态度，因此态度与执行力要比分析规划资源能力更为重要。创业精神不但无惧于未来的不确定变化，甚至会将这种不确定视为开创机会的来源，但创业精神并非等同于冒险犯难，而是在自己可承受的风险前提下进行冒险犯难行动，因此创业精神是一种理性与负责任的态度。创业精神的特色在于其善于引进外部资源与凝聚团队成员力量，经由结合资源与机会，研拟创新的商业模式，发挥机会与资源的杠杆作用，做出超越自己能力范围的开创性活动，并且能将有限资源做出最大的效果，不但产生创新性的成果，而且为新事业创造最大的价值。

第三节　效果论的三项核心原则

一、理性风险承受原则

风险往往是阻碍许多人投入创业活动的主要因素，虽然创业家的风险承受能力未必高于一般人，但是创业家与非创业家面对风险的态度确有根本上的不同。创业家不会逃避风险，而是选择只投入于那些他们可承受风险的新事业机会。由于失败的概率无法被排除，创业成功通常需要经历数次失败的过程。因此，效果论者强调"留得青山在，不怕没柴烧"，主张创业家应该选择那些可承受损失风险的路径来走。创业家知道机会与死亡同时存在于不确定风险之中，但他们不会将自己暴露在难以承受的险境中，而会选择在可存活的底线基础上，寻找机会。

创业家与我们的一般想象是不一样的，他们的胆子并不大，不会去冒自己无法承受的风险，甚至他们通常都是风险的有效管控者，用心将风险控制在自己能够承受的范围内，因此创业过程中不一定存在所谓高风险威胁。每一位创业家的风险承受底线是不一样的，这是一个极为主观，而且与个人风险态度有关的议题。不过，创业家会运用各种方式来提高自己的风险承受能力，或降低创业风险程度。例如，先进行小规模的尝试，在未确定市场需求之前，将不会贸然购进设备与材料。严格控制现金流，减少固定投资尽快达成损益平衡，寻求策略联盟伙伴，采取委外代工，先专注在风险较低的产品开发项目上，这些策略都可以降低创业初期的风险。

效果导向的创业家在创业初期会将重点放在当下，而不是寄望于未来。因此，他们不着重于预测未来，也不会将希望放在未来，他们宁愿投入在那些失败代价不高的机会上，并且很审慎控制创业初期的资金支出与投资活动。创业初期需要很小心地控制投入与产出，尽量避免进行高风险的投资活动，或进行需要长时间才能回收的研发活动。

要求一位有稳定收入的经理人放弃工作，投入于失败风险很高且前景未明的创业活动中，显然是不理性的期待。除非新事业开发失败风险是可以承受的，而且创业报酬要显著高于机会成本，否则任何有理性的人不可能甘冒如此大的风险。因此，风险管控将是创业初期的重点工作，创业家通常都会设定他们的风险底线，并且下很大的功夫来管控风险。创业初期避免失败比获取丰厚利润更为重要，只有新事业站稳脚步，能够持续往前进，这时远大目标与丰厚利润才有被实现的可能性。

二、争取策略合作伙伴原则

效果论并不强调市场与竞争分析，原因是它以为新创公司应以存活为优先目标，击败对手与扩大市场占有率并非这一阶段的主要目标。创业初期企业应专注在顾客身上，由自己所能掌握的顾客领域来决定市场范围与目标市场，而非过于理想地放眼整个市场。因此，效果论更多强调与顾客、事业伙伴、利益关系人、投资者进行紧密的合作，以使自己能尽早立足于市场，让新事业能够尽快获利存活。效果论强调新事业发展早期应专注于打开市场，让自己能在市场缝隙（利基）中立足。在这一阶段，如何创造差异化特色显然要比如何打败竞争对手重要，新事业只想立足于利基市场，而非企图进军整个市场，或争夺主流市场的领导地位。

效果论主张创业初期的重点是寻求合作伙伴，尽量争取外部资源的支持。创业家知道如果只凭借自己的资源能力，在创业初期的发展将十分有限。创业初期总是面临资源不足与能力匮乏的窘境，因此找寻认同创业理念的伙伴，争取利益关系人的认同与支持，就成为提升新事业发展可行性的重要手段。创业是一种团队活动，也是一种合作伙伴关系，并非只是创业家个人理念实现与利益追求的个人行为。创业应该是汇聚志同道合者力量的一种活动平台，创业家在新事业发展过程中将极力寻求利害关系人的支持，建立合作伙伴关系，大量结合外部资源，扩大整体团队的资源能力，因此能够成就较远大的事业目标。

创业家在新事业发展过程中应花很大心力去寻求合作伙伴加入团队，与市场上利益关系人建立合作关系，积极为新事业建立外部网络关系，广结善缘，以互利双赢来取代竞争求胜，如此才能突破个人有限能力的格局，为新事业发展争取较大的发挥空间。

三、化危机为转机原则

因果论强调清楚掌握地形地貌，采取先准确瞄准后再开枪（aim，aim，…，fire）的战略。但是效果论则认为未来是难以预知的，未来必有很多的变化，必须在变化中寻找契机，因此主张应先积极地采取探索式行动，并在行动过程中逐渐掌握市场机会的先开枪再瞄准（ready，fire，aim）战略。效果论认为未来是无法预知的，如果要等到掌握所有信息与消除一切不确定风险后才去采取行动，那么恐怕永远也不会有那一天的到来。

效果论认为不确定未来既是风险的根源，同时也是开创新局面的机会来源。创业家擅长将意外变化视为新的机会，他们用正面开放的心态来看到意外事件，并设法由其中发掘新的商机。创业家对于新事业未来的发展持开放态度，他们并不执着于过去的成果，也不会要求新事业要按照既定的计划进行。他们用开放的态度来看待意外事件或非预期结果，并顺势而为，由其中创造新的市场价值。

专业创业家大都比较乐观，他们尽量不用负面心态来看待意外与非预期事件，经常以"塞翁失马，焉知非福"的心态来为新事业寻求新的发展机会。他们认为意外变化是创造新机会的最佳条件，因此不但不会抗拒变化，往往还将危机视为转机的钥匙，擅长利用动态变化的环境为新事业创造新局面。

图8.1是依据效果论三项核心原则所建构的"效果导向的创业活动发展模式"。效果论观点主张创业家才是创业的主要推手，因此创业活动应由现实出发，必须先考虑"我是谁？""我有什么能力？""我有什么关系？"。创业家需要先盘点自己的资源能力，才能量力而为，将风险控制在自己能够承受的范围内。然后在可承受风险的现实条件下，思考"我能做什么？"以及"可能的行动方案"，接着再去"请教与利用外部人际网络关系"，设法"取得合作伙伴支持"，并且让他们"做出投入承诺"。这时新伙伴加入与新资源投入，扩大了创业活动的资源能力与风险底线，因此能够产生"创新商业模式"以及"设定事业目标"。创业家的资源能力与风险能力在创业发展过程中被持续提高，已非昨日的吴下阿蒙，新事业的规模与市场范围也会在创业过程中持续地被扩大。

在这一过程中，不可避免地，外部环境将发生很多变化，一定也会出现大量的意外事件，创业家会抓住每一个变化契机，争取新伙伴的支持，弹性调整商业模式与行动方案，在危机中发掘商机，并进而开创新局面。因此，效果导向创业活动就是在这种持续变动过程中，在有效管控风险前提下，摸着石头过河，以动态提升方式将新市场与新事业开创出来。

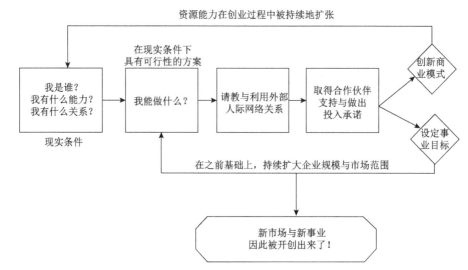

图 8.1 效果导向的创业活动发展模式

第四节 效果论者对于商机开发的观点

成功创业家比起常人，是否较具有高瞻远瞩与洞察先机的能力？这种高瞻远瞩的能力是从哪里来的？是天生，还是后天养成的？如果高瞻远瞩是建立在丰富的信息搜集与理性的专业分析基础上，那么是否代表运用现代科学方法就能够预测互联网、平板电脑、智能手机等庞大商机的出现？如果高瞻远瞩是与人格特质相关，那么是哪一种人格特质让创业家能够比他人更早看到潜在的商机？

一般人对于创业家的新事业开发路径是这样认知的：

（1）他们具有高瞻远瞩的睿智与能力，充满了创意与创业点子，善于发掘商机，并具有辨识商机的敏锐能力；

（2）当遇到天时地利人和的时机，他们毅然启动创业；

（3）进行创业规划，撰写一份具有吸引力的创业计划书；

（4）进行资金募集，向天使投资人与风险投资家取得所需要的资金；

（5）招揽不同背景的专业人才，组成创业团队；

（6）开发新产品；

（7）正式启动公司营运；

（8）将新公司引导进入成长期；

（9）公开发行并逐步回收部分投资；

（10）40岁退休享受创业成果。

但我们知道大部分的创业活动与上述过程情境有极大的差异，多数创业家未曾撰写创业计划书，他们也不具有高瞻远瞩的能力，创业之初也无法预知该商机是否一定能够创造财富，他们很少能够向风险投资公司取得创业资金，大都依赖自有资金或向亲朋好友融资借贷。新事业是在摸索与跌跌撞撞的过程中，才逐渐走出一条较明确的康庄大道。很少有创业家在创业之初即能预见未来事业远景，纵然在创业之初他们对于新事业未来是有所期待的，但后来的发展也往往与当初预期有极大的落差。创业之初所看到的商机，往往不同于后来造就事业成功的商机。早期所期盼的巨大商机往往都无法实现，反而是那些难以预期的商机后来成为企业增长的主要动力。

一、机会是被发掘还是被打造出来的

机会是被发掘出来的？还是被打造出来的？表8.1为自对于市场机会的假设、机会辨识的方式、实现市场机会的关键条件、机会实践过程等四个构面，对于市场机会辨识的两种不同的观点，但这是一个见仁见智的问题，因为机会可能是被发掘出来的，但也可能是被打造出来的。

表8.1　对于市场机会辨识的两种不同的观点

	市场机会是被发掘出来的	市场机会是被打造出来的
对于市场机会的假设	机会是预先存在于市场之中的，问题在于创业家是否能发现，并经由睿智的评估后做出选择。创业家可以经由搜集大量的市场信息以及利用自己所掌握的专业能力，来预测未来市场的变化以及其中蕴含的商机，成功的创业家就是具有这种先见之明以及理性分析判断的能力，因此他们能够比其他人更早看到未来的市场机会	虽然目前市场上存在一些机会，但是仍有许多目前无法看到或还不存在的未来市场机会。未来充满了不确定性，因此目前无法预测未来市场的变化以及可能蕴含的商机。市场是动态变化的，因此将商机发掘视为持续性的活动，新事业发展的目标与路径也会因市场机会变化而随时进行弹性调整。新事业设立初期也会有一个大方向的愿景目标(梦想)，但随着新事业成长，愿景目标将更为具体明确
机会辨识的方式	最佳市场机会是可以运用科学方法系统地筛选出来的，首先创业家需要设定明确的目标，经由系统地搜寻市场上的各种可能机会，然后进行评估，找出其中最具可行性且能够达成目标的机会	依据有限的信息与资源能力，先为自己选择初步的机会与设定初步的目标。设法在执行过程中，提升自己的资源能力以及取得更多的市场信息，从而能够发掘更多的可行商机，并弹性动态地调整自己的目标。在事业发展过程中能够以试误方式勇于开创市场新商机，并顺应市场环境变化及时掌握与利用新商机
实现市场机会的关键条件	市场信息与专业能力是发掘机会的重要条件，重视信息搜集与分析，重视规划与评估能力，强调一个完整的创业蓝图与营运方案，设法使资源与人力到齐，然后有效率地执行与达成目标	热情与执行力，勇于尝试与冒险，愿意承受艰难的坚持毅力，呈现强烈的创业精神，是开创市场机会与带动新事业成长的重要因素。这种创业精神的特质是驱动创业家以及他的成员愿意经由不断地尝试探索来持续发掘与开创新商机，进而带动新事业茁壮成长。创业精神存在于个人身上，也存在于团队的身上。对于创业团队而言，建立具有使命感与价值观的创业精神至关重要。这种创业精神也需要在新事业摸索成长过程中，不断维持、更新、强化

续表

	市场机会是被发掘出来的	市场机会是被打造出来的
机会实践过程	创业就是发掘机会，设定目标，规划实现目标的行动方案，然后尽力投入执行，在此过程中，经由反馈与控制，有效率地完成预定目标	创业像丑小鸭蜕变为白天鹅，创业本身就是一个演化与蜕变的过程。虽然成功的创业家在创业之初都无法预见新事业的未来远大成就，甚至创业初期大部分时间都挣扎于生存边缘，在错误与失败中摸索前进，但由于梦想所产生的热情与信念，他们坚持下来了

如本书第六章所述，机会搜寻、辨识、评估、抉择的过程，是一种非常重要的创业规划与决策活动。创业家需要进行市场分析与消费行为观察，甚至直接接触顾客与参与在购买与消费过程中，以便能够发掘未被满足的市场需求，或是改进创新现有的服务产品。创业家也需要进行环境变迁分析，了解科技、人口统计、消费潮流变化可能带来的新商机。彼得·杜拉克主张，只要是存在的机会，都可以经由系统地研究分析被发掘出来。经济学家熊彼得也认为，机会是客观存在于市场中的，能否被发现的关键在于人。创业家的意图、专业经验与知识能力、社会网络等，决定他是否能够发掘与辨识机会。

但是主张机会是被打造出来的人认为，机会是针对未来市场的需求，而未来是充满不确定性的，显然人是无法预知未来的，当然也无法发掘目前尚不存在的未来机会。再加上创业的主体是人，因此对于每一个不同的人而言，机会并非客观存在的，机会与创业家的心思意念、资源能力密切相关，不同的创业家有其配适的机会。一般人的创业起点很低，不具有明确的意图与庞大的资源能力，因此开始的时候他们能够选择的机会十分有限，通常都不是那些拥有庞大商机的伟大机会。创业初始机会的价值，更多在于带给创业家认识市场与顾客，累积人脉关系，发展专业能力，以及寻求被市场认可等。等到新事业立足市场后，创业家方能寻求新机会或改造现有的机会，以进一步提升新事业的能量。在反复循环上述流程后，一个好的商机才渐渐地浮现出来，因此我们说商机是在新事业发展过程中一步一步被打造出来的。

然而，任何高回报的机会背后都附带着很高的风险，机会与风险是相依相存的，不同的人的风险承受能力是不同的，因此能够配对的机会也是不同的。我们的生活周遭确实提供许多的机会，其中一些是能够配适我们目前的能力条件的。问题是，我们没有做出正确的判断，忽视那些适合目前情境的机会，甚至没有做好准备，因此我们才无法抓住机会。

显然创业机会是需要经过搜寻、辨识、评估的过程，并做出选择。但是随着新事业发展，机会的内涵与形式会不断地调整与提升，随着环境不断变迁，新的机会也会不断出现,因此最终造就企业成功的机会往往与初始机会有很大的差异。

所以机会既是被辨识与选择出来的，同时也是被打造出来的。就如同一颗美钻，要先由工匠挑选后，再经过不断地精炼打造，最后才会闪亮发光。工匠是否在第一次就挑对钻石并不重要，重要的是，他采取行动，并在行动过程中不断地再选择与再打造，所谓完美就是如此产生的。

人们都擅长以"事后诸葛"观点来评论成功者的伟大事迹，因此睿智远见就成为造就成功创业家的重要人格特质。但事实并非如此，伟大的商机总是在山穷水尽疑无路之后才出现的"柳暗花明又一村"，虽然可以用机遇巧合来形容，但更贴切地说，伟大机会是经由无数尝试与摸索过程中被打造出来的。只要创业家用了足够的心力，持续尝试与探索，皇天不负苦心人，终究伟大商机将会浮现出来。

与其被动地等待机会，不如主动地开创机会。其实世界上并不存在梦幻的理想机会，所谓伟大的商机都不会平白从天上掉下来，而是需要自己去开创与打造。因此，对于有志投入创业的人们，发掘最佳的创业机会并非是驱动创业的重要因素，创业的起点来自行动，你只需要在市场上选择一个适合你当前情况的可行商机，就可以展开创业的旅程。

二、商机选择需要配适专业能力与资源条件

所谓启动创业行为的商机，是指这个市场机会具有可行性与获利潜能，符合你当前的专业能力与资源条件，不超过你的风险承受能力，是你喜欢做且想要做的事业。这种商机其实就是启动创业的起点，它的特征包括：能引发创业行为、具有可行性、具有获利潜能、具有可成长性、风险可承受、能吸引外部关系人、能拓展外部资源网络。

好的创业机会通常都需要配套强大的创业专业能力，但新创事业团队往往尚未具备创业专业能力。创业专业能力必须在创业发展过程中被逐渐地积累与提升，因此创业商机开创与创业专业能力提升必须同步进行，才具有被实现的可能性。未拥有配适专业能力的创业家，纵然看到绝佳的创业商机，也不具有实现的可能性。商机与能力两者是相互配套的，而创业能力必须在创业过程中经由做中学而被养成与提升。所以创业发展是一个过程，创业商机发掘也是过程，创业能力提升更是过程，不经过这个做中学的过程，新事业是无法茁壮成长的，创业家的能力也无法养成。

所谓创业专业能力，是指商机打造与开创的能力、新事业组织建构与团队领导的能力、网络关系建构能力、技术商业化能力、风险控制能力、动态环境中决策能力、执行力、自信与直觉判断能力、专业资源能力、市场进入能力、商业模式创新能力等，这种由无到有的开创能力，非属系统化的知识能力，更

多是经验与隐性知识的结合，而且奠基于创业家的人格特质。必须依靠时间的积累，并经过失败与实战经验的淬炼，是一种隐性的知识与经验能力。当然这种创业专业能力也可能形成产业与市场僵固性，由于它是依据过去经验的积累，无法察觉属于破坏性创新的新市场机会，因此我们看到一些重大的市场创新商机往往是由创业新手所推动，原因是他们的经验包袱较少，机会成本较低，再加上风险资金以及外部资源网络的支持，从而提供了这类新事业开创新市场的机会。

机会在新事业不同阶段扮演不同的角色。配适是机会选择的重要依据，我们不需要去搜寻最佳机会，因为对于不同的人，有其不同的最适机会。创业机会未必来自伟大的发明创新成果，有时经由提供更好的顾客服务所引发的一张顾客的转单，也能带动一家新企业的兴起。造成一家公司成功与永续发展的重大事业机会，通常都不是在企业创立之初所掌握的机会。关键机会的发掘，往往都是在事业成立与立足市场之后，创业团队方能积累辨识与掌握重大商机的能力。因此，创业之初并不需要绝佳的创业机会，需要的仅是能让企业成立与立足于市场，且能配适创业初期资源能力的合宜机会。创业失败往往不是机会不够好，而是因为机会不配适。一个不配适的好机会，可能会造成事业的重大灾难。对于创业新手而言，不是没有机会，反而是机会过多，才造成错误的选择。

三、好的创意点子并非创业成功的关键

创意点子与创新机会很多，创业并不需要先拥有一个绝妙的创意点子或千载难逢的创新机会，机会是一个持续发掘与打造的过程，纵然是一个促成伟大事业的机会，它的起点通常也是很低的。要想寻找钱多事少保证成功的机会确实很难，要想追求一棒就是全垒打的新事业机会，也只能依靠运气，而且往往只会昙花一现，无法持久。再好的创意，如果没有经过市场测试与实做的修正验证，也无法转化为商业利益与事业基础。因此，所谓好的创业点子，只是创业过程的一个起点，并非创业成功的关键因素。

如何能确定好的创意点子是可行的？是能够成为创造庞大商业利益的新事业商机？唯一的方法，就是去测试验证，因为机会是被开创出来的，而不是发掘出来的。验证创意点子是否能够成为好的创业商机也是创业过程的重要工作，如何以最少的成本与最低的风险来进行创意点子的市场测试验证？测试验证需要投入资源，因此如果能获得外部关系人支持市场测试，并且在市场测试过程中取得外部关系人的资源支持，都将有助于降低创业的风险。

教育相关部门的大专毕业生创业服务计划（U-Start 计划）支持学生创业方案，主要目的也是提供第一阶段的产品开发与市场测试验证的种子资金，以确定创意

点子具有市场可行性与获利潜能。因此，创业团队能据此来争取外部关系人的支持与后续发展所需要的资金。所谓小规模的测试验证，与正式展开新事业发展机会应该是有所不同的，前者资源投入量小，只需要有一个还不错的创意点子即可进行，而后者资源投入量大，承受的风险很高，因此必须确定该创意点子是杰出的，是能够确保成功的。

一个在 50 年后可以创造 110 亿美元市场的新产品商机，在今天看来是否仍然是一个好的创业商机？显然不是的。因为机会与时间有关，而且今天无法看到 50 年后的顾客对于产品与服务的具体需求，所以今天最多也只能提出好的创意点子，这个点子还需要经过长期的产品开发、市场验证与推广过程。贝肯（Bakken）在 1957 年提出心律调整器的产品开发创意，但这项产品一直到 50 年后才成为一个具有 110 亿美元规模的医疗仪器市场产品。显然对 50 年前的市场而言，心律调整器未必是一个好的创业商机。不过如果 Bakken 没有对于开发这项产品点子持续坚持 50 年，可能也不会造就今天如此庞大的市场规模。

四、好的商机需经由实践证明

实践检验真理，事业发展成王败寇，开始的时候谁都没有把握，唯有做到成功才能证明创业构想是有效的。再好的创意点子如果未经实践，仍然只是空想。一个看似平凡的点子，经由实践，也可能成为伟大的商机。因此，没有所谓的好的创意点子，关键是你有没有想要去实践的创意点子。

能否被执行的评量指标包括以下几方面。

1. 是否可行？

在现实客观环境中，是否具备可执行性？我们需要对机会可行性进行理性评估，评估内容包括：技术可行性、市场可行性、顾客需求与使用可行性、机会窗口的可行性、环境与法规面的可行性、竞争面的可行性、风险面的可行性、经济效益的可实现性等。

2. 是否值得做？

这主要是评估机会的报酬，包括量化的财务报酬以及非量化的策略价值与社会价值等，即你需要投入多少金钱、你需要付出的机会成本、成功的收益或失败的代价、生活上做出的牺牲。

3. 是否能做？

考虑自己的条件，包括：我是谁？我拥有什么样的资源能力（例如，是否具备相关专业能力、财务能力、业务能力、合作伙伴）？我能自外部取得哪些支持？我的风险承受能力如何（例如，失败的后果有多严重）？我所受到的限制有哪些？

要付出多少代价（例如，需要投入多少工作时间）？

4. 是否想做？

这主要是评估执行机会的意愿与动机，包括：我需要放弃的机会成本，我需要承受的风险，我的风险承受意愿，执行的动机强烈程度，我的价值观与追求目标，周边人与关系人网络的支持与鼓励程度，机会效益的吸引力程度，团队成员参与热情与共识程度，是否享受做这件事情，是否能带来快乐与成就感、满足感。

5. 是否必须做？

主要评估执行这项商机是否具有必要性与急迫性、热切程度、迫切程度、必要程度、外部环境与周边人给予的驱动程度。执行这项商机，除了考虑外在环境的客观性，还有个人内在主观性的考虑。

五、仍然需要评估与选择创业机会

机会是一个持续发掘、选择及修正的过程，因此对于机会实践的投入程度以及是否放弃的抉择，其关键在于风险承受底线。创业家需要设定风险承受底线，并在这样的底线，持续发掘、执行、修订自己所选择的机会项目。

虽然没有所谓的绝佳的创业机会（创意点子），但我们仍然需要评估与选择创业机会。评估考虑不外乎是否具有差异化特色、是否具有竞争优势、是否符合自己的价值网络、是否具有可行性、是否可以被测试验证等。创业家通常会倾向于选择市场渗透力强、扩散性明显、未来市场潜能大、能显著创造顾客价值与利益、具有高获利性、可以低成本进行市场验证、能符合自己的核心能力、启动门槛不至于太高的创业机会。

创业的起点来自创意点子，创意点子无处不在，并没有所谓的绝佳创意点子，而是选择一个适合自己的创意点子。每一个人都可以经由搜寻外部环境变化与趋势潮流，加上自己的兴趣、喜好、专长，再经由外部网络的互动，而产生许多创意，然后从其中筛选出一个适合自己的创业点子。

创意点子并不等同于创业机会，创意点子必须结合创业行动方才成为创业机会。也就是说，没有成为实际行动的点子都只是流于想象的创意，只有可以被实现的创意才能被称为机会。也就是说，行动才是机会的核心本质。所谓行动，包括：将创意点子实际上转变为具体的产品、将产品实际上提供给顾客、供货商进行测试验证并引发兴趣、将创意点子转化为具体的创业计划、募集资金与筹组团队等。

六、创业机会发掘是一个持续搜寻与发展的过程

创业机会是一个持续搜寻与发展的过程，创业开始所实行的机会与促成后来事业成功的机会，两者往往有很大的差距。万丈高楼平地起，所谓创业机会发掘也是一个持续摸索打造的过程。

1. 创业机会等同于构想加上行动

创业机会等同于构想加上行动，也就是说，机会必须经由行动才能开创出来。因此，行动是发掘与开创机会的关键手段，没有经过行动力的实践验证测试，将无法产生好的创业机会。行动力的内涵包括：个人的承诺与投入、关系人的承诺与投入、开发产品与服务、测试验证市场需求、实际接触顾客、投入资源、进行规划等。

2. 创业等同于机会加上承诺

创业是一种对于创业机会的持续实践，直到达成新事业的愿景目标。创业过程除了重视机会发掘，创业家以及他的团队（含利益关系人）对于新事业开发的承诺与使命感也扮演重要角色。承诺是一种个人对于使命感的坚持力，也彰显在创业家的热情与执行力，是创业精神的核心组成。

3. 行动力要比机会吸引力更为重要

过去许多研究将机会吸引力视为驱动创业行为的重要因素，因此主张创业家需要先为自己找寻一个激动人心的重大创新与创业机会。但是观察现实世界，大部分的创业机会均非属重大创新，它们可能提供与竞争者类似的产品，只是在服务质量上有所改进提升，也可能在产品性价比上优于竞争者，或是填补尚未被满足的市场需求。因此，机会吸引力虽然是引发创业意图的重要因素，但并不是影响创业成功的关键因素，行动与执行力才是影响创业成败的最关键因素。创业是一个做中学的过程，好的机会也需要在行动中被开创出来。因此，我们应该强调以行动开创创业机会，而非创业机会引发创业行动。当然这并非指称驱动创业不需要先有创业机会，而是创业初期我们只需要配适的创业机会，而不必浪费过多心力去发掘所谓的绝佳创业机会。

所谓能够启动创业行为的机会，需要具备以下特征：具有可行性、具有市场成长潜力、具有获利潜力、具有风险可承受性、符合兴趣与专业嗜好、能配适创业者当前的情境与资源能力。

表 8.2 为几个知名品牌企业在创业初期所掌握的机会与当前的事业重心的差异，显示出初期的机会大都只是配适创业者当时的资源能力，目的是驱动创业行为，而后来真正造就企业成功的关键市场机会，均与初期所掌握的机会有极大的差异。

表 8.2 创业初期所掌握机会与当前事业重心的差异

	创业初期所掌握的机会	当前的事业重心
Tiffany & Co.（世界知名珠宝公司）	投入于文具产品开发与销售（1837 年）	于 1857 年转向珠宝设计与销售
Colgate（世界知名牙膏品牌公司）	生产与销售肥皂、蜡烛、淀粉等产品（1806 年）	于 1876 年才开始投入于牙膏产品开发与销售
Nokia（世界知名手机公司）	主要从事木材、纸张、橡胶等原材料生产与销售（1865 年）	于 1960 年才开始投入于通信产品开发与销售
义联集团（中国台湾地区）	从事布匹销售（1968 年）	于 1980 年开始投入于钢铁生产与销售；于 2007 年开始投入于百货、旅馆、游乐、休闲事业
台塑集团（中国台湾地区）	从事白米碾制与销售（1948 年）	于 1962 年才开始投入于塑料与石化相关领域产品的生产与销售

第五节　效果论者对于控制力的观点

创业活动具有极大的不确定风险，创业家既无法预测未来环境变化，当然也无法预测新事业未来可能的发展情境与达到的成果效益。因此，控制力对于启动创业就成为十分重要的影响因素。

自人性的角度分析，没有人愿意投入在一个既无法预知也无法控制的未知环境中。因此，创业家投入在一个无法预知的创业环境中，唯一能掌控的就是他的行动力。创业家相信行动作为的结果将会影响新事业的发展，也就是说，虽然创业家并不知道新事业的未来道路，但只要方向盘掌握在自己的手上，新事业所走的道路都是他可以控制的。

专业创业家也十分重视对于新事业开发的控制力，因此当他采取任一行动方案时，都需要知道可能的结果与需要承担的风险。不要让新事业发展失控，是创业家对于创业活动的底线。举例如下。

（1）他将量力而为，依据自己所掌握的资源能力，做出对应的行动方案。

（2）持续评估行动方案的风险，并且将风险控制在自己能够承受的底线范围。

（3）更依赖那些已做出承诺，并具有可信度的合作伙伴，而不去依赖充满不确定性的市场预测与商业计划。

（4）顺应环境变动，给自己保留较大的弹性与决策选择，不坚持凡事依计划与目标进行。

创业环境与创业过程充满不确定性，专业创业家能够勇于面对与接受不确定性，但同时他也保留自己的行动与决策掌控权，对于每一个变化做出理性的反应与应对对策，因此一切仍在掌握之中。

一、专业创业家大多具备内控型的人格特质

希望掌握自己的人生发展路径符合人的本性，许多创业家都会以追求自主为创业的主要动机，内控型被视为创业家的人格特质。可由一个人的内控程度来评量是否具备创业家的人格特质。

人虽然都有控制的欲望，但察觉到是否能够控制，将会影响他的行动表现。当一个人认为经由行动可以改变环境与事件，使之更符合自己的需求，那么他就会采取具体行动。因此，所谓内控型的人格，就是善于采取行动来改变环境与事件，而且他们相信经由行动可以达成控制的目的。

外控型性格的人经常以宿命论与因果论作为其无所作为的借口。他们缺乏改变现状的企图心与行动力，认为结果的主控权不在自己的手上，自己完全无法影响结果。因此，他们可能极力想要预测未来，或是根本放弃努力，任由环境来驱使自己。

反之，内控型性格的人相信人的行为可以改变环境，可以影响事件的结果。因此他们将积极采取各种有效的行动。不过，以为人定胜天，认为人可以完全控制环境与结果，也是不切实际的。环境中许多因素非创业家个人所能操控与影响，因此创业家主要投入在那些自己可以掌握的事务范围。尽人事、听天命并不等同于宿命论，由积极面来看，这样的人努力掌握自己生命的方向盘，顺应环境变化，并适时做出调整，采取应对对策。将"行动、决策、应对、方向"仍然掌握在自己的手上，而非听天由命毫无作为。

高度内控倾向的人认为凡走过必留下痕迹，努力作为会改变命运，因此命运是可以被改变的，认为新事业的机会是被打造出来的，新事业未来是被开创出来的。创业家虽然具有高内控倾向的性格，但也不是好高骛远，他是在自己的能力范围内采取务实性的行动，在可承受的风险范围内，从事那些有益于实现目标的工作。

当创业成为一项可控制的活动，那么人们投入创业的意愿必然被提高。掌握自己人生职涯的控制权与自主权，应该是符合大部分人的需求。你可以决定要做什么、何时做、用哪种方式来做，以及追求的成果目标。自主、自由、控制力是多数创业家追求的人生态度，如果人生失控，不知方向与目标为何，不知将遭遇何种困境与后果，不知失败的风险有多大，那么必将带来极大的压力与恐慌。因此，控制力这项因素对于创业家而言格外重要。

一般而言，专业工作者与创业家与其他行业工作者相比，对于控制力的需求较为强烈。专业工作者主要依赖他的专业能力来获得自主性与决策权，例如，科

学家、医生等在工作上的自主性较高，对于工作上的决策权力也较大一些，因此相对成就感也会高一些。创业家虽然也拥有自主性与自由度，不过创业面对不确定的未来，投入产出关系不明确，失败的风险也很高，导致可以自主控制的范围与程度较小一些。也因为创业具有不确定、不可预知、难以控制的特性，所以控制力这项因素反而更为重要。创业家必须投入在那些自己能力所及的事务上，将风险控制在自己可以承受的范围内，并且极力争取利益关系人参与支持，扩大开创力度与成效影响规模，而这一切行动都必须在自己的控制范围内。因为能够将新事业行动方向盘牢牢掌握在自己的手上，所以创业家才能较不惧怕不确定风险与未知的未来。

风险并不危险，风险也未必让人害怕，人们恐惧的是失控的风险，难以预知后果的风险。创业虽然是一种高风险行为，但是当人们察觉在创业活动过程中自己是处于可控制的情况下，这时创业风险的心理恐惧程度就会显著降低。

二、自我效能与控制力的关系

当一个人拥有越高的创业自我效能，他对于新事业发展的控制力感受就会越强。因此，所谓内控程度并非只是先天的个性，后天能力与专业经验也会对于内控程度产生重大影响。创业的自我效能反映在对于创业活动的自信，专业经验以及资源网络是创业自我效能的重要组成部分。社会网络对于提升自我效能与控制力也会有正面的助力，网络关系越绵密将越能够引进外部资源，分散创业风险，让创业家只需要投入较少的自有资源，即可展开创业行动，并扩大对于新事业发展的控制力。

自我效能有利于提升创业家对于创业活动的控制力，但创业自我效能较多表现在创业家的正面心态，形成对于创业成果的乐观期待，但也可能低估风险程度。自我效能虽有助于提升创业意愿与采取创业行动，但并不足以降低创业的风险。控制力才是控制风险的重要手段，因为控制力主要呈现在创业过程的具体作为。

三、专业创业家会设法掌控创业活动过程

我们希望明确知道投入产出的因果关系，或我们希望能够控制影响投入产出关系的因素，或将影响投入产出的不确定因素降到最低。专业经理人在较为稳定成熟的经营环境中，对于投入产出关系较为明确，因此可以依据过去经验再加上产业与市场竞争分析，发展出一套管理投入产出的模式，并可以较为准确地预测未来的发展情境。因此，成熟市场上的专业经理人是运用较明确的因果关系模式来预测未来，并凭借企业专业决策将企业经营发展控制在预期的道路轨迹上。由于可以预知未来的发展情境，专业经理人取得了企业决策的控制权力。因果关系

模式主张我们虽然不能控制未来的发展情境，但是我们可以有效预测未来，并由良好规划来达到预期目标，因此经理人只需要控制那些影响未来目标的相关决策变量，防止意外事件出现，并促使企业营运依照规划方案循序进行，并实现预期目标。

但创业的情境与企业在成熟市场的发展大不相同，创业家拥有的资源能力较为有限，同时他们也无法预知未来。创业计划书与未来发展实况有极大的差距，并不足以作为企业发展的引导，而且未来环境会有很大的变化。这时创业家只能在自己的资源能力与风险承受能力范围内，选择那些能产生效益的工作来进行，并且顺应环境变化与意外事件出现，调整方向或实时掌握新机会。创业家也会积极地引进外部资源，分散风险规模，进而扩大新事业规模。创业家虽然也邀请利益关系人参与经营，分享利润，但不会因此放弃对于新事业发展的控制权力。务实导向的创业家十分重视控制新事业发展的方向与历程，将有限资源专注投入在自己可以控制的事务上，并将风险控制在自己可承受范围内。

一个人感觉自己对于人生发展的控制程度，将会影响他对于人生投入与意义产生的重视程度。失控的人生，通常是散漫与失效的人生。一个人如果认为自己的行动作为是无用的，而且是无效的，那么就会倾向不采取任何行动作为。对于创业控制力的感受程度，将会影响是否采取创业行动。这种创业的控制力也将反映在创业的自我效能，自我效能是一种创业家的主观认知，由专业、自信、支持网络、乐观所组成。拥有较强自我效能的创业家，他们的风险承受意愿也会较高，创业行动力也会较强。一个人拥有强烈的自我意识，察觉自己存在的价值与重要性，感觉自主性与独特性，相信命运掌握在自己的手上，认为自己的作为可以影响命运，这样的人比较不会受外部环境与社会传统规范的限制，也比较能够勇于开创未来。

由创业过程来看，控制力反映在投入与产出两个部分。

（1）如果一个人感觉自己在投入与产出两方面均不具有控制力，那么他就不倾向采取创业行动。

（2）如果一个人感觉自己在投入的部分不具有控制力，纵然他对于产出有信心，但由于不具备投入条件或无法取得投入资源，也只能望洋兴叹。效果导向的创业家也许会积极寻求外部支持，设法降低对于投入的要求，调整产出目标与投入要求，并尽量在自己资源能力控制范围内行动，以提升对于投入的控制力。

（3）如果一个人虽然能控制投入，但感觉自己在产出部分不具有控制力，也就是说，不确定未来可以创造什么样的产出，也不确定产出是否能够符合期待报酬，由于可以控制投入，也就是代表可以控制风险，创业行动的意愿相对也会较高一些。效果导向的创业家会倾向选择那些可以控制投入的工作来进行，并随时弹性调整他的行动方案，以降低产出的不确定风险。

（4）如果一个人同时能够控制投入与产出，那么他的行动意愿一定更高。效果导向的创业家在创业活动过程中会不断掌握投入与产出，设法将风险控制在可承受范围内，并且力求产出效益。在创业过程中，创业家的资源能力不断提升，风险承受能力也在提升，因此可控制的范围不断扩大，新事业也就不断成长。创业过程中当然会遭遇环境变迁以及不断出现意外事件，效果导向的创业家也会及时调整他的投入与行动方案，并开创与原先不同的产出效益。不过创业家对于新事业投入产出的控制力并不会因此减少。也是因为密切地控制创业过程，所以新事业发展才不致遭受意外事件的打击，甚至能将意外事件转换为新的成长机会。

第六节　结　论

由于未来是不确定的，创业家通常并不致力于预测风险，他们更多相信自己的行为可以转移可能的风险，他们是在行动中控制风险。由于未来具有不确定风险，创业家将先以实验性行动来取得有价值的市场与产品信息，并据以判断可能潜藏的风险，再做出理性的行动决策。效果论主张，当你无法预测未来，那么唯有经由行动以及行动所产生的信息，对风险做积极的反应，来控制未来的发展。

"危机"一词说明风险与机会同在，而不确定风险中尤其充满了机会，所以机会需要在不确定风险环境中辨识与发掘。但我们无法事先预测不确定风险环境的内涵与可能演变，唯一的方式就是以行动力来面对不确定风险，并在行动过程中探索与打造出具有高利润潜能的新事业机会。创业家是以行动力来开创机会与控制不确定风险，经理人则是利用预测与规划来发掘机会、引导行动与控制风险。问题是，经理人运用的是过往的信息与经验，所以无法开创全新的未来，通常他们选择回避不确定风险，因此也失去了发掘未来市场新机会的能力。创业家则勇于投入于一个不确定的环境，以效果导向的行动方式探索市场机会，在行动中取得有价值的信息，并控制潜在的风险，但经理人在市场信息与行动风险未明确之前，通常会选择不采取行动。

创业家采取与一般人不同的创业发展模式。一般人通常会设法先预测未来，然后设定目标与计划方案，控制执行过程以确保达成预定目标。但创业家认为眼前才是唯一能够掌握的，不去担心设想未来，尽管活在当下把握现在，针对眼前能够掌握的事物，设定目标，采取行动。创业家不是宿命论者，他并不想去预测未来，而是采取效果导向的创业模式，主张要勇于开创未来，纵然未来充满不确定风险，只要去做，就有可能在未来实现自己的梦想。人天生具有逃避风险的心态以及具有想要控制未来的本能,因此这种效果导向的创业专业能力不是天生的，而是在后天行动中学习养成的。

第九章　创业环境与创业生态系统

前述章节多由创业家个人层次与团队层次探讨机会与资源的关系,但实际上,机会之窗出现与创业者所处的时空背景(如总体环境及产业环境)有高度密切的关系(Shane,2005b)。因此,本章首先将回顾创业环境相关文献,并自两个角度进行探讨,首先为制度环境的影响,此为近年来探讨创业环境的主要理论观点。其次则引入政策角度,探讨创业生态系统的要素内涵与建立对于区域(包括实体地理位置或无具体实体范围的产业链)的影响。

第一节　创业环境与创业活动[①]

创业家身处风险与不确定环境,新创企业从萌芽到成长茁壮的历程皆会受到外部环境的冲击,而环境因素不确定性更会影响组织的绩效表现,成为新创企业发展所面临的一大难题(Kazanjian,1988)。创业与其所属环境密切相关,创业家与新创企业是立基于环境中展开活动,深受环境变动附随而来的影响,因此环境因素对创业活动发展的影响占有重要地位。Suresh 和 Ramraj(2012)认为法规、制度、社会文化等环境因素不但影响创业意愿,同时也会影响该地区创业精神的发展。

环境变迁不尽然只是对于新创事业发展产生冲击,有时变迁下的不稳定结构也会创造大量的新机会,甚至形成有利于新事业发展的新环境,并引发大量的社会创业活动(Gnyawali and Fogel,1994;Dean et al.,1998)。中国 1992 年开始推动市场经济,2001 年加入世界贸易组织(World Trade Organization,WTO),改革开放带来环境剧变与旧产业结构解裂,因此促动中国历史上最大规模的创业活动,这是环境变迁对于创业活动正向影响的最佳事证。除了环境变迁因素之外,社会整体对创业的支持态度、提供机会与资源的程度,也会影响人们的创业决定与表现,以及未来新创事业发展的规模(刘常勇和谢如梅,2006)。总之,人是一种深受环境影响的生物,如果整体社会环境是建立在友善新创事业的立足点上,创业家将会有更高的意愿建构自己的创业梦想,开创属于自己的事业版图。

[①] 本节部分内容取自谢如梅和蔡依伦(2016)。

一、制度环境对创业活动的影响

一般而言，创业环境分析可区分为总体环境（政治、经济、社会与法律制度等）、产业环境（包括产业生命周期、产业进入的知识环境等）与任务环境（包括顾客、竞争者、供货商等直接对企业营运有影响的利害关系人）。以下针对总体层面的制度环境对创业活动的影响进行探讨。

近期以来的创业研究具有高度的个人主义倾向，亦即专注探究创业者个人如何辨识与利用创业机会，以及创业者人格特质等因素对其创业活动的影响（Ardichvili et al.，2003）。此研究路径固然使我们理解创业者与机会的动态关系，但却明显缺乏探讨社会文化脉络对创业活动的影响，例如：时间、空间、社会与制度如何影响创业活动？哪些因素促使人们选择成为创业者？创业者是参考哪些文化脚本而决定出新事业的类型与组织结构（Sine and David，2010；Zahra and Wright，2011）？上述问题都是企图将创业者放入其置身的社会文化脉络，追问创业行动与社会环境的关系。针对这类的发问，新制度理论恰巧可以补充当前创业研究的不足。

事实上，新制度理论与创业研究近来有密切的交流（Bruton et al.，2010；Jennings et al.，2013；Suddaby et al.，2015；Tolbert et al.，2011），新制度理论可被用以探讨广泛的创业现象。首先，探讨组织场域的制度与创业活动之间的关系，例如：制度如何影响创业者决定其新事业的组织结构？制度伴随而来的正当性如何决定新事业的存活？创业者开创新市场时将遭逢哪些制度阻力？其次，将创业视为制度，探讨创业制度如何引导人们的创业行动。后者是目前将新制度理论用以解释创业行动时最常被采用的研究途径，探讨总体层次的创业制度如何型塑人们选择其经济行为，以及如何影响创业行动。

关于创业制度对人类经济行为所产生的影响，Saxenian（1994）的比较研究指出，加利福尼亚州硅谷与波士顿 128 号公路区虽同样有着丰厚的财务资源与技术，但由于前者存在着丰富的创业文化与制度，两地有着悬殊的创业活动；她的研究提醒着我们，创业不仅关乎机会、资源与技术，支撑创业活动的基础设施（如开放交流的风气、产学密切合作、人才的流动等）有着同等的影响力。此外，Ahlstrom 和 Bruton（2010）的研究发现，俄罗斯历经政经转型，随着制度的改变，新创公司的创业行动内涵也共同演化，例如：日趋严谨的新创事业法规反而使创业者选择不做合法登记。

创业制度如何型塑创业活动？根据 Busenitz 等（2000）、De Clercq 等（2010）、Sine 和 David（2010）的分类，创业制度的三个构面分别是：①法规面。政府制定正式的政策与法规，以便减少个人创业的风险，协助创业者获得资源，以及更容易从事创业活动等。②规范面，存在于该社会用来评估好坏或合适与否的规范与价值，包括创业是否合适作为职涯选项、从事创业活动是否被赞赏，以及"谁"

适合作为创业者等。③文化认知面。有关创业这件事情该如何被完成的共同认知，从创业制度的观点来看，即是指创业相关信息能够普遍地共享并存在于该社会，成为人们从事创业活动时的诠释框架。包括如何开启一个新事业、如何设计其新事业的组织结构、如何评估具有潜力的新创事业等相关知识与技能等创业信息，在该社会十分普及且容易取得。

制度的三个构面隐含着对人们行为的影响机制，从制度的法规面来看，法规与政策所伴随的合法性、奖惩与处罚等诱因机制引导人们的行为；规范面则是经由社会期待产生规范性压力，促使人们采取被期待的行为；文化认知面则指人们内在诠释的过程是经由外在环境文化框架所型塑，亦即人们对于"该如何进行创业"的内在诠释，是受到外在环境所影响的。换句话说，制度既是限制，但同时也是促成人们行为的机制。

谢如梅和蔡依伦（2016）探讨总体层次的创业制度如何影响创业活动，采用64个国家的创业调查资料，分析创业制度的三个构面（法规面、规范面与文化认知面）如何对该国的创业率及机会导向创业活动产生影响。研究结果显示，当该国创业制度在规范面越支持创业，越有助于提升该国的整体创业率；当该国民众对创业事务的文化认知程度越高，则越有助于提升该国的机会导向创业活动。

二、创业环境的五大构面

Gnyawali 和 Fogel（1994）将创业环境定义为可能影响创业者投入创业活动的整体经济、社会、文化和政治因素，认为环境条件会影响创业意愿与能力，促进创业机会发展，并提高新事业的价值与发展潜能。换句话说，在创业发展过程中，环境因素与创业活动互相结合与作用，进而激发创业者的热情与能力，使其深化新事业开发效益。他们自文献与实证研究将创业环境必要的条件整理为五大构面，分别为政府政策与法规、社会经济条件、创业与商业技能、财务支持、非财务支持，并提出评量创业环境五大构面的要素条件，如表9.1所示。

表9.1 创业环境的五大构面

构面	评量的要素条件	构面	评量的要素条件
政府政策与法规	进出口限制	社会经济条件	公众对创业的态度
	破产法规		具有丰富经验的创业家
	进入屏障		成功的创业典范
	注册与授权程序请求		具有创业特质的人
	与创业相关的机构数量		实际认可创业绩效
	创业活动的规则与条例		小企业占总体企业的比例
	以法律保护所有权		经济活动的多样性

续表

构面	评量的要素条件	构面	评量的要素条件
社会经济条件	经济成长的幅度		创业家网络
	技术与职业教育		孵化器设施
	商业教育		对小企业的政府采购计划
创业与商业技能	创业培训计划	非财务支持	政府支持发展研究
	技术与职业培训计划		税收优惠与减免
	信息可用性		当地与国际市场信息交流
非财务支持	咨询与支持服务		现有交通与通信设施

资料来源: Gnyawali 和 Fogel（1994）

Gnyawali 和 Fogel（1994）认为理想的创业环境除了具备上述五大构面的要素条件，还必须能够提供创业过程所需的各项关键资源。例如，创业家虽然在环境中辨识出巨大商机，但可能遭遇专业技术人力不足或进入国际市场的法规限制，因此需要政府开放关键人才输入或签订更多的利伯维尔场协议。

第二节　创业生态系统

企业并非存在于单一环境中，而是与供货商、客户和金融机构等各种利益关系人密切互动。因此，创业生态系统强调各种参与者的网络连接，包含创业家、教育者、合作伙伴、媒体及政府部门等，而这些不同参与者扮演着激励与推动友善创业环境的角色（Wessner，2004）。延续上述观点，Mason 和 Brown（2014）将创业生态系统定义为创业者（包含潜在与现有的）、企业组织（供货商、创投公司、天使投资人、银行）、机构（大学、政府部门与研究机构）及创业活动（新生企业率、高成长企业与连续创业者的数量、创业家对企业的成长抱负）之间正式与非正式的连接，用来调和与管控当地创业环境的绩效表现。而 Vogel（2013）则认为创业生态系统为一区域内的互动社群，包含多样相互影响的行动者（如创业者、机构及组织）与环境要素（市场、法规架构、支持系统、创业文化等），经由创业过程，行动者与环境要素之间共同演化与互动，进而促进新事业开发。综合上述，创业生态系统是指在同一环境中，各种群体与环境要素之间互动影响与演化，进而孕育众多新生企业。

参与者、活动、产出三个部分是组成整个系统所不可或缺的要素，在创业生态系统中，参与者是指创业家、新创企业、投资公司、相关产业成员、政府部门及非营利组织等事业单位；活动则为在系统中所发生的交易行为、组织建构与资源重组、产品技术与服务创新；产出指的是在创业生态系统中所获得的价值，是由参与者和活动之间互相作用所产出的成果。影响创业生态系统的因素繁多，除了创业活动的直接参与者与网络关系人，其他如政府政策、专业服务与周边支持、资本及人才群聚、社会价值观也都是影响创业生态系统的关键因素。Isenberg（2010）认为创业生态系统的影响因素应包含领导力、产业政策、文化价值观、成功创业的故事、人力资源素质、财务资源、创业组织、教育资源、创业与市场法规、产业群聚、媒体及市场网络等。故创业生态系统是由三种组成要素及其影响因子相辅相成，共同打造出一个能有效育成新生企业的生态环境。

自从 Moore（1993）提出生态系统的观念以来，越来越多的学者将其运用在策略管理及创业研究。生态系统理论经常被学者们作为创业政策（Wessner，2004）、创业群聚（Kenney and von Burg，1999）、创新生态系统（Nambisan and Baron，2013）及国家创业系统（Acs et al.，2014）研究的参考文献。

生态系统（ecosystem）的概念最早在 1930 年由 Roy Clapham 提出，他认为生态系统就是在特定环境内的生物和物理组成元素彼此之间所形成的相互影响关系。1935 年英国生态学家 Arthur Tansley 将此叙述为一个相互作用的系统，并强调生物与物理环境应视为一个整体，不可分开。Moore（1996）指出生态系统为彼此互动的有机体所组成的群落，包含有/无生命的成分。以生态环境学的角度而言，生态系统即生物之间存在一种相互依存、相互制约、互为环境的关系，并且生物的多样性和共生性是生物界生存发展的普遍要求和规律。众多的生物以自己的生存发展，为其他生物提供共生的环境和条件，同存于一种共生体之中，共同进化和优化。简言之，生态系统的特性为多样化，彼此相互依存，动态且不断改变。

从演化的角度而言，现存的各种生态系统都是生物与环境之间历经长期适应与协调的结果，在动态平衡的情况下达到稳定的状态。因此，一个完整的生态系统应具有以下特性：①动态循环。透过生物与物质之间的转化，让生态系统能生生不息，不断运转循环。②自我维持。可以独立进行能量的取得与传递过程。③自我调节。即使受到外来干扰或破坏，可透过内部调节作用使之恢复原有的稳定状态。

创业生态系统一词是从生态学的理论发展而来，过去组织研究曾借用相关理论概念发展出商业生态系统、创意生态系统与组织生态学等议题。生态系统的范围相当有弹性，大系统中同时包含着许多的次系统，微环境中也可能具备一个生态系的完整构造与功能。创业生态系统可定义为"一区域内的互动社群，包含多样及互相依赖的行动者（如创业者、金融机构、供货商……），以及要素（如市场、法规、支持系统、创业文化……），彼此与时俱进地演化，而且行动者与要素共同存在与互动，一起促进新事业开发"（Vogel，2013）。

　　由此定义可知，探讨创业生态系统组成需包含三个关键要项：一为组成的要素（elements）[①]，此部分与创业所需的相关资源及环境条件有关，种类众多且多元。二为行动者（actors），包含创业者、创投、育成中心、业师等与该生态系统运作相关的角色。三为行动者与要素之间的互动，包括信息与资源如何在生态系统中流动，使得互动社群可同步自主运作，以及如何促进该区域创业活动蓬勃发展。

　　过去关于创业生态系统的研究可区分为两大类：若从策略文献的角度，多聚焦于新创企业如何于生态系统中竞争及合作（Adner and Kapoor，2010），探讨厂商的竞争优势与位置；若从创业文献的角度则更关注于创业政策、创新系统及建构适合新创事业生存发展的场域（context）及环境问题。

　　长期关注世界各经济体创业环境的 GEM 自总体层面与制度层面提出建构创业环境条件的九大构面，分别为政府政策、政府计划、财务、教育与训练、研发与技术转移、商业与专业基础设施取得、实体基础设施取得、市场开放性、文化与社会规范（温肇东和谢如梅，2010）。另一项致力于评量世界各经济体创业竞争力的全球创新精神与发展指标（Global Entrepreneurship and Development Index，GEDI）则用上述 GEM 调查数据结合经济发展与技术创新的构念，提出 14 个建构创业环境的支柱，分别为"机会认知、创业能力、风险接受度、网络、文化支持、机会创业、技术吸收、人力资本、竞争、产品创新、程序创新、高度成长、国际化、风险资本"（Acs et al.，2016）[②]。

　　此外，创业生态系统与群聚（clustering）的概念并不相同，两者虽然有类似的场域（例如，硅谷与竹科均同时具备创业生态系统与群聚的条件），但在定义内涵上仍有所区别。创业生态系统关注的是高成长潜力的创业活动，强调促进与支持区域环境的创业意图，以及体制环境与创业活动之间的相互作用。因此，创业发展的政策纲领与传统的经济发展及群聚策略有所不同，将更加重视促进创业活动的援助方法（Isenberg，2011）。建构一个完善的创业生态系统架构有助于提供政策制定者研拟有利于创业发展的环境策略，激发潜在创业家开创新事业的意图与行动，进而促进国家的整体经济发展。Isenberg（2011）提出政策（policy）、文化（culture）、财务资源（finance）、人力资源（human capital）、支持网络（support）、市场（market）等可作为创业生态系统的六大构面（图 9.1），分别介绍如下。

---

　　① 本书研究中，要素是指创业生态系统中创业活动所需的相关要件，而近期学者将众多要素区分为创业生态系统的领域（domains），如资金、政策、支持系统等领域[亦有学者称之为因素（factor）或支柱（pillar）]。本书研究以要素为主要使用名词，是因为需先界定与定义后，才能进一步归类区分。

　　② GEDI 评比指标中，我国台湾地区自 2011 年开始即进入全球 132 个国家和地区的前十名，2016 年排名上升至全球第六名（Acs et al.，2016）。

图 9.1　创业生态系统六大构面

资料来源：Isenberg（2011）

1. 政策

创业生态系统中最主要的组成要素即政策，可作为指引创业发展的方向与催化剂（Hechavarria and Ingram，2014）。Lundstrom 和 Stevenson（2006）认为创业政策可针对孕育期、早期创业及新事业成长等阶段，推动一系列能够驱动民众的创业动机、创业机会发掘、创业能力养成的政策措施，并促使潜在创业者展开创业活动，实现新事业发展目标。而 McMullen 等（2008）则发现政府越重视知识产权保障，越有利于创业活动的发展。此外，减免新创事业的税额亦有助于民众将创业视为好的职涯选择（Lundstrom and Stevenson，2006）。总之，政府可以运用创业政策，制定友善创业的法律与行政制度，为各个阶段创业活动形塑有利的环境，进而带动整体国家经济发展（Hechavarria and Ingram，2014）。总而言之，一国的法律、规章、投资、计划等政府政策对于新创事业的发展及成功，将扮演不容小觑的角色（Bhat and Khan，2014）。因此，政府的主要任务即完善法律与规范等环境制度架构，为打造理想创业生态系统奠定基础。

2. 文化

在创业生态系统发展过程中，文化一向是不可忽略的环节。个体的行为特性、价值观及认知皆是构成国家文化的要素，而不同国家的文化内涵具有显著差异（Freytag and Thurik，2010），因此各国将塑造出不同的创业文化。由于新创事业的活动须遵循当地文化支持才得以推进（Glinka and Thatchenkery，2013；Bruton et al.，2014），文化因素也造成各国间差异化的创业形态。文化因素对于创业生态系统的关键影响是如何让人民具有积极开创与勇于承担风险的态度，向往成为创业家，并促使创业成为理想的职涯选择（Audretsch，2007）。

3. 财务资源

财务资源是否容易获取也是影响创业活动的重要因素。当创业环境能为潜在创业者提供多元渠道的财务资源，例如，创投资金、银行融资、天使投资、信保基金等非个人网络的资源,则将有利于促进新创企业的产生(Li and Zahra,2012)。

4. 人力资源

Reynolds(2007)认为教育与拥有创业经验是两项影响新创企业形成的重要因素,当国家中人民投入创业活动的人口比例很高,如果也能提供优质的教育资源,那么将有利于高素质人才持续地投入于创新与创业行列。Middleton(2010)认为互动学习环境能有效促进产业活动,因此建造创业教育与经验传承的互动环境将有助于创业活动的发展,并可提升人们的创业自信与成就企图。

5. 支持网络

周边配套对于创业活动的支持,包括创业专业服务机构提供咨询、供应及经销渠道的取得、合作伙伴关系等,皆是创业家所重视及须长期维持的关系网络(Suresh and Ramraj,2012)。van de Ven(1993)认为一个理想的创业生态系统必须能够提供创业活动所需要的全方位周边配套,例如,供应、制造、营销网络建置与是否容易取得支持,对于新创事业发展就有不可忽视的影响。

6. 市场

创业环境中市场自由与开放程度会对人民洞察创业机会的能力造成影响(Sambharya and Musteen,2014)。当市场开放程度较高,政策规范等制度因素管控幅度将较小,致使市场中产品、服务及资源能互通有无,带动市场经济的发展,故能驱使民众察觉更多的创业机会,进而投入于新事业开发。产业竞争力与市场创新程度也会影响创业活动,例如,在互联网科技的时代,如果市场法规与竞争机制都能与时俱进地创新,则在行动商务与互联网应用市场终将孕育庞大的创业商机。

创业生态系统并非固定不变,它是一个动态的生态系统,会依据新的需求及环境变迁状况而持续演化与成长。当创新生态系统发生变化以致影响创业活动,并造成创业家诸多困难时,政府政策就成为协调与完善生态系统的关键因素。也就是说,在上述创新生态系统六大构面中,政策因素是最关键要素。(Aldrich and Wiedenmayer,1993;Gartner and Shane,1995)而政府的角色应该是在动态环境变迁中,善用政策手段来协调市场、人力资源、财务资源、文化、支持网络等要素,以动态方式持续建构完善的创业生态系统。

第三节　台湾地区创业环境分析[①]

为进一步了解台湾的整体创业环境现况,以下根据 GEM 2010 年我国台湾地区的专家调查,进行分析与汇整。专家调查意指透过访问熟悉该地区整体创业环

[①] 本节内容取自温肇东等(2010)。

境的专家的经验与观点，以更深入探索与分析总体层次的创业状况（优势、劣势及建议）。

专家分为九大领域，每个领域需提出 4 位（共 36 位）专家。九大领域均与创业环境有高度相关，分别为：①财务支持；②当局政策；③当局计划；④教育与训练；⑤研究发展转移；⑥商业与专业基础设施取得；⑦内部市场开放性；⑧实体基础设施取得；⑨文化与社会规范。

在专家名单①的选择上，根据以下几点原则提出：①代表性，被提名受访的专家应在前述九大领域中的一个领域，具有相当程度的代表性，且能够回答台湾整体创业的状况。此处所指的代表性，包括年资、职位、曾具有创业相关经历等条件。②每个领域需有一位以上专家曾经参与或正在创业，亦即对于创业实务经验有相当了解程度。③根据各国专家的特征状况，应综合考虑性别与地区的平衡。

一、专家调查内容与调查流程

专家调查问卷共分为三大部分，第一部分为结构式问卷，第二部分为开放式访谈问题，第三部分为个人资料。第一部分共有 16 个子题：财务支持、当局政策、当局计划、教育与训练、研究发展转移、商业与专业基础设施取得、市场开放性、实体基础设施取得、文化与社会规范、创业机会、创业能力与知识、民主体制及社会系统、知识产权、女性创业支持、高成长企业的重视、对创新的关注。第二部分的开放式问题共分为三类：①您认为台湾总体而言，目前主要"限制"创业活动的三项主题；②"有助于"当前创业活动的三项主题；③请提出三个能够提升未来创业发展的"建议"。以面对面访谈方式，请专家以口述方式，由团队成员记录、访谈后再进行校稿、整理数据。第三部分则记录专家的性别、年龄及专长领域。此外，由于每位专家均需回答所有题项，为避免回答时心理上所造成的偏误，各专家并不知道自己所代表的领域。

二、台湾地区创业环境优劣势与改善建议

在劣势部分，受访专家普遍认识到目前主要限制我国台湾地区创业活动的领域为"财务支持""教育与训练""当局政策"。亦即，专家认为目前我国台湾地区在财务、资金方面对于创业者的支持相对较为不足，而教育与训练是发展"三

---

① 本次调查共计男性专家 28 位（约为 78%），女性 8 位（约为 22%）。专家平均年龄为 55 岁，最高年龄为 71 岁，最低年龄为 36 岁（标准偏差为 7.375 岁）。专家的教育程度均相当高，其中共有 29 位具有硕博士学位资格（约为 80.6%）。专家在创业相关领域的工作资历平均有 15.36 年（标准偏差 9.4 年），最高为 34 年，最低则为 2 年。

创"（创意、创新、创业）精神的重要基础，目前仍有很大的改进空间。此外，当局政策是引导我国台湾地区走向创业型社会的关键方针，目前世界各国、各地区均致力于发展创业活动，以提升经济发展与创新能力，因此专家亦认为当局政策需要与时俱进，甚至应更领先创新。

另外，专家认为主要促进创业活动的优势领域为"文化与社会规范""实体基础建设取得""当局计划"。目前创业环境中，普遍对于创业家有很高的评价，在文化与社会规范方面相当鼓励创业与白手起家，因此有助于推动整体创业活动与氛围。此外，专家均相当认同我国台湾地区的实体基础建设完善，水、电、通信等公共基础设施充裕，成本也相对低廉，有助于创业者的生存。最后，专家对于目前台湾当局所提出的创业奖励、辅导等各方面计划，亦表示立意与成效良好，协助创业者在草创时期的专业课程知识、咨询，以及在创立初期的育成与辅导，甚至在后续的研发创新均多有补助。

以下将专家们认为台湾地区创业环境需要提升的领域以及改善建议归纳为以下四项。其中"教育与训练""当局政策""财务支持"等三项为台湾地区创业环境的劣势领域，迫切需要改善。另一项"当局计划"，虽多数专家认为是台湾地区创业环境的优势，但觉得仍有提升空间，因此也提出许多相关建议。

（一）财务支持

1. 优势：资金市场充裕

专家认为台湾的资金市场十分充裕，银行体系相当健全，创投基金也颇为活跃，基本上能够提供企业良好的资金取得环境。目前主要提供给新创事业的资金来源中，以台湾当局的补助及贷款最为稳定，例如，台湾当局设立信保基金对于缺乏抵押品或信用不足的小企业给予融资保证，此举对于台湾新创企业发展初期的资金提供起到极大的作用。此外，台湾当局为新创企业提供多种创业贷款的渠道（如青创贷款、创业凤凰等），以及为小企业提供研发补助。

2. 劣势：创投资金的支持度不足

虽然台湾整体的资金市场是充裕的，但专家普遍认为由于新创事业的风险太高，一般金融机构与创投公司并不支持草创阶段的投资案。虽然台湾新创企业草创阶段资金大多是依赖自己与周边关系人提供，但由于机会驱动型（opportunity motivated）的创业类型不断增加，这些新生创业家大都学历较高，投入的产业较为创新，追求的事业目标也较远大，导致风险与不确定性也较高，但同时对于资金的需求量也较大。如果没有资金市场支持，而只是全部依赖个人的资金网络，势必会影响这类创新型高成长性新创企业的设立数量与发展机会。

虽然信保基金给予新创企业极多的支持，但是仍属于贷款性质，无法为创新企业承担失败的风险。而台湾本身较缺乏针对新创企业风险投资的资金市场，尤其是天使投资人的市场相当小。由于缺乏新创企业的 IPO 市场，新创事业难以在公开市场上进行筹资，以及早期投资者没有出脱股权获利的渠道。

3. 建议：改善风险投资环境、建构天使投资网络、提供多元融资渠道

如前所述，信保基金对于新创企业资金取得已经取得不错的成果，建议未来应继续增大信保基金的规模以及扩大信保范围，包括对于创新型小企业给予技术研发资金的信用保证，同时也对于草创阶段的新生创业家提供融资需求的信用保证。另外，改善风险投资环境，对于投入于创新型高成长性新创企业草创阶段的风险投资基金，给予税赋上的优惠与奖励。建构较为完善的天使投资网络环境，立法鼓励与奖励天使投资人产业的发展，并推动新创企业 IPO 创业板市场的设立。

再者，未来创新型高成长性企业所需要的创业资金规模将会不断扩大，如果无法有效提供新创企业更多的筹资与融资渠道，恐怕将会不利于这类创业活动的产生。目前台湾市场上的投资资金十分充裕，因此建议对于那些经过认证通过的创新型高成长性新创企业，应该扩大它们的创业筹资与融资渠道，如发行创业债券、准许金融机构投资股权、扩大信保范围、提供投资奖励等。

（二）当局政策

1. 优势：当局政策支持创业

专家普遍认为台湾当局各部门对于新创事业的行政支持不遗余力，各项基础建设亦属完善，创业所需的训练、咨询、辅导、育成、融资、补助等，都已建立制度，有意创业者很容易获得相关信息与协助。此外，商业登记与公司设立流程均已简化，公司资本额要求已降低至一万元台币，当局政策明显鼓励与支持创业活动，法规限制与准入门槛也大幅降低，基本上已经建立了一个相对容易创业的环境。再者，台湾当局积极推动产学合作、创业育成政策，对于新创企业的技术提供与辅导育成已产生极大的效益。同时对于妇女创业、学生创业、弱势族群创业等，台湾当局各部门也有相应的辅导与协助政策。

2. 劣势：政策整合程度不足

专家认为台湾当局在政策上虽然明显支持创业，各部门也有鼓励创业的相应政策，但彼此间的分工与角色定位似乎仍未明确，整合程度略不足。尤其在实际中支持中小企业发展的预算编列与资源投入，明显不如对大企业发展的支持，因此显得政策与实际执行有所差距，也导致专家问卷对于政策一致性评分出现较低的现象。

另外，台湾当局的公共采购政策并未明显支持新创企业，新创企业由于规模

较小，其甚至在取得公共采购方面居于明显劣势。再者，各级政府对于经济发展的权责并未明确，再加上市、县政府的资源能力十分有限，因此对于地方新创企业与小微企业的支持力度不足。此外，在政策法规方面，部分法规对于工作安全、设施、卫生、检验等要求仍非常严格且行政效率不足，导致新创企业与小微企业较难在短期内获得生产与上市所需要的证件与执照。

3. 建议：台湾当局采购宜对新创企业提供优惠，并给大学教授与科研机构人士创业规范松绑

专家建议台湾当局采购应明确规定，一定比例的采购预算要优先分配给符合资格条件的新创企业与小企业，作为鼓励创业的政策。此外，由于目前大学与科研机构拥有最多数量的高素质人才与研发成果，专家建议应给有关大学教授与科研专家在职创业的规范松绑，提供他们创业的保障与支持，并在智产权归属上保持较开放的态度，以对教授与科研专家在职创业给予政策上的鼓励。再者，为达到鼓励创业与分担创业风险，建议可提供创业家失业津贴、劳健保补助、失业保险、创业启动津贴等。另为鼓励妇女、学生、弱势族群创业，应设置更优惠的奖补助机制。

（三）教育与训练

1. 优势：创业教育与训练质量大幅增加

教育议题是本次调查主题中最多受访专家提及并强烈建议的重点，超过半数的专家（19 位）均强调教育对于台湾地区未来持续发展创业精神与活动具有举足轻重的重要性。在优势部分，专家普遍认为目前岛内创业教育的风气日渐兴盛，有越来越多的创业课程及专业系所成立。除了学校正式课程外，社会上也有许多创业竞赛活动鼓励青年激发创意、发表及实践他们的创业构想。再者，成人在职的创业训练部分也受到台湾当局与学校的重视，开设许多创业相关实务课程，并提供创业咨询服务，这些都是目前国内创业教育与训练的优势部分。

2. 劣势：升学导向限制创意与创新力

在劣势部分，专家指出由于目前国内中小学教学仍是升学导向，对于创造力及创业精神的培育相对缺乏，然而创业教育若无法向下扎根，则很难真正培育出具备高度创业精神的人才。此外，目前岛内创业教育对于创业精神与创业专业能力的养成相对较弱，导致学生对于创业的愿景及抱负不足，未来若真正投入创业，其执行力与成长性的提升也相对有限。

3. 建议：创业教育从小扎根、提供实务性教材与产业合作

第一，专家一致认为创业精神的教育应从小扎根，青少年是未来发展的基石，

因此应从中小学开始培育创意、创新与创业精神，才能从基础改善。"三创"精神培育较难通过制式的教科书教导，而是需自教育制度、教学创新、生活与家庭各方面着手。

第二，除前述中小学教育外，目前的中年人力面临产业变迁，想要转型但遭遇创新与创业专业知识不足的障碍，因此专家建议在教育与训练方面，应重视中年转业的创业辅导，而当前相关部门十分重视这个议题。

第三，专家建议目前的管理教育可再思考转型的可能性，应重视跨领域、实作实习的多元学程教育，增加管理教师与业界互动的机会，吸取更多实务知识。相关配套措施应是未来发展的重点，如"三创"师资培育、发展专业教材、完善创业育成机制等，仍有相当大的缺口有待弥补。

第四，目前台湾地区创业竞赛已发展到一个成熟阶段，几个大型创业竞赛面临停办或转型的关卡，专家建议可将创业竞赛视为产学合作平台，利用问题导向的竞赛设计，发挥大学的研发能量，通过产学合作或进驻育成中心的接轨模式，进一步将创意发展为新产品。重建技职体系，正视技职体系对于创业教育的大量需求。

（四）当局计划

1. 优势：台湾当局有关部门推动为数不少的创业辅导计划，且执行成效良好

受访专家普遍认为台湾当局近年来有许多提倡与辅导创业的计划，是台湾的优势，并值得肯定。尤其前几年受到全球金融海啸的影响，为振兴经济与降低失业率，台湾当局更提出许多优惠创业活动的计划，例如，经济方面有关部门中小企业处的创业圆梦计划，为创业者提供咨询与辅导课程；劳动方面有关部门则有微型创业与创业凤凰计划；教育方面有关部门提出大专毕业生创业服务方案，结合大专院校及育成中心的辅导能量。其他还有许多各式各样的政策，协助与推动这个正在萌芽发光的新生领域。

2. 劣势：计划整合度不足、资源重复

然而，有近半数的专家（17位）认为当局计划仍有改进的空间，主因在于创业涵盖层面相当广泛，又有跨领域、跨产业的特性，尽管台湾当局各部门会自其主管领域进行各种支持创业活动的规划与执行，但也造成资源重复、多头马车的情况，有些创业者可能重复取得多个单位的补助，也有些创业者落入无处寻求协助的窘境。

3. 建议：成立专责单位、单一窗口

调查发现，专家普遍认同当局提供非常多元的计划来协助创业，但是却面临多头马车、资源重复的问题。目前协助辅导创业的部门包括经济方面有关部门、劳动方面有关部门、教育方面有关部门等，每年根据不同目的与对象提供为数众多的计划来协助辅导创业。然而却缺乏一个有效的专责单位、单一窗口，民众若想要贷款创业，可能必须同时跑多个单位来申请不同的创业补助，也容易面临无所适从的情境。因此，专家建议成立一个专责单位与单一窗口，负责整合协调各部门的创业政策及计划，提供一套完整的创业辅导机制，减少资源重复配置与民众无所适从的情况，进而共同推动台湾地区的创业经济发展。

第十章　台湾地区创业观察与比较研究[①]

第一节　导　　言

GEM 是目前最具规模的跨经济体合作创业研究计划，自 1997 年由 Babson College 及 London Business School 发起，至今已有 22 年历史，参与会员在 2015 年已增加至 70 个国家及地区。GEM 从严谨的学术研究理论与方法出发，以经济体为分析单位，针对各经济体的早期创业活动进行比较分析，相关研究结果对于各经济体创业政策研拟产生很大的影响（谢如梅和刘常勇，2009）。

GEM 主要针对具有创业概念到成立未满三年半的早期创业活动（total early-stage entrepreneurship activity，TEA）进行调查（包括独立创业及公司内部创业），并将从事创业活动的个人定义为：目前正在进行创业规划，但企业尚未正式成立，或是现在已经在经营一个成立未满三年半的年轻企业的成年人（18～64 岁）。在经济方面有关部门中小企业处经费支持下，研究团队自 2010 年开始参与 GEM 在我国台湾地区的调查工作，至 2013 年已积累 8000 笔的随机抽样调查样本。本章将 2010～2012 年的调查数据与研究发现进行整理解析，并与全球资料进行比较分析，进而发掘我国台湾地区推动创新与创业活动的优缺点，从而在政策研拟上提供建议。

第二节　全球创业观察计划

GEM 从严谨的学术研究理论与方法出发，针对各经济体创业者的早期创业阶段进行比较分析，GEM 的调查目的包括：①了解与比较各国家及地区创业活动的内涵、类型与差异；②了解创业与经济发展的关系；③找出影响创业活动的关键因素；④提供国家或地区层次创业活动的政策意涵。

一、聚焦于早期创业过程

由于创业为一长期连续过程，其中最为关键的是早期创业过程，GEM 专门针

---

① 本章部分内容来自刘常勇、谢如梅主笔的 GEM 2010 年中国台湾地区研究报告。

对"具有创业概念，到创立三年半之间的早期创业者（包括独立创业者及公司内部创业者）"，以其为研究对象，借以了解此阶段创业者的状况。

GEM 将创业过程分为四个新事业创造的阶段，以及三个转折点（图 10.1）。

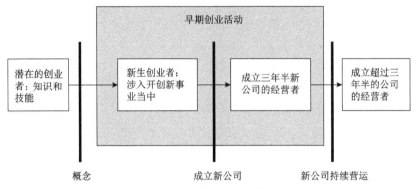

图 10.1　创业历程与 GEM 的操作性定义

GEM 对早期创业活动的定义如下。

（1）新生创业率（nascent entrepreneurship rate，NE）：18～64 岁的人口中，目前为新生创业者，正参与新生创业规划的百分比（他们正在从事创业规划，但新公司尚未成立）。

（2）新创企业率（baby entrepreneurship rate，BE）：18～64 岁的人口中，目前为新创企业所有人，正参与新创企业经营的百分比（他们正经营该新创企业，新公司成立时间不到三年半）。

（3）早期创业活动率（TEA 值）=新生创业率（NE）+新创企业率（BE）：18～64 岁的人口中，现在处于创业规划或新创企业经营的早期创业活动的百分比。

二、采取严谨且具跨经济体比较基础的调查方法

GEM 旨在调查各经济体早期创业者的创业状况，但同时辅以总体层次的社会、文化、政治背景脉络，以及创业基础条件、整体创业相关要素，再与个体层次的早期创业者的创业资料进行连接（GEM 研究模型请见图 10.2）。GEM 的调查方法具有以下特点：①经由设计后，强调协调一致、标准化流程，可作为国际化比较的创业研究资料；②最新的随机样本调查，每年持续收集新数据，数据每年度更新，可得到最真实的现况；③调查内容涵盖完整的创业过程要素，可用以理解创业的各个不同构面的内涵；④拥有长期的资料趋势与分析。

各国家和地区的研究团队每年在同一个时期（5～7 月）进行 APS，采用相同的研究问卷（需经过翻译），以相同的研究方式与流程进行调查研究。最后将收

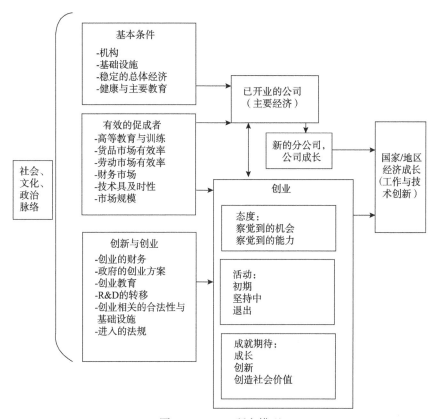

图 10.2　GEM 研究模型

集的数据回报给 GEM 总部，进行国际数据比较分析。中国台湾地区研究团队在一致的研究设计与流程之下，委托专业市调公司，以随机抽样方式，每年电话访问收集至少 2000 笔有效数据（必须符合研究对象资格，且愿意接受调查访问者），借以了解我国台湾地区创业活动的状况，调查内涵主要分为态度、活动、成就期待。

　　以下我们将依据 GEM 2010～2012 年所调查的我国台湾地区 APS 数据进行分析，总计样本数量为 6022 笔，整个调查过程经过严谨的随机抽样程序，所得的数据再经过 GEM 总部的查核验证，因此数据的信度与效度均极高。在分析过程中，也将结合 GEM 官方正式出版的 2010～2012 年年报数据，进行跨国、跨地区的比较研究。世界经济论坛（World Economic Forum，WEF）将全球经济体区分为要素驱动（factor-driven）、效率驱动（efficiency-driven）、创新驱动（innovation-driven）等三种类型，我国台湾地区目前已被归类于创新驱动经济体成员之一，因此本书将较多以创新经济体平均值作为比较分析的依据。

第三节 调查结果分析

一、创业态度

（一）创业机会与创业能力的认知

由创业机会研究发现，有人是在察觉机会之后，才引发创业行动；但也有人是在决定创业之后，才系统地搜寻机会。然而，不管是以上哪一种情境，均显示出机会与驱动创业行为具有密切关系。

经济环境中如果出现大量创业机会，而且这些察觉创业机会的人同时也都自认具备创业能力，则可预期该社会的创业活动必然十分旺盛。因此，一个社会的经济成长力道、社会的价值观及创业教育的完善程度，将会影响潜在创业家察觉创业机会的数量、质量以及对于创业能力的自信程度。

一般而言，不同教育程度、不同经济发展水平、不同社会阶层的人群对于创业机会与创业能力的认知是会不一样的。例如，对于低教育水平的社会下阶层人群而言，创业是一种谋生的必要手段，因此他对于机会认知可能只是存在于足以谋生，创新与成长性可能就不是重要的考虑因素。但对于高所得的专业工作者，具有吸引力的创业机会必须是创新导向，还需要具有很高的成长潜力。因此，这也反映在不同经济发展阶段经济体的 GEM 调查结果，低所得要素驱动经济体的调查数据显示，其投入创业活动的人口比例最高，而且他们能察觉到大量的创业机会（58%），也不觉得创业能力是一种限制因素（66%）。但是，高所得创新驱动经济体的调查数据则显示，其投入创业活动的人口比例较低，同时察觉到较少的创业机会（33%），并且只有40%的受访者认为自己具备创业能力。这种差异显示，这两类经济体人群显然对于创业机会与创业能力的认知条件是不一样的，对于创业活动的需求与态度也是不一样的，因此并不适宜进行直接的比较。

甚至纵然是处于同一经济发展水平的经济体，人们对于创业机会与能力的认知也会因为社会文化与经济环境的差异而有所不同。例如，在效率导向经济体中，拉丁美洲国家人群对于创业机会与创业能力的认知普遍呈现较高的数据，但是亚洲几个经济体（中国、马来西亚、韩国、日本等）则大都低于平均水平。我们以为，这些差异受到文化价值观的影响，受教于儒家文化环境的人群，可能相对拉丁文化人群较为保守与理性一些，因此才反映在他们对于机会与能力的认知上。

不过，我们仔细检视我国台湾地区的数据（表10.1），民众对于创业机会认知的平均值为36%，略高于创新驱动经济体的平均值33%。但相对北欧国家民众对于创业机会认知的比例（如芬兰 56%、瑞典 68%、挪威 60%），则又低了一大截。如果与中国大陆比较，中国台湾地区民众的创业机会认知略逊一筹，但却远优于日本与韩国。

表 10.1　亚洲主要国家或地区的创业者在创业态度的比较（单位：%）

国家或地区	认知机会	认知能力
	答"是"的受访者百分比	
中国台湾	36	27
中国	39	41
马来西亚	37	29
日本	6	12
韩国	12	28
要素驱动经济体平均值	58	66
效率驱动经济体平均值	41	53
创新驱动经济体平均值	33	40

资料来源：GEM 2010～2012 年全球年报

在创业能力认知方面中国台湾地区的表现较差，只有 27% 的民众认为自己具备创业相关的知识与能力，远低于创新驱动经济体平均值 40%。表 10.1 的数据显示，中国台湾地区民众在创业能力认知的表现仅优于日本，远远落后于中国大陆的 41%。显然中国台湾地区民众的创业自信心严重不足，高比例民众认为自己不具备创业所需要的知识与专业能力，这也会影响他们最后做出创业的决策。

总结上述数据的比较分析，中国台湾地区成年人虽然看到不少创业机会，但由于创业能力的评价不高，对创业态度与创业行动造成负面影响。如何运用政策制定、加强创业教育、提供激励诱因、加强研发创新、改善投资环境等手段来提升人们对于创业自我效能的认同，显然将是未来需要努力的地方。

（二）对于害怕失败的认知

创业本质上具有较高的风险与不确定性，导致较高的失败率，因此害怕失败就成为阻碍创业行动的主要影响因素。GEM 2010～2012 年全球年报的调查数据（表 10.2）显示，害怕失败这项因素在三种不同经济发展群组中，并无显著差异。也就是说，害怕失败是人的天性，不会受到机会数量与机会类型差异的影响。但是在不同国家、地区间，我们也发现，对于害怕失败的认知比例出现较大的差异。

表 10.2　亚洲主要国家或地区创业者在害怕失败认知方面的比较（单位：%）

国家或地区	害怕失败（答"是"的受访者百分比）
中国台湾	40
中国	35
马来西亚	37
日本	43
韩国	40
要素驱动经济体平均值	31
效率驱动经济体平均值	32
创新驱动经济体平均值	37

资料来源：GEM 2010～2012 年全球年报

　　例如，英国（34.0%）、美国（30%）、荷兰（30%）以及北欧四国人们害怕失败的比例都要低于平均值（37%），但是中国台湾地区民众害怕创业失败的比例（40%）高于创新驱动经济体的平均值，居于所有参加调查国家或地区中的后段。这是否代表在中国台湾地区进行创业的风险较高？或是在中国台湾地区创业失败的后果较为严重？

　　希腊是创新驱动经济体中害怕失败风险最高的国家（50%），过去数年的调查都显示出一致的现象。而造成这种现象的主要原因是希腊对于员工就业保障法令制定得十分严格，相关法令倾向于保障员工权益，雇主不得随意解雇员工，对于企业经营者造成较大的压力，从而导致在希腊创业的风险相对较高一些。

　　我们也需要反思，中国台湾地区对于创业者是否给予足够的保障？创业失败的后果是否能由整体社会给予共同分担？整体社会对于创业活动的支持以及对于创业失败的包容，将有助于降低对于创业失败结果的恐惧。当然也需要经由强化创业教育，提升人们的创业能力与自信心，以进一步鼓励冒险犯难的创新与创业精神。

　　一般而言，越是害怕失败，就越不敢投入于创业活动，因此当然也会降低创业意图。由于风险与不确定性是创业活动的本质特征，如果潜在创业家无法克服对于失败风险的恐惧，那么他们将很难启动创业行为。失败是迈向创新与创业过程的必经途径，而中国台湾地区在害怕创业失败的认知因素方面的负面评比过高，是值得我们关注的一项隐忧。是否代表台湾已逐渐失去上一代人的创业拼搏的精神？是否下一代人因为经济富裕与学历提高后，反而养尊处优，而不再愿意冒险犯难？因为过去 40 年的经济成长，台湾地区整体社会环境与价值认知已经发生巨大的变化，这是不可否认的事实。但是如何维持旺盛的创业精神，将是我国台湾地区未来持续经济发展所面临的重大挑战。

（三）整体社会对于创业的认可

GEM 有关整体社会对于创业观感的调查共有三个问项，分别为：①创业是一个值得向往的生涯选择；②创业成功的人具有较高的社会地位及受到尊重；③大众媒体经常可以看到创业成功的报道。这三个问项被认可的程度，可以代表社会整体对于投入创业活动的认同，以及该经济体在社会价值观方面是否具备成为创业型社会的条件。

我们知道，资本主义社会中，商人通常拥有较高的社会地位。但是，由于旧时代中国传统封建社会留存的士农工商阶级观念，过去商人的社会地位并不高，且不被社会认为是值得尊重的职业选择。中国台湾地区虽然已迈向利伯维尔场经济，但是在重视教育文凭的社会价值观念下，更多年轻人仍然追求较高学历与稳定的公职机会，因此"创业"与"成为创业家"通常不会成为许多人职涯规划的最优先选项。

依据 GEM 2010～2012 年调查（表 10.3），中国台湾地区在"大众媒体经常可以看到创业成功的报道"这个问项的评比，居于全部经济体的前六位（82%），显示出台湾当局与媒体对于推广倡导创业以及提升创业家社会形象这件工作的重视。虽然我们认为成功创业家在中国台湾地区社会中受到高度的重视，媒体更是屡屡报道创业成功的故事，许多年轻人也十分希望未来能够成为一位创业家。在"创业是一个值得向往的生涯选择"这个问项，中国台湾地区（69%）要高于创新驱动经济体的平均值（56%）。但在"创业成功的人具有较高的社会地位及受到尊重"这个问项，中国台湾地区（61%）不但低于创新驱动经济体的平均值（69%），而且在全体经济体中居于倒数第四位。在表 10.3 的四个亚洲经济体中，中国台湾地区在这两个问项的评比表现，只优于日本与马来西亚，却落后于中国。

表 10.3　亚洲主要国家或地区整体社会对于创业认可的比较（单位：%）

国家或地区	创业是一个值得向往的生涯选择	创业成功的人具有较高的社会地位及受到尊重	大众媒体经常可以看到创业成功的报导
	答"是"的受访者百分比		
中国台湾	69	61	82
中国	72	75	78
马来西亚	51	57	75
日本	28	54	56
韩国	63	69	64
要素驱动经济体平均值	76	79	64
效率驱动经济体平均值	71	69	61
创新驱动经济体平均值	56	69	57

资料来源：GEM 2010～2012 年全球年报

　　分析上述现象，虽然媒体广泛报道创业家的成功事迹，但是中国台湾地区的家庭教育与学校教育仍以培养知识分子与专业工作者为主要目标，再加上由前述创业机会、创业能力、害怕失败的调查数据，足以显示出并非绝大多数人均向往创业这个生涯选择，再加上社会所得差距恶化所形成的"M"形社会结构，人们可能更为关注社会公平与正义，创业成功成为富人固然令人羡慕，但未必受到大部分人的尊重。

　　由近年来创业楷模选拔被重视程度有日益下降的趋势可以看到社会观感变化的征兆。因此，我们认为不能只是依赖媒体报道来塑造创业家形象，创业家本人的作为才是赢得社会整体尊重的关键因素。必须更多的人愿意选择创业作为其致力追求的生涯选项，同时成功创业家也应以善尽社会公民责任来创造社会地位与楷模形象，GEM 2010～2012 年各国或地区的数据显示，要素驱动经济体对于创业的认可程度最高，其次为效率驱动经济体与创新驱动经济体，后两者的差异并不显著。我们以为要素驱动经济体对于创业认可程度最高的原因为，人们需要依赖创业来改变他们的经济困境与身份地位，而且在创业之外更具吸引力的生涯选择机会并不太多。再加上要素驱动经济体的经济成长率较高，拥有较多创业机会，而且创业的机会成本与风险程度都相对较低一些，因此创业才受到更高的社会认可。

　　要素驱动经济体与创新驱动经济体的调查均出现"成功创业家受到社会尊重"的程度要高于"将创业视为值得向往的生涯选项"，也就是说，成功创业家是社会的典范与景仰对象，但是未必人人都想要如此效仿。这种突出创业家社会地位的现象，在效率驱动经济体中却未如此明显，原因可以解释为，在效率驱动经济体中尚未大量出现如比尔·盖茨（Bill Gates）这类明星型的创业家，而且社会价值走向多元化，因此就不像要素驱动经济体如此地崇拜财富。

　　如果将我国台湾地区与发展形态较类似的韩国、日本、荷兰相比，我国台湾地区对于创业的认可（69%）要高于日本（28%），但是人们认为"创业是一个值得向往的生涯选择"这一项目评比却远不如荷兰（82%），而且"创业成功的人具有较高的社会地位及受到尊重"的评比（61%）也落后于韩国（69%）。唯一特别的是我国台湾地区在"大众媒体经常可以看到创业成功的报道"这一项目的评比是四个经济体中最高的（82%）。显然问题并非出在媒体报道不足，而是与我国台湾地区相比，为何荷兰人会更多地认为"创业是一个值得向往的生涯选择"？为何创业成功的人在韩国会"具有较高的社会地位及受到尊重"？

　　如何提升创业在我国台湾地区成年人职涯选项中的比重，以及如何提升成功创业家在我国台湾地区的社会形象与受尊重的程度，显然是我国台湾地区未来迈向创业型社会还需要努力的地方。

（四）创业意图

GEM 针对那些目前尚未投入于任何创业活动的人群,进行未来三年内的创业意图调查,发现要素驱动经济体中有 39%的人群具有创业意图,效率驱动经济体中有 24.6%的人群具有创业意图,创新驱动经济体中有 9.5%的人群具有创业意图（表 10.4）。随着经济发展程度的提高,该经济体人群的创业意图比例却显著下降,显然是因为社会富裕之后,人们对于冒险犯难追求财富的欲望也因此下降,较多的职场选择与优渥的社会福利,也降低人们的创业意愿。

表 10.4　亚洲主要国家或地区创业者在创业意图方面的比较（单位：%）

国家或地区	未创业者的创业倾向
中国台湾	26.1
中国	29.9
马来西亚	8.9
日本	2.9
韩国	13.3
要素驱动经济体平均值	39
效率驱动经济体平均值	24.6
创新驱动经济体平均值	9.5

资料来源：GEM 2010～2012 年全球年报

但是中国台湾地区在这项调查中显示的比例为 26.1%,高于效率驱动经济体的平均值,同时也高于创新驱动经济体。日本在这项调查中的比例只有 2.9%,韩国只有 13.3%,甚至创业风气极为旺盛的中国大陆这项比例也不过 29.9%,仅比中国台湾地区略高一些。

此数据显示在我国台湾地区尚未参与创业活动的人群中,有 1/4 在未来三年内均期待能够投入于创业活动,这是一项令人振奋的调查结果。但是,未来是否均能将意图化为行动,恐怕还要看大环境是否为他们创造机会？社会是否提供足够的资源支持与协助？是否能够克服害怕失败的心理因素？以及他们是否具备创业成功所需要的能力条件与自信心？创业活动调查的数据显示,我国台湾地区的新生创业比例（4.7%）高于新创企业比例（3.8%）,代表仍有大量有意愿创业的人最终还是未能成功设立新公司。

显然我国台湾地区民众仍然拥有较高的创业意图,但是却呈现较低的创业行动与成就较少的新事业成功数量。这代表我国台湾地区在创业环境改善、创业教育发展及育成创业行动等方面还有许多值得提升的空间。

二、创业活动调查

表 10.5 为 2010~2012 年受调查的 69 个经济体的 TEA 值，依三个经济发展类型（要素驱动、效率驱动、创新驱动）进行分组。其中，要素驱动经济体的 TEA 平均值高达 21%，比效率驱动经济体高出许多（TEA 平均值为 13.4%），而创新驱动经济体的 TEA 平均值只有效率驱动经济体的一半（约为 6.6%）。这显示出经济所得越高的地区居民，将越少有兴趣投入于创业活动中。当然，他们从事的创业形态可能在性质上也与低所得地区居民有显著的不同。但是在同一类型经济体中的不同国家或地区的 TEA 值也有很大的变化。例如，同在要素驱动经济体的巴基斯坦的 TEA 值仅有 9.1%，而处于南美的玻利维亚的 TEA 值则高达 38.6%，显然造成两者差异的原因很多，包括两地文化价值观与创业环境的不同以及两地经济发展模式的差异等。

表 10.5　不同经济体的 TEA 值表现（2010~2012 年）（单位：%）

	要素驱动经济体	效率驱动经济体	创新驱动经济体
2010~2012 年 TEA 平均值	21%	13.4%	6.6%

如表 10.6 所示，中国台湾地区 2010~2012 年的 TEA 平均值为 8.1%，虽低于效率驱动经济体成员的中国大陆（17.1%），不过仍高于创新驱动经济体的平均值（6.6%），并且比起该组的韩国、日本、新加坡等都要高一些。

表 10.6　亚洲主要国家或地区 2002~2012 年 TEA 数据比较（单位：%）

年度	中国台湾	中国	新加坡	马来西亚	日本	韩国
2002	4.3	12.3	5.9	—	1.8	14
2003	—	12	5	—	2.8	—
2004	—	—	5.7	—	1.5	—
2005	—	13.7	7.2	—	2.2	—
2006	—	16.2	4.9	11.1	2.9	—
2007	—	16.4	—	—	4.3	—
2008	—	—	—	—	5.4	10
2009	—	18.8	—	4.4	3.3	7
2010	8.4	14.4	5	5	3.3	6.6
2011	8	24	7	5	5	8
2012	8	13	12	7	4	7

资料来源：2002~2012 年 GEM 总结报告

位居世界第二大经济体的中国虽然拥有很高的创业活动比例，但 2012 年的 TEA 值（13%）与 2011 年的调查数据（24%）相比，仍有相当程度的下降。中国在 2010～2012 年是全球发展速度最快的经济体，为应对金融危机，政府陆续施行多种刺激经济方案，虽尚未对于提升中小企业创业活动产生显著效果，但中国在亚洲地区经济体中仍然拥有最高的创业热情，"十三五"规划加速产业结构调整，促进内需产业发展，进而带动城乡居民的总体消费规模扩大，将会引发新一波的创业热潮，因此预期中国 TEA 值在未来一段时间仍然可维持在较高的水平上。

一向被认定为创业型社会楷模的美国 2010～2012 年 TEA 值高达 11%，而且持续攀升，2012 年的 TEA 值高达 13%，显示出美国能充分发挥创新与创业精神走出金融风暴的阴影，并凭借大量的高科技新创企业稳居世界经济龙头地位。

世界第三大经济体日本 2010～2012 年的 TEA 均值仅有 4.1%，为创新驱动经济体的倒数第二位，并不令人意外。日本一向不是一个创业型社会，再加上日本经济长期陷入发展迟滞，以及日本社会快速迈向老龄化的危机，导致新创企业的数量越来越少，经济发展只能依靠现有大型企业的维持。在 GEM 调查的各项指标中，日本的数据都呈现偏低，显示出日本经济发展的前景堪忧，这个社会将因老龄化社会来临而更加暮气沉沉。

我国台湾地区经济与社会发展经常以日本为标杆，追寻日本企业发展的后尘，尤其我国台湾地区正在加速追上日本社会老龄化的趋势，再加上近年来大企业随着全球化商机而呈现大者恒大，压抑中小企业发展的机会，年轻人广上大学后，创业拼搏精神逐渐沦丧，似乎许多在日本曾经出现的问题，目前也在我国台湾地区社会浮现。因此，我们应将日本社会创业精神低落的现象视为严重警讯，应在问题尚未严重之前，重振我国台湾地区社会固有的创新与创业精神，鼓励中小企业的创新发展，尤其要更加积极扶持新创企业，对于创业活动要给予更多的辅导与协助。

（一）不同经济发展水平下的创业活动力分析与比较

图 10.3 将 TEA 值与各经济体的人均实质所得（将人均所得依据实际购买力进行调整，虽然 2009 年 WEF 所评比的我国台湾地区的人均所得不到 17 000 美元，但依据实际购买力调整后却高达 34 000 美元）进行统计关联分析，并产生了一条关系曲线。

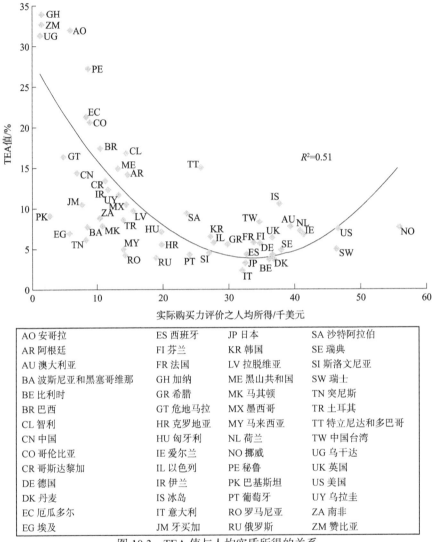

图 10.3　TEA 值与人均实质所得的关系

资料来源：GEM 2010 年全球年报

AO 安哥拉	ES 西班牙	JP 日本	SA 沙特阿拉伯
AR 阿根廷	FI 芬兰	KR 韩国	SE 瑞典
AU 澳大利亚	FR 法国	LV 拉脱维亚	SI 斯洛文尼亚
BA 波斯尼亚和黑塞哥维那	GH 加纳	ME 黑山共和国	SW 瑞士
BE 比利时	GR 希腊	MK 马其顿	TN 突尼斯
BR 巴西	GT 危地马拉	MX 墨西哥	TR 土耳其
CL 智利	HR 克罗地亚	MY 马来西亚	TT 特立尼达和多巴哥
CN 中国	HU 匈牙利	NL 荷兰	TW 中国台湾
CO 哥伦比亚	IE 爱尔兰	NO 挪威	UG 乌干达
CR 哥斯达黎加	IL 以色列	PE 秘鲁	UK 英国
DE 德国	IR 伊兰	PK 巴基斯坦	US 美国
DK 丹麦	IS 冰岛	PT 葡萄牙	UY 乌拉圭
EC 厄瓜多尔	IT 意大利	RO 罗马尼亚	ZA 南非
EG 埃及	JM 牙买加	RU 俄罗斯	ZM 赞比亚

这条曲线显示，当所得水平偏低时，该社会的创业活动力高涨，TEA 值较高，而随着经济增长，社会可提供更多工作机会，企业也走向规模化经营，因此创业活动力与新创企业的数量将会减少。因此，效率驱动经济体的 TEA 值呈现持续降低的趋势。但是当经济成长到更高的水平（人均实际购买力所得超过 3 万美元）时，该经济体的创业活动力与新创企业数量将会出现增长的趋势。

解释上述现象，我们需要将创业活动类型进一步区分为需求导向与机会导向两类。前者是指创业者没有工作机会，除了创业之外，别无其他选择。因此，创业是维生的必要手段，这类创业活动大都属于自雇型，从事的行业大都与农渔牧业等第一产业以及个人服务业、小型零售商业、餐饮等第三产业相关。而机会导向的创业活动，则是人们受到创业机会的驱使，放弃其他工作机会，而投入在创业活动中。机会导向的创业动机主要针对那些想要利用创业机会来赚取更高的收入报酬，或者想要追求独立自主与实现个人理想等。

当社会整体无法提供足够的工作机会，则需求导向的创业活动至少可以解决创业者个人的就业问题，因此有助于降低社会整体的失业率，这在经济较落后地区是非常值得鼓励的一项政策。但是随着经济逐渐发展，企业规模与市场竞争力不断提升，因此社会整体能够提供更多的工作机会，当然需求导向创业活动必然会因此降低。所以，由经济成长而导致 TEA 数值降低，其实也未尝不是一个好的发展现象。甚至我们可以认为，这是经济成长过程中出现的良性现象，也可以为效率驱动经济体的 TEA 值仅有要素驱动经济体的一半提供合理的解释。

不过当经济逐渐迈向富裕，当商业基础建设逐渐完善，各项商业活动法规逐渐健全，信息与金融市场更加自由开放，知识创新与流通更为顺畅，这时整体环境将更有利于机会导向的创业活动。许多拥有专业能力与创新构想的知识分子，发挥创意与创新，掌握市场机会，适时投入于创业活动。因此，我们将看到，随着经济增长，需求导向的创业活动数量会逐渐减少，而机会导向的创业活动将会持续增长。

GEM 2010～2012 年的调查也显示三种不同类型经济体的需求导向与机会导向的创业活动比例出现有规律的消长现象。比较要素驱动经济体与创新驱动经济体，我们发现消长的情况尤其明显，在创新驱动经济体中，机会导向创业活动比例（54%）几乎为需求导向创业活动比例（19%）的三倍。具体如表 10.7 所示。

表 10.7　不同经济体创业活动类型的比例（2010～2012 年）（单位：%）

国家或地区	2010～2012 年平均值	
	机会导向	需求导向
中国台湾	47	22
中国	34	40
澳大利亚	66	17
美国	56	24
要素驱动经济体	37	38
效率驱动经济体	37	35
创新驱动经济体	54	19

我们发现在效率驱动经济体中，创业活动类型由需求导向转往机会导向的变化趋势并不十分明显，也就是说，机会导向并非在创业活动中扮演主要的动力角色。这也许可以用来说明为何创业活动并非是效率驱动经济体在经济发展过程中所优先关注的政策要项。当创造工作机会主要来自企业的规模化，而整体市场环境又不足以提供优质的创业机会，小企业的创新能力与市场竞争力又不如大中型企业，这时当然整体经济发展重点是不会优先放在促进创业活动上。中国大陆为解决失业问题而积极推动创业活动，因此能够维持较高的创业人口比例，但其中40%的创业活动类型仍然属于需求型。

反观我国台湾地区正处在由效率驱动经济体迈向创新驱动经济体的过渡阶段，如果由人均实际购买力来看，我国台湾地区其实已经属于创新驱动经济体的成员，而且是属于图 10.3 的曲线右端正需要依赖创业活力来带动经济增长的成员之一。虽然我国台湾地区整体的 TEA 值与相同人均实际购买力的经济体相比，要高出许多，但是我国台湾地区的机会导向创业活动比例（47%）与曲线右端的其他经济体（美国 56%、澳大利亚 66%）相比，似乎还有提升空间。

（二）现有企业的比例

GEM 调查对象也包括成立时间超过 42 个月的现有企业，这类企业已经度过创业的艰难阶段，而且大致能够在市场立足获利，甚至进入茁壮成长阶段。现有企业一般被视为社会经济发展的主力，相对于那些成立时间不到三年半的新创企业，现有企业更具有稳定与持续增长的经营优势。因此，一个经济体拥有较高比例的现有企业，将代表该经济体的发展较为稳定，但若现有企业的数量要高出新创企业许多，也可能代表该经济体缺乏未来开创性的活力，恐怕会陷入成熟迟滞的危机。

综合而言，产业结构中新创企业所占比例过高，则该经济体近似新手上路，恐呈现幼稚且不稳定；但是产业结构中现有企业的比例过高，又会使经济体出现成熟老化的危机。因此，理想的经济体应该同时具有相当数量的新创企业与现有企业，也就是要在开创性与稳定性之间取得平衡，并经由新陈代谢的转换功能，持续为产业注入新血，进而驱动经济持续增长。

2010 年 GEM 年报调查（表 10.8）发现，三个不同发展阶段经济体的新创企业：现有企业比例分别为 10%：9.7%、5.7%：7.6%、2.9%：7.1%，显示出创新驱动经济体的现有企业比例要远远高于新创企业的比例，因此其创业政策就将更多聚焦在如何催生新创企业的数量；相对而言，要素驱动经济体则应将政策重点放在如何协助新创企业度过经营困境与提升存活率，并产生更多的现有企业，以带动经济增长。

表 10.8　亚洲主要国家或地区在不同创业阶段的分布比例（单位：%）

	TEA	新生创业活动	新创企业	现有企业	退出市场
中国台湾	8	3.8	4.1	7.8	4.9
韩国	7	2.6	4.6	10.7	2.6
中国	17	6.6	10.4	12.8	5
新加坡	9	5.9	3.4	3.2	3.1
日本	4	2.3	1.9	7.2	1
要素驱动经济体	21	11	10	9.7	10.4
效率驱动经济体	13.4	7.7	5.7	7.6	4.6
创新驱动经济体	6.6	3.7	2.9	7.1	2.7

资料来源：GEM 2010～2012 年台湾 APS

　　我国台湾地区的新创企业：现有企业比例为 4.1%：7.8%，与创新驱动经济体的平均值 2.9%：7.1%相比表现略佳，但与韩国的 4.6%：10.7%相比较则略逊一筹，显示出我们在催生新创企业及协助这些新创企业存活与茁壮成长方面，还需要投注更多的心力。我们再将我国台湾地区的新生创业活动：新创企业的比例 3.8%：4.1%与韩国的新生创业活动：新创企业的比例 2.6%：4.6%进行比较，发现我国台湾地区虽然拥有较高的新生创业活动比例，但是无法产生出较多的新创企业，这更能凸显我国台湾地区在催生新创企业方面的不足。

　　企业的终止与死亡也是其生命周期中经常会遭遇的挑战，由于企业终止与新企业创立之间存在密切关系，许多成功创业家往往是在历经几次创业失败后，方才成功建立一家茁壮成长的新企业。因此，GEM 的调查不可避免地需要探讨企业终止与退出市场的议题，并以过去一年中曾终止与退出市场的比例作为主要的评量指标。

　　企业失败率的高低将与其所处经济环境的稳定性及健全性有密切关系，亦与创业家、企业家的素质水平、经营能力等有所关联。一般而言，在经济发展较为落后的地区，企业的生命周期相对较短，死亡率也会较高一些。表 10.8 的调查结果也显示出同样的现象，三个不同发展程度经济体的企业退出市场比例分别为10.4%、4.6%、2.7%，亦即要素驱动经济体的成年人口过去一年曾经历所创立投资企业死亡的比例，比创新驱动经济体高出将近 3 倍。

　　我国台湾地区的企业退出市场比例为 4.9%，在创新驱动经济体中显得有些偏高，如果将我国台湾地区的新创企业加上现有企业比例与企业退出市场比例，与韩国进行比较，两者分别为 11.9%：4.9%、15.3%：2.6%，我国台湾地区的企业退出市场比例明显比韩国高出许多。虽然调查期间企业仍遭逢金融风暴的余威影响，但是偏高的企业终止/退出比例仍显示出我国台湾地区企业在变动环境下竞争力不足的窘境，更何况偏高的企业退出比例也会给潜在创业家增添害怕失败的心理障碍，

进而影响创业意图与行动。我国台湾地区过去一向以中小企业的强壮生命力与强劲
竞争力而自豪,当进入创新驱动经济发展形态之后,如何提高创业家的素质与经营
能力,进而提升企业的生命力与存活率,将是台湾当局与企业需要共同努力的方向。

(三)创业活动的产业分布

　　GEM 将产业类别区分为:农渔牧矿原料采集产业(第一产业)、制造与建筑
产业(第二产业)、商业服务产业(第三产业中提供较高附加价值与知识密集的专
业服务)、个人服务产业(第三产业中提供较低附加价值与劳动力密集的个人服务)。
　　一般而言,要素驱动经济体的创业活动,在农渔牧矿原料采集产业与个人服
务产业拥有较高的比重;而创新驱动经济体的创业活动,则在商业服务产业拥有
较高的比重;至于效率驱动经济体,则在农渔牧矿原料采集产业、个人服务产业、
商业服务产业均居于三类经济体的中间。至于三类经济体的创业活动投入于制造
与建筑产业的比重,则大致相同。
　　由于知识密集的企业服务产业中出现较多的改善型与较高附加价值的创业机
会,创新驱动经济体的创业活动在此产业拥有较高的比重。至于个人服务产业需
要的资源规模较少,进入门槛较低,因此较适合为需求导向创业活动提供机会。
　　为进一步了解创业活动对于我国台湾地区产业创新与经济发展的贡献,我们
需要对创业活动所投入的产业进行分析。而如何将创业活动与产业结构调整相结
合,如何使创业活动对于产业创新与经济增长提供较大的贡献,将是创业政策制
定上的一个重点。
　　表 10.9 显示,个人服务产业(第三产业中提供较低附加价值与劳动力密集的
个人服务),占我国台湾地区新生创业活动的 61%,占新创企业的 66.4%。我国台
湾地区过去经济发展所倚重的制造与建筑产业,在新生创业活动与新创企业所占的
比重都只有 18.4%。而在商业服务产业(第三产业中提供较高附加价值与知识密集
的专业服务),新生创业活动与新创企业所占的比重则分别为 17.1% 与 14.3%。

表 10.9　2010~2012 年中国台湾地区不同创业阶段的产业分布比例(单位:%)

	农渔牧矿原料采集产业(第一产业)	制造与建筑产业(第二产业)	商业服务产业(第三产业中提供较高附加价值与知识密集的专业服务)	个人服务产业(第三产业中提供较低附加价值与劳动力密集的个人服务)
TEA	2.1	18.4	15.8	63.8
新生创业活动	3.5	18.4	17.1	61
新创企业	0.8	18.4	14.3	66.4
现有企业	2.7	33.6	13	50.5

资料来源:GEM 2010~2012 年中国台湾地区 APS

综合言之,我国台湾地区创业活动重心显然已经由第一、第二产业转向第三产业发展,过去台湾经济发展十分倚重的制造与建筑产业占 TEA 比例仅有 18.4%,更足以显示出台湾未来的创业活动将以第三产业为主要投入对象。但是台湾的 TEA 投入在商业服务产业(第三产业中提供较高附加价值与知识密集的专业服务)的比例(15.8%)却远低于个人服务产业(第三产业中提供较低附加价值与劳动力密集的个人服务)(63.8%)。这显示出目前在台湾多数的创业活动可能均属于进入门槛较低且不具有核心资源能力的小型商号或微型企业,这样的现象颇令人担忧。这也代表台湾整体创业活动所创造的附加价值不足,质量也还有待提升,未来需要鼓励更多新创企业投入在创新导向、知识密集、高增长性、高附加价值,以提供企业专业服务为主要对象的第三产业,这也将是未来台湾当局制定政策的主要目标之一。

（四）创业活动的性别分布

整体而言,各国女性创业的比例虽然低于男性,但由于社会文化背景的差异,女性创业的比例也出现极大的变化。例如,韩国女性创业的比例只有男性的 20%,但是在非洲的加纳,女性创业的比例反而比男性还要高 20%。一般而言,中东、北非、东欧等地的女性创业比例较低,但是拉丁美洲与亚太地区女性创业的比例则相对较高一些。

由表 10.10 可知,我国台湾地区女性在新创企业中所占的比例(40.2%)要高于其在新生创业活动中所占的比例(34.6%),这是否代表女性的创业实践能力要高于男性?或是由于两性创业型态的差异,女性比较容易自新生创业家角色进入新创企业家行列?在台湾现有企业家中女性所占比例为 31.5%,低于女性参与早期创业活动(TEA)的比例 37.7%。此数据显示女性创业活动在台湾有快速增高的趋势,由于女性创业所面临的问题与挑战不同于男性,女性创业从事的行业种类与追求的事业目标也不同于男性,女性创业将会是一个值得关注的研究议题。

表 10.10 不同创业阶段的性别分布比例(单位：%)

	男性	女性
TEA	62.3	37.7
新生创业活动	65.4	34.6
新创企业	59.8	40.2
现有企业	68.5	31.5

资料来源：GEM 2010~2012 年中国台湾地区 APS

第四节　结论与建议

一、我国台湾地区正面临迈入创新驱动经济体行列的新挑战

WEF 的 2010～2011 年报告数据显示，我国台湾地区 2009 年的人均所得为 16392 美元。由于 WEF 以 17000 美元作为划分效率驱动经济体与创新驱动经济体的依据，在 GEM 的 2010 年全球年报中，我国台湾地区仍被归类于效率驱动经济体，而韩国 2009 年的人均所得为 17074 美元，刚好跨过 17000 美元的临界值，故被归类于创新驱动经济体。

事实上，我国台湾地区的人均所得早在 2008 年即已达到 17083 美元，2009 年地区生产总值数值的下滑，主要由遭受全球金融风暴冲击所导致，而我国台湾地区在 2011 年的人均所得即已超过 20000 美元门槛。如以民众平均的实际购买力来计算，2010 年我国台湾地区的人均所得数据为 34743 美元，与一些创新驱动经济体成员的实质所得相比都要高出许多。因此，我们可以很明确地认定，我国台湾地区已结束由效率驱动经济体迈向创新驱动经济体的过渡阶段，而正式成为创新驱动经济体的一员。这代表引领我国台湾地区下一阶段经济成长的动力将与机会导向的创业活动息息相关，尤其是那些具有创新特色，能创造较高附加价值，以及属于高成长性的创业活动。

由经济表现与早期创业活动（TEA）比例的"U"形关系来看，20 世纪六七十年代我国台湾地区曾经历以旺盛创业精神与高比例创业活动带动经济成长的阶段。进入 80 年代，中大型企业成为驱动经济成长的主要动力，社会整体的创业活力逐渐下滑，具有专业能力的年轻人都以进入大公司工作为主要的职涯目标。21 世纪的前十年是我国台湾地区创业活动的低点，由于几次的金融风暴冲击，小企业倒闭的数量升高，而新创企业的数量却未见增长。而大中型企业借助中国市场的崛起，纷纷转移海外发展，并持续扩大产能，成为支撑我国台湾地区经济不坠的关键力量。

我国台湾地区经济发展突破人均 2 万美元的关键阶段之后，产业结构也因为大陆崛起发生巨大的变化，过去领导我国台湾地区经济发展以及参与全球产业分工的大中型企业，不但面临持续成长的瓶颈，同时更遭遇许多后进地区模仿跟进企业的追击。两兆双星制造导向的信息通信技术产业已经不足以支撑我国台湾地区经济的后续发展，因此台湾当局提出六大新兴产业与四大智能产业的发展目标，目的就是为我国台湾地区经济二次创新指引新的方向。

我国台湾地区正处于产业结构变迁、岛外市场环境变迁、全球竞争格局变迁、科技与商业模式变迁的关键阶段，过去依赖欧美市场，运用先进国家技术，参与全球产业分工的经济发展模式已经走到了尽头，显然我国台湾地区需要一股新的

力量来驱动经济再度成长。由 GEM 2010 年年报描绘的经济表现与 TEA 值的"U"形关系，显示出我国台湾地区刚好处于"U"形谷底，正要进入创新驱动经济体，代表高成长创新导向的创业活动将成为驱动经济增长的最主要动力。如何促成大量具有创新特色的创业活动，鼓励具有高附加价值与高成长特质的新创企业的设立，以创新技术、产品、商业模式带动新兴产业发展，将是下一阶段我国台湾地区经济发展面对的最大挑战。

二、创新驱动经济体需要不同于传统的创业政策

传统的创业政策主要强调环境面的整体扶持与改进提升，重视普遍性、一致性与公平性，目的是创造一个更友善、更便利的创业环境，以鼓励更多人投入于创业活动，追求新创企业设立数量的增长，企图利用中小企业数量规模来创造更多的就业机会，并带动经济成长。要素驱动经济体与效率驱动经济体一般都采用这类传统中小企业的创业政策，它们主要利用公共部门资源提供小企业所需要的各种经营辅导与财务支持，提升小企业的竞争力。

但是，创新驱动经济体的创业政策则以催生更多高成长创新导向的新创企业为目的，因此政策方向似应由普遍性转向针对性，由强调创业数量转向创业质量，由公平性转向特定对象倾斜，由被动性支持转向主动筛选与支持，而且主要聚焦在新兴产业中具有成长潜力的特定新创企业，整合公私部门的资源，提供量身订制专业辅导，同时辅导的资源投入规模也相对较大一些，创业育成的最终绩效目标则是追求高投资报酬与高附加价值的产出，进而带动整体经济的成长。

表 10.11 比较传统中小企业创业政策与创新驱动经济体创业政策，可以看出两者的观念差异颇大，也代表当我国台湾地区经济发展由效率驱动转向创新驱动，相关的中小企业创业政策也需要进行较大幅度的调整与变革。显然传统的中小企业创业政策无法有效催生高成长创新导向的创业活动，而满足谋生需求的微型创业与追求机会理想的创新型创业的创业动机、资源需求、创业过程、机会成本、成果效益、风险程度等均有很大的差异。因此，创新驱动经济体需要有不同于传统的创业政策。

表 10.11　传统中小企业创业政策与创新驱动经济体创业政策的比较

传统中小企业的创业政策	创新驱动经济体的创业政策
（1）鼓励更多人投入于创业活动	（1）由强调创业数量转向创业质量
（2）追求新创企业的设立数量	（2）资源提供由公平性转向聚焦于少数具有潜力的新创企业
（3）建构有利于小企业生存发展的环境	（3）由被动支持转向主动支持，主动搜寻开发具有成长潜力的创新导向新事业，然后给予较大量资源的支持
（4）主要利用公共部门资源提供创业辅导与支持（公共部门资源具有扶持弱小的社会责任）	（4）提供量身订制的专业辅导
（5）公共部门提供奖励、补助、信保融资、贷款	

续表

传统中小企业的创业政策	创新驱动经济体的创业政策
（6）提供一般性的全方位咨询辅导	（5）由全面协助转向向少数特定对象倾斜
（7）确保每一个小企业均能公平地取得同样的资源协助	（6）建构整合的创业政策平台，由较高层次台湾当局领导人来主导与协调创业资源政策的整合与资源提供，以发挥集中资源的综效
（8）提供小企业技术创新与管理辅导，协助小企业生存与成长	（7）中小企业发展策略集中于创新与创业的议题上
（9）普遍支持所有产业的创业发展	（8）聚焦在具有竞争优势与成长潜力的新兴产业的创业发展
（10）消除小企业的进入障碍	（9）重视大学科研成果与创新导向创业育成活动的结合
（11）减少小企业的赋税与规费	（10）创业活动要能够有效连接民间资源与投资资金，不能只是全数依赖台湾当局的优惠与资源补贴，因此所投入支持与补贴的对象都必须结合市场发展趋势与具备市场效益
（12）避免企业破产倒闭	（11）重视创业活动与市场国际化的结合
（13）设计配套的产业政策、社会保障政策、劳工政策	

　　由于创业活动同时具备社会性效益与经济性效益，前者以创业手段为失业族群提供另一种职涯选择，后者则强调促成更多具有高成长潜力的新创事业，利用企业创新所创造的效益价值，提升经济成长能量，并为社会创造工作机会。我国台湾地区在 20 世纪 60 年代进行的一次创业，较高比例属于需求导向的创业活动，显然，2010 年开始的二次创业活动的内涵将有显著的不同。50 年来我国台湾地区的政经环境以及全球竞争情境也已产生极大的变化，因此促进中小企业发展与鼓励创新创业的政策也需要与时俱进地加以变革调整。虽然机会导向的创业活动可以促进经济增长，但是同时也会导致产业结构变迁与所得差距拉大的社会问题，因此未来创业政策也必须能兼顾经济发展与社会正义，前者鼓励具有竞争优势的专业人才投入于"机会导向创业活动"，后者则关怀投入于"需求导向创业活动"的弱势族群，排除他们开创微型企业的障碍，协助解决谋生就业的社会问题。

三、创业政策应兼顾"关怀需求导向"与"鼓励机会导向"的创业

　　2010～2012 年 GEM 调查数据显示，我国台湾地区的早期创业活动中约有四成属于零成长型（不会雇用任何员工），另有约两成创业活动属于低成长型（雇用不超过四个人），我们可将这些总数近六成的零成长与低成长创业活动归类为微型企业。

　　GEM 调查也发现，有 28%的创业动机属于需求导向，这群创业者是因为无法找到理想工作，而被迫投入于创业活动。而另有 48%的创业动机属于增长型机会导向，也就是说，他们不但是受到机会的驱使，而且想运用这项机会创造更多

收入与实现事业成长目标。

纵然创新驱动经济体主要依赖机会导向的创业活动，但由于社会出现很高的失业问题，无法完全依靠救助保障机制来解决所得差距与机会不均等的社会问题。因此，经济高度发达国家仍然存在相当数量为解决谋生问题的需求导向创业活动。需求导向创业政策的主要目的是协助社会弱势族群解决就业与谋生的问题，其政策重点在于"关怀、协助、携手"，设法降低创业进入门槛，并将辅导重点放在协助新事业设立与维持生存。而所谓"关怀需求导向的创业政策"内涵将可能包括：给予税赋减免，提供微型创业贷款，鼓励社会企业专业咨询机构提供相关协助、构建协同合作网络、筹组互助合作的协会团体、改善商圈环境、协助共同营销、对创业失败提供救济、鼓励设立大手牵小手的社会企业等。

虽说"机会导向创业活动"是带动创新驱动经济体发展的主要力量，但是创新驱动经济体的创业活动能量却一向偏低，早期创业活动比例（TEA）平均值仅有 5.6%，创业意愿的平均比例也只有 8.2%。我国台湾地区的 TEA 值（8.6%）与创业意愿值（25.1%）虽高于创新驱动经济体的平均值，但是属于高增长机会导向的创业活动比例（48%）却相对偏低，我国台湾地区潜在创业家害怕失败的比例（43.8%）也远远高于创新驱动经济体的平均值（33.1%）。这显示出我国台湾地区与所有其他创新驱动经济体一样，都面临整体社会投入于高增长机会导向创业活动能量不足的问题。我国台湾地区民众虽然拥有较高的创业意愿，但是创业能力偏低（73.6%）、创业机会认知不足（70.4%）、害怕失败心理偏高（43.8%），再加上高学历专业技术者的创业机会成本较高，他们面对的创业失败风险也比就业高，另外还有创业资源筹措不易等因素，造成意愿与行动之间的巨大障碍。我们可由近年来我国台湾地区高科技创业活动相对低迷，工业技术研究院衍生公司以及员工离职创业比率降低的趋势看出其中的端倪。

显然，现有的一般性创业辅导政策并无法有效激励拥有较高机会成本的专业精英人才投入于机会导向创业活动。这凸显出未来我们将需要有一套更积极且能够有效鼓励机会导向创业活动的创业政策。"机会导向创业政策"的目的在于鼓励那些高学历且具有专业经验与技术创新能力的社会精英分子勇于投入于创业活动，运用各种资源工具来协助提高他们的风险承担能力与降低创业失败的风险，并辅导新事业能够较快速进入成长期。具有高增长特色的机会导向创业活动通常需要投入较多的资源，因此将十分仰赖外部资源网络的协助，而且需要在一个周边配套较为完善的市场与产业环境中孕育成长。这些条件因素均不是单一创业团队所足以达到的，因此格外需要一套鼓励机会导向创业活动的专属创业政策，才能有效跨越意图到行动之间的鸿沟。

四、需特别重视"高成长创新导向"新创企业的育成发展

2010～2012 年 GEM 调查数据显示,我国台湾地区的早期创业活动中,17.2% 的创业家预期未来 5 年他们的新创企业将可能增雇 20 位以上的员工。换句话说,约有 23.1 万位创业家将投入在"高成长企业"的发展,如果他们成功的话,估计在未来 5 年将可为我国台湾地区创造至少 462 万个新工作机会。进一步的交叉分析也显示,这种高成长企业的创新程度与市场国际化程度都很高,因此也有人用"瞪羚"来形容这类"高成长创新导向"企业。

创新驱动经济体的"瞪羚"企业平均比例仅有 7.8%,比我国台湾地区的 17.2% 低。不过这项调查仅是创业家个人的预估值,因此只能代表我国台湾地区创业家有很高比例希望他们的新创企业未来能够成为"瞪羚"。但是意图到行动实现之间还有很大的距离,如果没有良好的创业育成环境的支持,恐怕其中大部分"瞪羚"都将胎死腹中。这也显示出我们需要发展一套能够有效育成"高成长创新导向"新创企业的策略与发展机制。

表 10.12 显示高成长创新导向新创企业具有较大资源投入量、较多精英人才投入、面对较大风险、拥有较高的投资报酬、较优势的核心资源能力、较依赖外部环境与资源的支持、国际化与创新程度高等特征,因此他们需要一套不一样的创业育成发展策略,建构专属的辅导政策与支持环境。例如,鼓励精英分子投入创业活动,筛选具备成长潜力的新创事业,整合公私部门资源的支持力量,在研发创新、经营管理、市场营销、财务融资、投资回收等各层面,给予更集中与大量的支持,对于创业育成的辅导也要更专业化与深度化,而育成绩效评量指标也将更重视有形的经济效益与投资回报。

表 10.12 高成长创新导向新创企业的特征与育成发展

高成长创新导向新创企业与创业团队的特征	高成长创新导向新创企业的育成发展策略
(1)创业团队具有高教育程度与专业经验背景	(1)挑选与鼓励精英人才投入于创业(选对人)
(2)创业的机会成本较高	(2)需要一套筛选新创企业的机制(选对企业)
(3)具有较强烈的创业意图	(3)新创企业成长性是育成辅导的主要目的
(4)创业过程所需要的资源规模较大	(4)设计配套的产业政策、技术创新政策、劳工政策,建构有利于新创企业快速成长的环境
(5)已初步形成创业构想,且创业构想具有创意特色与创新价值,并与新兴产业相关	(5)结合公私部门的资源支持,运用高成长带来的高投资报酬诱因,大量吸引私有部门的资源,并利用公共部门资源降低投资风险
(6)创业团队与投资者对于新创企业的未来成长性有很高的期待	(6)资源支持种类包括:研发贷款、研发补贴、研发奖励、创业融资、天使基金、风险投资基金、上市资金
(7)外部环境与网络关系攸关创业成败	(7)针对成长管理提供专业性的咨询辅导,包括:国际市场营销、国际筹融资、建立品牌专利、商业模式设计与竞争策略规划、策略联盟、流程再造与组织发展
(8)善于利用外部资源,采取开放式创新的经营模式,形成策略联盟的合作关系	

续表

高成长创新导向新创企业与创业团队的特征	高成长创新导向新创企业的育成发展策略
（9）研发创新投入量大，产品、服务、商业模式具有竞争优势 （10）创业团队与投资者愿意承担风险 （11）产品/服务创新性与差异化程度高 （12）市场国际化程度高	（8）针对特定对象提供其所需的专属资源 （9）消除成长障碍，并调和新创企业成长所需要的各项配套措施 （10）有利于营业规模快速成长的财税法规以及提供股票选择权机制较弹性的发挥空间 （11）以正面态度看待企业倒闭破产，并提供救济保险机制，降低可能引发的社经成本 （12）在研发创新投入上给予大量的补助与支持 （13）重视产学合作，鼓励大学科研机构的研发成果转移扩散，以及衍生成立新公司 （14）鼓励企业内部创业，将研发成果衍生成立新事业 （15）以经济效益与投资效益作为新创企业育成绩效评量的主要指标

我国台湾地区即将进入以"增长型机会导向"创业活动带动经济成长的关键阶段，需要一群具有高成长特征、创新优势及国际市场开拓能力的领头羊来驱动经济成长，因此我们需要特别重视"高成长创新导向"新创企业的育成发展。尤其要鼓励大学研发成果的商业化，进一步强化产学合作的深度，要求大学育成中心应以培育"高成长创新导向"企业为主要的任务目标。

五、建议

虽然台湾当局或具有公信力的机构每年均会提出量化数据与报告，来说明我国台湾地区整体创业环境的情况，然而，GEM 2010～2012年借由全民问卷抽样调查与专家观点，以数据分析与访谈方式，来解析我国台湾地区创业环境的状况，并提出相关建议，以使民众对我国台湾地区创业环境有更为细致的了解。这份年报资料除了可以提供给台湾当局主管部门作为政策研究的参考，学者专家也可由其中发掘许多值得再深入探讨的创业研究议题。

（一）协助潜在创业者克服由意图到行动的落差

我国台湾地区民众拥有极高的创业意愿，但是实际化为创业行动的比例偏低，这种矛盾现象应值得重视。GEM调查数据显示，我国台湾地区民众对于创业机会与创业能力的认知程度不足，再加上较高的害怕失败心理因素，导致上述意图到行动的落差。因此，建议未来创业辅导工作的重心应放在克服意图到行动差距的问题上，包括：提升潜在创业者的创业能力与自信心、协助他们发掘具有吸引力的创业机会及提高他们的风险承受能力。这代表我们需要重新检视现有的创业辅导与教育机制，创新变革现有的创业培育方式，整合创业资源网络系统，以促使有意图的人们能够以具体行动成为新生创业家，并协助新生创业家尽快完成相关评估规划，取得所需资源正式成立新公司。未来在政策研拟上也可考虑提供创业保险与创业津贴等措施，以降低害怕失败的风险。同时台湾当局可让那些尚未正式成立公司的新生创业团队也能申请新产品开发与商品化的研发补贴，以引发它们投入创业的行动。

（二）重视女性创业、青年创业、中年创业等新的发展趋势

由 GEM 调查的我国台湾地区创业人口统计分析资料中发现以下两个现象：①创业人口性别仍以男性为主，但女性创业比例快速提高；②创业年龄虽仍以35～44 岁为主力，但有往青年族群（25～34 岁）以及中年族群（45～54 岁）两端发展的趋势。

我国台湾地区男女创业比例大约是 100：60，但是潜在创业者（未来 3 年内期望投入创业）的男女比例则为 100：86，显示出女性的创业意图十分强烈，因此我们不能忽略这股女性追求自主的创业风气。不过由于社会角色与自我定位的差异，女性的创业自信心低于男性，而且女性创业的行业性质、资金需求规模、对于成长的期望等也略不同于男性，因此在创业政策研拟与创业辅导机制设计上，也需要针对女性创业的独特需求加以量身订制。由于女性占到整体人口的半数，未来将需要对于女性创业的特征与独特需求进行更深入的研究，台湾当局有关部门也有必要针对女性创业需求研拟相关创业政策。

创业年龄年轻化是全球普遍的趋势，在许多创新驱动经济体中，25～34 岁青年人已经成为创业的主力族群。比较起来，我国台湾地区在鼓励与协助青年创业方面还有许多需要努力的地方。不过，我国台湾地区45～54 岁中年族群竟有高达5.5%投入于创业活动，并成为新生创业家，这项比例是所有其他年龄层最高的。这样的现象，一则彰显中年失业问题的严重性，二则似乎也代表老龄化社会来临的征兆。因此，建议未来在创业政策研拟上，除了要更积极推动青年创业的各项鼓励措施外，对于中年创业需求的社会变迁趋势，也必须加以重视，并提供配套的辅导措施。

（三）结合中国大陆市场机会，加速国际化与创新程度

高成长创新导向的创业活动攸关我国台湾地区下一阶段的经济发展能量，但是 GEM 调查显示我国台湾地区早期创业活动的创新强度与市场国际化程度都低于创新驱动经济体的平均值，而经由交叉分析发现，创新强度与市场国际化程度

两者之间呈现紧密的正相关。这代表新创企业需要借助较大规模的市场需求来提升创新强度，进而带动企业的成长，因此所谓"瞪羚"企业也需要有一片庞大"草原"让它奔驰滋养，方得以飞速成长。

我国台湾地区当前的创业活动主要集中于内需导向的第三产业，但由于我国台湾地区市场规模有限，早期创业活动的创新程度与成长性都相对不足。两岸签署海峡两岸经济合作框架协议（Economic Cooperation Framework Agreement，ECFA）之后，中国大陆内需市场将逐渐向台湾地区全面开放，因此建议未来我国台湾地区的创业活动应主动将大陆市场机会纳入考虑，借以加速企业市场国际化发展的速度，并促成更多高成长创新导向的新创企业。而台湾当局有关创业辅导机构也应及早建构两岸创业的合作网络，协助新创企业发掘中国大陆市场机会，提供市场信息，协助建立品牌通路与市场营销，甚至鼓励创业家自中国大陆市场取得创业资源与发展策略联盟关系。

展望未来 20 年，中国市场仍将是推动全球经济增长的主要引擎，而过去数年 GEM 调查结果也显示，中国的创业活动能量高居全球前列，中国市场充满了创业商机，中国社会充满了创业活力。因此，中国台湾地区如果想要实现亚洲创业中心的愿景，显然结合中国市场商机与推动两岸创业合作联盟，将是无可回避的策略选择。

（四）进一步提升大学创业育成机制的功能

我国台湾地区目前已成立 173 所大专院校，拥有 3 万多名具有高学历的教师与 20 万名就学中的硕博士学生，而 87%的博士级研究人力任职于学术界，大学可谓是全社会精英人才汇聚之地，也是孕育新时代高成长创新导向新创企业的最佳场域。国内虽有百余所大学创新育成中心，但由于资源能力不足，欠缺专业辅导能量，大都流于招商、中介技术转移，提供行政服务的角色，并无法有效提供创业育成所需的全方位专业服务。

此外，本书建议有必要进一步提升大学创业育成的功能，鼓励校园研发团队自主创业，主动将前瞻性科技推广到市场中，衍生为新事业，进而带动新兴产业的形成。如果大学研发成果每年能够催生数十家属于高成长创新导向的校园新创企业（类似：无名小站、YouTube、Yahoo……），相信必能有助于引发校园内的创业精神，进而带动师生将研发成果衍生成立新公司的强烈意愿。因此，建议台湾当局可编列必要经费，协助创新育成中心筛选具有高成长创新导向特质的"瞪羚"企业，提升育成中心的辅导能量，以能在新事业发展初期给予全方位的专业协助。

为推动大学衍生企业，可鼓励大学募集创业育成基金，寻找适当的策略合作伙伴，引进资金、人才，并制定对衍生企业的管理权责、利益分配及相关的退出机制。台湾当局支持的产学合作平台亦可编列种子基金（天使基金），以支持大学研发成果商业化与衍生企业。另可运用区域创业服务中心作为资源整合的窗口，结合该地区专业师资与创业社群网络，发展一套具有代表性特色的创业学程，以中央厨房方式开设联合课程，在各校园积极推动创业教育，培育新时代的创业人才，整体带动校园内的创业风气。

2009 年中小企业白皮书统计发现，我国台湾地区企业分布呈现"M"形结构，微型与大型企业数量增加，而中小型企业数量减少。这个趋势代表采取模仿跟进与成本竞争模式的传统中小企业已无法应对知识经济时代的挑战，因此我们迫切需要发展新时代的中小企业，也就是孕育一群以创新为导向，能创造差异化优势，具有高附加价值与高成长潜力的新创企业。而如何强化现有的创业育成体系，建构创业资源整合平台，鼓励教师与学生以创业行动将校园研发成果商业化，将攸关未来我国台湾地区新时代中小企业的孕育与成长。

第十一章　台湾创业成长期待的研究[①]

第一节　绪　论

　　20 世纪 30 年代苏联经济学家 Kondratieff 的研究发现，驱动资本主义经济成长的主要动力来自重大科技创新。40 年代美国经济学家 Schumpeter（1934）继承 Kondratieff 的主张，进一步以具体数据验证创新对于经济成长的贡献。如今经济学界已普遍认定，发达国家经济成长中七成来自创新的贡献。近代管理大师 Drucker（1993）则认为，创新与创业是促成美国经济发展以及造就新经济奇迹的最主要力量。创业管理大师 Timmons 和 Spinelli（2007）更强调创业型社会是造就美国富强的最主要因素，而创业活动才是创造新工作机会的主要源头。究竟创业活动对于经济成长的贡献有多大？是否所有的创业活动都会有益于经济成长？如果不是的话，那么哪一种类型创业活动对于经济成长以及创造新工作机会的贡献最为显著？这些问题都将是本书探讨的重点。

　　GEM 的调查数据显示，经济落后地区通常拥有比较高比例的创业活动，但随着经济成长，创业人口比例下降，而就业人口比例逐渐上升，因此要素驱动经济体的早期创业活动比例值要比效率驱动经济体高。由这样的变化趋势来看，创业活动对于经济成长的贡献程度将随着经济成长而逐渐下降。但是当经济增长方式转变为以创新作为主要驱动因素，这时创业活动与经济成长又出现正相关，早期创业活动比例值将随着经济成长而不断上升。在 GEM 2010 年的全球调查报告中，早期创业活动比例值与经济成长明显呈现"U"形关系。

　　为进一步说明"U"形曲线变化关系，可将创业活动区分为需求型与机会型。GEM 调查显示，随着经济成长，需求型创业活动的数量比例呈现快速衰减，这是导致"U"形曲线左半部下降的原因（Kelly et al., 2011）。但随着经济成长，机会型创业活动开始出现，尤其当经济发展模式进入创新驱动的阶段，社会整体的创业环境与机制已大幅完善，导致追求高成长的机会型创业活动开始快速增长，成为带动经济成长的主要力量。因此高成长机会型创业活动数量比例的增加，是导致"U"形曲线右半部上升的原因。

　　我国台湾地区目前正处于产业结构变迁、国际市场环境变迁、全球竞争格局

---

①　本章出自刘常勇和谢如梅（2012）。

变迁、科技与商业模式变迁的关键阶段，过去依赖欧美市场，运用先进国家技术，参与全球产业分工的经济发展模式已经走到了尽头，显然我国台湾地区需要一股新的力量来驱动经济再度成长。GEM 2010 年年报描绘的经济表现与早期创业活动的"U"形关系显示出我国台湾地区刚好处于"U"形的谷底，正要进入创新驱动经济体，代表高成长机会型创业活动将成为驱动我国台湾地区经济增长的最主要动力。如何促成大量具有创新特色的创业活动，鼓励具有高附加价值与高成长特质的新创企业的设立，以创新技术、产品、商业模式带动新兴产业发展，将是下一阶段我国台湾地区经济发展面对的最大挑战。

　　由于追求高成长的创业活动将攸关我国台湾地区下一阶段经济发展的成就，本书将探讨我国台湾地区创业家对于新事业成长的期待，并设法辨识高成长创业活动的特征，以及如何育成更多高成长新创企业以带动我国台湾地区经济的持续增长。

第二节　文献探讨

　　虽然创业对于经济成长具有贡献的观念已被普遍认同（Schumpeter，1934；Landes，1998），但是哪一种类型的创业活动对于经济成长贡献更为显著？是否"瞪羚"企业会比微型创业对于经济成长的贡献更大一些？是否创业家的成长期待对于企业成长以及经济成长产生正面影响？哪些因素造成创业家对于新事业的高成长期待？这些议题仍是许多创业研究学者探讨的重点（Stam et al.，2011；Parker，2009）。以下我们大致归纳过去的研究观点。

一、创业家的成长期待

　　许多文献将创业家定义为具有创业精神的一群人，他们积极寻求机会，勇于承担风险，采取行动，筹措资源，将机会转化为新事业，以创新的产品与商业模式，带动新事业成长，并将成果回馈给员工、股东及创业团队（Timmons and Spinelli，2007；Shane and Venkataraman，2000）。创业家拥有创新思维，运用创新技术与营运模式，将有限资源做最有效率的发挥，他们不但填补未被满足的需求，还能创造新需求以及带动新兴产业的发展，为社会创造大量的新工作机会，并受到尊崇与肯定。

　　但在真实世界中，创业家并不尽然都具有创业精神，许多人是因为无法找到工作，而被迫投入创业。他们所从事的行业并不新颖，产品与服务也不具有创新特色，经营获利仅能供个人与家庭维生，当然企业也不具有任何成长的企图。在芬兰成立三年的新创事业，有一半的比例仅有创业者一位员工；也就是说，高比例的新创企业只是一家自雇型的公司（Autio，2011）。在我国台湾地区成立未满三年半的新创企业中，也有 38.5%完全不具有成长性。

GEM 调查中也显示，早期创业活动中有很高比例属于不具有成长性的微型企业。这类微小企业经常由于经营效率低，产品服务不具有竞争性，因此失败率很高。更具体地说，虽然创业活动日趋普及，但高成长新创企业应该才是国家经济发展的重要支柱（Gundry and Welsch，2001）。

若创业者对事业成长没有任何期待，则新事业的发展必将受限，因此创业成长期待是影响企业成长的要素（Davidsson，1989）。Wiklund 和 Shepherd（2003）以计划行为理论（the theory of planned behavior，TPB）为基础，探讨创业者成长期待对其成长绩效的影响，并以创业资源与机会为调节变量，结果发现成长期待的确为相当重要的预测变量。Stam（2011）针对不同所得水平的国家进行比较研究，发现高成长期待创业活动与一般创业活动相比，对于高所得国家的经济成长贡献更为显著。

虽然创业家成长期待未必等同于新创企业的真实成长，但是许多具有代表性的研究均支持创业家成长期待与实际成长之间存在密切关系（Baum et al.，2001；Wiklund and Shepherd，2003），因此本书研究也认同 GEM 将创业家成长期待视为评量新创企业成长性的指标，并采取 Autio（2011）以创业家预期未来五年新增雇用人数大于等于 20 人作为高成长期待创业活动的定义。

二、高成长新创企业的效益

创新驱动经济体所面临的最大问题就是，无法创造足够的优质工作机会。进入发达地区行列的代价，就是失业率居高不下，进而影响整体社会的安定。因此，创造新工作机会就成为创新驱动经济体鼓励创业活动的重要目的。许多研究均指出，创业活动对于经济发展将有帮助，而那些具有高成长性的创业活动对于 GDP 增长以及创造就业机会的贡献尤其显著（Birch et al.，1996；Stam et al.，2011；Storey，1994）。

Stam 等（2011）的研究指出，一个经济体的创业活动越旺盛，则该经济体的高成长新创企业的比例也会越高，同时高成长企业与经济成长之间具有时间滞后的正向相关。不过也有学者认为高成长期待创业活动只有对于高所得国家的经济成长具有贡献，对于低成长国家的经济成长贡献不大（Valliere and Peterson，2009）。

创新驱动经济体的发展经验显示，高成长新创企业提供大部分的新工作机会。Kirchhoff（1994）对 1978 年在美国成立的新创公司进行了 8 年的追踪调查，结果发现 10%的新创企业贡献了 75%的新工作机会。Storey（1994）的研究追踪某一年度成立的所有新创企业，经过十年发展尚存活企业中，有 4%的公司创造了 50%的新工作机会，而这些高成长公司就是俗称的"瞪羚"企业。Birch 等（1996）以

"瞪羚"企业为研究对象，发现美国 1992～1996 年的就业市场中，70%的新工作机会是由这群被称为"瞪羚"的高成长新创企业所提供的。运用 GEM 数据库的研究，也大致认为约有 10%的早期创业活动将在未来提供就业市场 70%的新工作机会。

三、影响创业家成长期待的因素

创业是个人的职涯选择，因此创业活动与个人属性特征息息相关（Arenius and Minniti，2005）。Autio（2011）研究发现，年轻创业族群与高龄创业族群对于追求新创企业的成长企图较为强烈，除此之外，男性、高教育程度、高家户所得等背景的创业家，相对较具有追求高成长的意图。

Kolvereid（1992）及 Autio（2011）的研究指出，男性的创业成长期待较高，因为男性普遍从小受到鼓励要有远大的志向，应承担家庭及社会责任，故对于所创事业会有较高的成长期待。相较而言，女性则多被教导在家相夫教子、不应有太大的野心与事业心，即使去创业，也多倾向于维持家庭经济或是个人兴趣的平衡，故对创业成长期待较低。但 Greene（2000）的研究指出，除受先天社经环境影响之外，性别差异可能被人力资本与社会资本弥平。

青年创业已逐渐成为主流趋势，因此一般认为青年较具有活力及理想，对于创业充满期待与憧憬，故年龄越轻的创业者，其成长期待也会越高（Arenius and Minniti，2005）。然而中高龄者具有经验、资源以及社会网络的优势，再加上付出的机会成本较高，因此也会对于创业具有比职场就业更高的期待。年龄虽然是影响创业成长期待的重要因素，但两者可能并非线性的关系，还需要更深入的探讨。

在知识经济时代，教育程度往往被视为人力资本的代理变量（Wiklund and Shepherd，2003；De Clercq and Arenius，2006；Arenius and Minniti，2005），过去众多实证研究指出，教育程度与成长期待具有显著的正向影响关系。高学历创业代表具有较高的专业知识及能力，不仅容易辨识机会，亦有利于规划与推动事业成长（Kolvereid，1992），再加上高学历者投入创业的机会成本较高，故对于创业成长期待通常较高。

由于资金是创业的关键资源，创业者能否取得所需资金，往往与他们的经济条件相关，因此创业者的家户所得就成为影响创业决策的重要因素（Arenius and Minniti，2005）。当创业者可使用的资金较多，将较可能创立规模较大的新创事业，并且可源源不绝地注入资金以帮助企业成长，故会带来较高的成长期待（Wiklund and Shepherd，2003）。

在环境层次的变量上，新创事业若投入不同类型的产业，在成长表现上将可能会有极大的差距（Kolvereid，1992），例如，有些产业正值新兴起步阶段，有许多的创业机会及开发潜力，未来前景看好，故创业者的成长期待也会较高。然而，有些产业则可能已介于成熟，竞争激烈，也使得创业者较为保守（Wiklund and Shepherd，2003）。Autio（2011）的研究则指出，创业地区的经济发展速度也会影响创业家的成长期待。当法令对于解雇劳工给予严格限制，将会影响企业聘雇人员的意愿，尤其对于新创企业增聘人力的负面影响最为显著。

除前述创业家个人特征与环境因素之外，创业成长期待亦将与创业家的风险态度及抱负作为息息相关。由于创业过程中面临高度的不确定性与风险，若遇风险则裹足不前，缺乏冒险精神，则容易失去扩展企业的机会，故创业家的风险承受意愿将会影响他对于新事业的成长期待（Arenius and Minniti，2005）。

许多人不敢投入创业，主要是因为创业成功概率不高，因此害怕失败就成为阻碍他们投入创业的另一个原因。GEM 2010 年在我国台湾地区的调查显示，台湾成年人害怕创业失败的比例高达 43.8%，这个比例在当年参加调查的 59 个国家或地区中高居第 5 位，在参加调查的 23 个创新驱动经济体中更高居第 3 位（刘常勇和谢如梅，2011）。

美国中小企业管理局在 1999 年的一份政府报告中指出，当年共计有 588 900 个新创企业被设立，同一时间也有 528 600 家企业结束营业。虽然这个数据无法指出企业的寿命长短，不过多数研究都认同企业失败大都发生在创业的早期，GEM 的研究将创立不满三年半的企业称为婴儿期企业，因为在这个阶段的企业基础较为脆弱，死亡率相对也较高。另一份对于成立不满一年的 565 812 家新创企业进行比较详细的追踪调查显示，三年后仍然存在的企业数量为 303 517 家，这代表三年内的失败率为 46.4%。但是不同产业的失败率也有所不同，例如，在计算机软件与信息服务等产业创业的失败率为 55.2%，与在一般制造产业创业失败率 41.3% 相比要高出一截（BizMiner，2002）。

无论五成左右的创业失败率是否算高，但是在心理层面，一般人仍然认为创业不容易成功，不但失败概率很高，如果因追求事业成长而投入大量资金，则失败后果必然更严重。因此，人们普遍将创业视为一种高风险性行为，除非拥有较高的风险承受意愿，否则纵然投入创业活动，对于新事业通常也不会有很高的成长期待。

创新是成长的引擎，由过去的理论及研究结果可知，创新与经济成长具有高度的正向关系（Wong et al.，2005），而新创事业若能采用较新的核心技术、提供新颖的产品或服务给顾客，在市场上将能取得较好的竞争优势。

在全球经济流动迅速的现在，全球化竞争已势不可挡，越来越多天生国际化（born global）的新创事业，在草创初期即锁定全球市场，将产品卖向全世界的顾客。我国台湾地区属于岛型经济，加上内需市场规模较小，新创事业若能朝国际化发展，将有助于企业规模扩大。

综合上述讨论，本书拟探讨的创业家个人特征变量包括性别、年龄、教育程度、家户所得；创业环境层次的变量则聚焦于产业类型与创业地区；创业态度与抱负变量为创业者的风险承受意愿、创新程度及国际化程度。过去相关实证研究显示（Kolvereid，1992），成长期待将受到这些因素的影响。

本书将使用 GEM 在 2010～2011 年所取得的我国台湾地区成年人创业调查数据，参考 GEM 研究模型，将本书研究所关切的变量与早期创业活动之间的关系建立成图 11.1 的研究架构。早期创业活动创业家的成长期待是研究的核心议题，也是催生高成长新创企业群与带动经济成长的主要动力，而这项研究的主要目的则是想要自创业家个人特征、创业环境、创业态度与抱负之中，找出影响创业家的成长期待的关键因素。

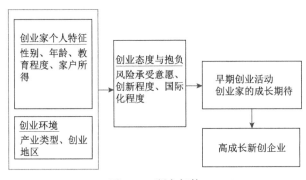

图 11.1　研究架构

第三节　研究设计与样本

为探讨影响我国台湾地区创业家成长期待的关键因素，本书将以 GEM 2010 年与 2011 年的我国台湾地区 APS 数据为依据，进行叙述性统计分析、交叉分析及回归分析。以下将简单说明 GEM 在全球所共同使用的调查架构，GEM 在我国台湾地区所采用的调查方式，以及 GEM 2010～2011 年我国台湾地区数据库的样本结构。

一、GEM 的调查架构

GEM 是目前最具规模的跨经济体合作创业研究计划，自 1997 年由 Babson College 及 London Business School 发起，至今已有 22 年历史，参与会员在 2015 年已增加至 70 个国家与地区。GEM 从严谨的学术研究理论与方法出发，以经济体为分析单位，针对各经济体的早期创业活动进行比较分析，相关研究结果对于各经济体创业政策研拟产生很大的影响（谢如梅和刘常勇，2009）。GEM 主要针对具有创业概念到成立未满三年半的早期创业活动进行调查（包括独立创业及公司内部创业），并将从事创业活动的个人定义为：目前正在进行创业规划，但企业尚未正式成立，或是现在已经在经营一个成立未满三年半的年轻企业的成年人（18～64 岁）。

GEM 将创业过程分为四个阶段。第一阶段为动心起念阶段,这个阶段的群体刚出现创业念头,但尚未采取任何创业行动,因此被称为潜在创业者。第二阶段称为新生创业阶段,此阶段的群体(潜在创业者)已具有明显的创业意图,只要他们开始进行一些创业活动,就表示已从意念阶段进入到行为阶段,因而可被称为新生创业者。此处所指的创业活动,包含努力创造一个自主、独立的企业,以及一个现有企业所资助的新企业(如子公司、分公司等)。第三阶段称为新创企业阶段,是指新事业已度过规划阶段而正式成立,虽然文献对于"企业诞生"有许多不同的衡量方式,但由于 GEM 调查涉及跨国(地区)比较,必须采用统一的衡量方式。而支付薪资给自己或员工超过 3 个月,即代表新创企业诞生,进入正式营运阶段,成为各国(地区)普遍能够接受的衡量方式。第四阶段则是针对那些创立已超过三年半的新创企业,可称之为现有企业。第二阶段与第三阶段可统称为早期创业活动阶段,也是本书研究所关注的焦点。

二、样本结构

以 2010 年及 2011 年为调查范围,以我国台湾地区 23 个县市拥有电话的用户为调查范围,以居住于调查区域范围内 18~64 岁的民众为调查对象。2010 年 5~7 月由政治大学民调中心进行随机户中抽样(随机抽取家中成员)调查访问,若对方不在则会另约时间重拨,追踪五次后才放弃,合计成功访问 2001 份民众样本,在信心水平为 95% 的情况下,抽样误差在±2.19%(刘常勇和谢如梅,2011)。2011年 5~7 月政治大学民调中心进行调查访问,合计成功访问 2012 份民众样本,在信心水平为 95% 的情况下,抽样误差在±2.18%。两年共合计 4013 份民众样本。

表11.1 为 GEM 我国台湾地区数据库的 2010 年与 2011 年创业活动阶段的数据,其中正投入于早期创业活动的样本数共有 326 人,占到全体成年人样本总数的8.1%。GEM 调查将早期创业活动区分为新生创业以及新创企业两个阶段,新生创业样本数共有 167 人,占到全体成年人样本总数的 4.1%;新创企业样本数共有 159人,占到全体成年人样本总数的 4.0%。另有设立已超过三年半的现有企业样本数272 人,占到全体成年人样本总数的 6.8%。

表 11.1　创业活动阶段数据(2010~2011 年)

	2010 年	2011 年	合计
早期创业活动	8.4%(167 人)	8%(159 人)	8.1%(326 人)
(1)新生创业	4.7%(95 人)	3.6%(72 人)	4.1%(167 人)
(2)新创企业	3.7%(72 人)	4.4%(87 人)	4.0%(159 人)
现有企业	7.2 %(145 人)	6.3%(127 人)	6.8%(272 人)

资料来源:GEM 2010~2011 年中国台湾地区数据库

本书主要分析的样本对象为从事早期创业活动的民众，我们将针对这些样本对象的性别、年龄、教育程度、家户所得、创业地区、产业类型、风险承受意愿、创新程度、国际化程度等变量对于创业成长期待的影响，进行叙述性统计分析、交叉分析及回归分析。目的是希望能找出影响创业成长期待的关键因素，并从而为如何开创更多具有高成长特征的企业提供政策建言。

第四节　研究发现与分析

一、叙述性统计及相关分析结果

GEM 调查模式将创业发展阶段区分为新生创业、新创企业及现有企业等三个阶段。表 11.2 为 GEM 关于我国台湾地区 2010～2011 年各创业阶段的创业家或企业家对于未来五年可能增雇员工人数比例的统计分析，我们将未来五年增雇员工人数大于等于 20 人视为具有高成长期待。

表 11.2　创业阶段之未来五年增雇员工人数的比例（单位：%）

创业阶段	0 人	1～4 人	5～19 人	20 人及以上
新生创业	39.3	14.8	24.1	21.8
新创企业	38.5	16.6	28.4	16.6
早期创业活动	39.4	15.8	25.8	19.1
现有企业	68.4	12.4	12.8	6.4

表 11.2 显示，新生创业的高成长期待比例为 21.8%，只是略高于新创企业的 16.6%，但新创企业却明显高于现有企业的 6.4%。早期创业活动的高成长期待比例 19.1%明显高于现有企业的 6.4%，显示出创业早期的企业成长速度要高于成熟企业的成长速度。这样的事实也与在美国的研究发现一致，新生就业机会将大部分来自新创企业，这些处于早期创业活动阶段的新创企业，它们创造就业机会的能力是现有企业的 3 倍（Timmons and Spinelli，2007）。

GEM 2010～2011 年研究经验也显示（Kelly et al.，2012），早期创业活动阶段的成长期待确实能够有效反映未来企业的实际成长表现，如果在早期创业活动阶段就不具有高成长期待，那么未来也很难发展成"瞪羚"企业，因此本书研究以早期创业活动阶段作为研究企业成长期待的主要样本对象，应具有合理性。

为了解年龄、性别、教育程度、家户所得、创业地区、产业类型、风险承受意愿、创新程度、国际化程度等各项变量在早期创业活动阶段对于成长期待的影响，我们将先进行较简单的相关分析与叙述性统计分析。

（一）性别对成长期待的影响

表 11.3 显示，性别对于成长期待具有影响，男性创业家的成长期待表现要高于女性创业家，这也与一般社会认知相符合。女性受限于传统社会角色定位以及需要承担家庭责任，其创业活动追求成长的企图心较为不足，风险承受意愿也相对较低一些，所创企业规模也大都属于微型企业，对于创造就业机会与带动经济增长的帮助并不显著。近年来我国台湾地区女性创业活动数量快速增加，已逐渐成为整体社会的创业主力，因此如何提升女性创业活动的成就表现将是值得关注的议题。

表 11.3 性别之早期创业活动未来五年增雇员工人数的比例（单位：%）

性别	0 人	1～4 人	5～19 人	20 人及以上
男性	36.6	15.6	23.4	24.4
女性	44.0	16.0	29.6	10.4

（二）年龄对成长期待的影响

表 11.4 显示，各年龄层早期创业活动阶段的高成长期待的比例互有差异，因此无法验证年龄与成长期待存在线性相关。我国台湾地区早期创业活动年龄层中以25～34 岁以及 55～64 岁两个族群拥有较高的成长期待，这样的现象与 Autio（2011）运用 GEM 资料的研究发现一致。在创新驱动经济体中，25～34 岁已成为早期创业活动的主流，而且他们对于新创事业的成长期待通常也要高于其他年龄层。我国台湾地区目前仍以 35～44 岁为创业活动的主力年龄层，但他们的创业企图心与成长期待表现仍略逊于 25～34 岁的年轻族群，这代表我国台湾地区在鼓励青年创业方面的投入还可再予强化。

表 11.4 年龄之早期创业活动未来五年增雇员工人数的比例（单位：%）

年龄	0 人	1～4 人	5～19 人	20 人及以上
18～24 岁	41.2	8.8	35.3	14.7
25～34 岁	32.6	16.9	25.8	24.7
35～44 岁	35.1	19.1	26.6	19.1
45～54 岁	49.3	16.0	22.7	12.0
55～64 岁	44.7	10.5	21.1	23.7

55～64 岁高龄族群拥有较丰富的经验与资历，使得他们对于创业有较高的成长期待。由于医疗科技进步，寿命日益延长，中高龄创业的议题也开始受到重视。这个年龄层的拼搏精神也许不如年轻人，但拥有较丰沛的资本以及产业网络关系，

对于启动创业具有优势，如果未来在环境与政策面能再加以支持，提高他们的风险承受意愿，那么他们将非常有机会创建高成长新事业。"老骥伏枥，志在千里"，张忠谋以55岁高龄返国创业，造就了我国台湾地区半导体产业的奇迹，也可作为高龄创业成功的佐证。

（三）教育程度对成长期待的影响

高学历创业者对于新事业的成长期待也相对较高，拥有硕士以上学历的创业者，无论在创业规划阶段或是新创企业阶段，对于新事业成长期待都要明显高于大专学历以下的创业者。由于高学历者的机会成本较高，除非是具有高成长与高报酬潜力的新事业机会，否则很难引发高学历人才的创业意愿。纵然高学历者一时遭遇就业困难，通常他们也不愿意投入谋生型创业，当然也很难吸引他们投入在缺乏发展前景的微型创业活动。

表11.5显示，教育程度对于成长期待具有非常显著的影响，尤其硕士（含）以上高教育程度的创业者对于新事业开发呈现非常明显的高成长期待。我国台湾地区近年来高等教育蓬勃发展，已为社会培养了一大批具有高教育程度的人才，如果未来能引导他们投入于具有高成长特征的创业活动中，将可为我国台湾地区培育一批可带动经济成长的企业。

表11.5　教育程度之早期创业活动未来五年增雇员工人数的比例（单位：%）

教育程度	0人	1～4人	5～19人	20人及以上
大学（含）以下	43.0	16.7	26.6	13.7
硕士（含）以上	15.0	10.0	24.0	51.0

（四）创业地区对成长期待的影响

由于创业初期机会发掘大都来自创业家所处的地区，创业地区的市场机会与市场规模当然也会影响早期创业活动对于新事业的成长期待。我国台湾地区经济发展的南北差距日益扩大，而东部外岛地区更因发展迟滞而人才大量外流。因此，表11.6显示，创业地区的不同确实也会影响成长期待，台中以北的早期创业活动成长期待要高于彰化以南与东部外岛地区。

表11.6　创业地区之早期创业活动未来五年增雇员工人数的比例（单位：%）

地区	0人	1～4人	5～19人	20人及以上
台中以北	36.7	15.9	25.6	21.7
彰化以南	43.8	15.2	25.9	15.2
东部外岛	45.5	18.2	27.3	9.1

进一步的分析数据则显示，南部与北部新生创业家在高成长期待的表现上似无差异，这代表创业企图心是我国台湾地区民众的普遍特征，不会受到地区的影响。不过对于那些已经创业但尚不满三年半的新创企业的创业家而言，南、北两个地区在高成长期待方面出现较明显的差距，南部地区创业家的成长期待要低于北部创业家。这代表南部地区市场环境较为不利于新创事业追求高成长，因此也反映在南部地区现有企业的成长期待明显低于北部地区。

（五）产业类型对成长期待的影响

表 11.7 显示，各产业早期创业活动阶段的高成长期待的比例差异不大，显示出产业类型对于早期创业活动阶段的成长期待将不会有所影响。由于早期创业活动中有高达 78.7%的比例都投向服务产业，而且服务产业目前占我国台湾地区生产总值的比重达七成以上，但表 11.7 显示服务产业的未来成长性以及创造就业机会的表现相对制造产业并不具有任何较佳的表现。

表 11.7　产业类型之早期创业活动未来五年增雇员工人数的比例（单位：%）

产业类型	0 人	1～4 人	5～19 人	20 人及以上
农渔牧矿原料采集产业	33.3	8.4	33.3	24.9
制造与建筑产业（第二产业）	39.3	17.9	19.6	23.2
商业服务产业（第三产业中提供较高附加价值与知识密集的专业服务）	29.4	11.8	35.3	23.5
个人服务产业（第三产业中提供较低附加价值与劳动力密集的个人服务）	41.5	17.4	25.1	15.9

服务产业中商业服务产业的知识密集程度较高，所创造的附加价值也较高，但我国台湾地区早期创业活动在商业服务产业的占比严重偏低（12.5%），而且商业服务产业的创业成长期待的实际表现也不理想。我们将早期创业活动进一步区分为新生创业与新创企业两个群组来检视，虽然投入在商业服务产业的新生创业有高达 39.1%的比例具有高成长期待，不过当新企业正式成立后，该产业的新创企业仍维持高成长期待的比例却快速下降为 10.3%。这代表这些投入于商业服务产业的新创企业发现无法实现原来预期的成长目标，纷纷降低它们的成长期待。而且该产业的现有企业中更有69%的企业家已不认为自己的事业还有任何成长空间。这些数据似乎代表我国台湾地区整体的商业服务产业已陷入发展的瓶颈，这可能是未来产业结构调整与产业升级必须克服的挑战。

（六）家户所得对成长期待的影响

表 11.8 显示，家户所得对于创业成长期待呈现正相关的影响，代表家户所得高不但可以提升风险承受能力，同时也有助于提供创业所需要的启动资金。不过，当所得高于一定程度以后，似乎高成长期待的比例就不再上升，显示出家户所得高虽然有利于提升成长期待，但是这种促进只有部分效果。这也符合许多创业文献主张，资金是推动创业的必要条件，但却不是影响创业成败的最重要因素（Timmons and Spinelli，2007）。具有成长潜力的新创企业通常都能自外部取得资源支持，自有资金并非创业资源的唯一途径。

表 11.8 家户所得之早期创业活动未来五年增雇员工人数的比例（单位：%）

家户所得	0 人	1～4 人	5～19 人	20 人及以上
0～399 999 元新台币	54.0	14.9	20.7	10.3
400 000～799 999 元新台币	37.8	16.3	26.5	19.4
800 000～1 599 999 元新台币	28.3	25.0	25.0	21.7
1 600 000～2 399 999 元新台币	19.2	11.5	23.1	46.2
2 400 000～3 199 999 元新台币	15.4	15.4	30.8	38.5
3 200 000 元新台币及以上	25.0	0	37.5	37.5

（七）风险承受意愿对成长期待的影响

GEM 2010 年年报资料指出，我国台湾地区受访者害怕创业失败的比例在 59 个经济体中高居第 5 位，代表我国台湾地区创业家的风险承受意愿偏低。表 11.9 显示，风险承受意愿将影响投入在早期创业活动创业家对于新事业的成长期待。那些风险承受意愿较低的早期创业活动，将相对比较不具备高成长期待，较难发展成为高成长的企业。因此，如何提升我国台湾地区创业家的风险承受意愿，将是未来创业教育与创业政策制定上的重要工作挑战。

表 11.9 风险承受意愿之早期创业活动未来五年增雇员工人数的比例（单位：%）

风险承受意愿	0 人	1～4 人	5～19 人	20 人及以上
风险承受意愿高	34.6	15.2	27.8	22.4
风险承受意愿低	52.2	15.6	21.1	11.1

（八）创新程度对成长期待的影响

创新与创业之间存在极为密切的关系，创新导向的创业活动较能为经济增长提供协助，同时新事业也会有较高的成长机会。GEM 调查主要询问潜在顾客是否认为你所提供的产品/服务是新颖且具差异化，以及是否只有少数或没有竞争厂商能够提供类似的产品/服务。如果创业家在这两个问项均填答"是"，则可视为该项创业活动具有很高的创新程度。如果只有其中一项答"是"，则被视为中等创新程度，如果两项皆为"否"，则创新程度偏低。我国台湾地区早期创业活动的高创新强度比例为 26.2%，略低于创新驱动经济体的平均值 27.04%，在 59 个经济体中排名第 21 位，显示出我国台湾地区创业活动创新程度部分表现尚有较大的进步空间。

理论上创新程度将是影响成长期待的重要因素，表 11.10 显示两者呈现正相关，但不具有统计显著。具有高创新强度的早期创业活动，只有 24.1%的比例属于高成长期待，而那些无创新，属于复制型的创业活动，也有 15.9%的比例具有高成长期待，显示出还有其他比创新更重要的变量可影响成长期待。

表 11.10　创新程度之早期创业活动未来五年增雇员工人数的比例（单位：%）

创新程度	0 人	1～4 人	5～19 人	20 人及以上
无创新	51.1	17.0	15.9	15.9
创新程度低	37.1	13.8	30.8	18.2
创新强度高	31.3	18.1	26.5	24.1

（九）国际化程度对成长期待的影响

市场国际化是以国外客户占新创企业营业比重作为评量创业活动国际化程度的依据。一般认为创业是一种地方性的企业经营活动，尤其在企业初创阶段，通常较难具备进军国际市场所需的各项优势条件。不过一个经济体的创业活动国际化程度越高，则代表该经济体的国际竞争力越强，比较能够通过出口为其创造更多的财富，当然也必然有利于经济增长。因此，国际化程度在 GEM 调查架构中被视为一项与成长期待之间具有紧密关联的重要变量。

一般而言，较大市场规模与地理面积经济体的创业活动大都还是集中于国内市场，因此中国创业活动的国际化程度就低于牙买加这类小型经济体。欧洲地区经济体的边境相连，历史与文化关系密切，而且已形成欧盟的政经组织，因此像比利时、挪威、冰岛等国创业活动的国际化程度都很高。我国台湾地区是一个出口导向的经济体，市场国际化一向受到高度重视。但依据 GEM 2010 年的调查数据，我国台湾地区早期创业活动中属于高国际化程度（超过 25%顾客在国外）仅有 11.9%，而低国际化程度（1%～25%顾客在国外）也只有 19.56%。也就是说，我国台湾地区早期创业活动中仅有 31.46%具有某种程度的国际化表现，这个比例远低于创新驱动经济体的平均值（56.94%），排名倒数第 5 位，显示出还有很大的改善空间。

表 11.11 显示，国际化程度非常明显地影响成长期待，尤其那些具有高国际化程度的早期创业活动，44.7%具有高成长期待，而那些无国际化表现的创业活动，只有 12.2%具有高成长期待，显然前者要高出一大截。高国际化程度创业活动的 44.7%高成长期待，也要比高创新程度的 24.1%高成长期待高出许多，显示出国际化程度对成长期待的影响要比创新程度大。

表 11.11　国际化程度之早期创业活动未来五年增雇员工人数的比例（单位：%）

国际化程度	0 人	1～4 人	5～19 人	20 人及以上
无国际化	43.1	20.4	24.3	12.2
低国际化程度	40.2	13	29.3	17.4
高国际化程度	23.7	5.3	26.3	44.7

（十）相关分析结果

表 11.12 显示，性别、教育程度、家户所得、风险承受意愿、国际化程度等变量与创业成长期待呈现显著的正向关系。其中，教育程度与国际化程度对于创业成长期待的影响最为显著，代表这两个变量是探讨我国台湾地区创业家成长期待绝对不能忽视的关键要素。创新程度对于成长期待的影响虽未达统计显著，但仍呈现正向影响关系，再加上创新程度与国际化程度的相互关系十分显著，因此探讨创业成长期待的关系变量仍应将创新程度纳入考虑。

表 11.12　研究变量的相关分析

项目	（1）	（2）	（3）	（4）	（5）	（6）	（7）	（8）	（9）
（1）性别									
（2）年龄	-0.092								
（3）教育程度	0.066	-0.112*							
（4）家户所得	0.179**	-0.118*	0.244**						
（5）创业地区	-0.082	0.035	-0.092	-0.088					
（6）产业类型	-0.111*	-0.073	-0.019	-0.156**	0.075				
（7）风险承受意愿	0.119*	-0.119*	0.088	0.139*	-0.088	0.071			
（8）创新程度	-0.042	-0.126*	0.144**	0.081	0.015	0.105	0.156**		
（9）国际化程度	-0.038	0.041	0.132*	0.160**	-0.169**	-0.096	0.071	0.199**	
（10）成长期待	0.173**	-0.025	0.283**	0.185**	-0.091	-0.104	0.127*	0.075	0.245**

*$p < 0.05$，**$p < 0.01$

二、交叉分析结果

在前述叙述性统计分析中发现，性别[1]、教育程度、国际化程度等三个变量在早期创业活动阶段对于新事业成长期待的影响最为显著，因此我们将进行交叉分析，以进一步了解当受到其他变量影响时，这三个变量是否仍对成长期待存在显著影响。

（一）以性别变量进行交叉分析

以性别变量对教育程度、家户所得、创业地区、风险承受意愿、创新程度、国际化程度等变量进行交叉分析，表 11.13 的卡方检验结果有以下发现。

表 11.13　以性别变量进行交叉分析之卡方检验结果

交叉分析变量对象	卡方检验结果显著	卡方检验结果不显著	说明
教育程度	女性男性	无	教育程度变量对所有性别创业家的成长期待都会有显著的影响，也就是说，高教育程度对于创业成长期待的正向影响不会因性别差异而有所改变
家户所得	女性	男性	家户所得变量只对女性创业家的成长期待有显著的影响。男性创业家的成长期待相对比较不会因为家户所得变化而受到显著影响
创业地区	女性	男性	创业地区变量只对女性创业家的成长期待有显著的影响。男性创业家的成长期待相对不会因为创业地区的差异而受到显著影响
风险承受意愿	无	女性男性	性别变量对创业家的成长期待的影响并不会受风险承受意愿高低的影响
创新程度	男性	女性	创新程度变量只对男性创业家的成长期待有显著的影响。女性创业家的成长期待相对比较不会因为创新程度高低而受到显著影响
国际化程度	女性男性	无	国际化程度变量对所有性别的创业家的成长期待都会有显著的影响，也就是说，国际化程度对创业成长期待的影响不会因性别差异而有所改变

（1）男性在高成长期待的表现要高于女性，但是拥有硕士以上学历女性创业家的高成长期待比例却完全不逊于高学历的男性创业家。这显示出教育程度对高成长期待的影响要高于性别上的差异。这代表将女性定位为家庭责任优先于个人事业发展的传统社会观念可能不再适用于拥有较高教育程度的女性创业家。

（2）南北地区差异因素对男性创业家的成长期待影响较小，而对女性创业家

---

[1] 具体分析见"（六）家户所得对成长期待的影响"，"家户所得"并非影响成长期待的关键因素，故进行进一步交叉分析时，选择"性别"。

的影响则更为显著一些。这显示出南部地区的社会观念仍较为保守，女性的社会角色定位仍以家庭为主，因此创业地区对于女性创业的成长期待会有比较显著的影响，这也是南部地区推动女性创业工作所面临的挑战。

（3）家户所得因素对于男性创业家的成长期待影响较小，而对于女性创业家的影响则较为显著。这样的差异显示出男性创业家对于追求事业成就的企图心仍比女性强烈。中国自古就有英雄不论出身的说法，在中国台湾地区早期许多成功的创业家都是男性，而且出身贫寒，可能也是导致男性创业家对于事业的成长期待比较不会受到家户所得高低的影响的原因。

（4）将性别与创新程度做进一步的交叉分析，发现创新程度只对男性创业家的成长期待影响较为显著，对于女性创业家的成长期待影响并不显著。可能是因为女性较多投入于微型创业活动，所以成长期待比较不受创新程度的影响。但国际化程度对成长期待产生显著的正面影响，对于男、女创业家都一体适用，并不受性别的影响。

（二）以教育程度变量进行交叉分析

以教育程度变量对性别、家户所得、风险承受意愿、创新程度、国际化程度等变量进行交叉分析，表 11.14 的卡方检验结果有以下发现。

表 11.14　以教育程度变量进行交叉分析之卡方检验结果

交叉分析变量对象	卡方检验结果显著	卡方检验结果不显著	说明
性别	大学（含）以下教育程度	硕士（含）以上教育程度	性别变量只对大学（含）以下教育程度创业家的成长期待有显著的影响。硕士（含）以上教育程度创业家的高成长期待不会受到性别变量的影响
家户所得	大学（含）以下教育程度	硕士（含）以上教育程度	家户所得变量只对大学（含）以下教育程度创业家的成长期待有显著的影响。硕士（含）以上教育程度创业家的高成长期待不会因为家户所得低而受到影响
风险承受意愿	大学（含）以下教育程度	硕士（含）以上教育程度	风险承受意愿变量只对大学（含）以下教育程度创业家的成长期待有显著的影响。硕士（含）以上教育程度创业家的高成长期待不会因为风险承受意愿低而受到影响
创新程度	大学（含）以下教育程度	硕士（含）以上教育程度	创新程度变量只对大学（含）以下教育程度创业家的成长期待有显著的影响。硕士（含）以上教育程度创业家的高成长期待不会因为创新程度低而受到影响
国际化程度	大学（含）以下教育程度、硕士（含）以上教育程度	无	国际化程度变量对所有教育程度创业家的成长期待都会有显著的影响，也就是说，国际化程度对创业成长期待的影响不会因教育程度高低而有所改变

（1）一般认知以为男性在高成长期待的表现要高于女性，但是当创业者拥有高教育程度，那么性别对于成长期待就不再是一项影响因素。也就是说，高学历女性创业家的成长期待也完全不逊于她的男性伙伴。这点印证了教育可以改变社会对于女性传统定位的观点，同时也说明教育程度变量对创业成长期待的影响要高于性别变量。

（2）家户所得虽然影响成长期待，不过这样的主张只对于大学（含）以下学历程度的创业者显著，对于拥有硕士（含）以上学历者的创业活动，家户所得与高成长期待的关系就不显著。这代表具有高教育程度的创业家较有能力自外部取得所需要的资金来实现成长目标，因此新事业发展比较不受家户所得高低的影响。

（3）高学历创业者的成长期待相对也比较不受风险承受意愿及创新程度高低的影响。那些拥有硕士（含）以上学历创业者纵然在风险承受意愿低或创新程度不高的情况下从事创业活动，他们的成长期待依然维持在较高的水平。这点也说明高学历创业者的机会成本较高，因此纵然害怕失败，仍不放弃对于追求高成长新创企业的坚持。

（4）国际化程度依然是对于成长期待最具影响力的变量，在交叉分析中也显示不会受教育程度与性别等两个变量的影响。这显示出在我国台湾地区这样的小规模市场中进行创业，充分把握国际市场机会，才是成就高成长企业的最佳策略。

（三）以国际化程度变量进行交叉分析

以国际化程度变量对性别、教育程度、家户所得、风险承受意愿、创新程度等变量进行交叉分析，表 11.15 的卡方检验结果有以下发现。

表 11.15　以国际化程度变量进行交叉分析之卡方检验结果

交叉分析变量对象	卡方检验结果显著	卡方检验结果不显著	说明
性别	无或低国际化程度	高国际化程度	性别变量只对无或低国际化程度创业家的成长期待有显著的影响。高国际化程度创业家的高成长期待不会受到性别变量的影响
家户所得	无	无或低国际化程度、高国际化程度	国际化程度变量对创业家成长期待的影响并不会受到家户所得高低的影响
风险承受意愿	无或低国际化程度	高国际化程度	风险承受意愿变量只对无或低国际化程度创业家的成长期待有显著的影响。高国际化程度创业家的高成长期待不会因为风险承受意愿低而受到影响

续表

交叉分析 变量对象	卡方检验 结果显著	卡方检验结果 不显著	说明
教育程度	无或低国际化程度、高 国际化程度	无	教育程度变量对于所有国际化程度创业家的成长期待都会有显著的影响，也就是说，教育程度对创业成长期待的影响不会因为国际化程度高低而有所改变
创新程度	无或低国际化程度	高国际化程度	创新程度变量只对无或低国际化程度创业家的成长期待有显著的影响。高国际化程度创业家的成长期待相对比较不会因为创新程度高低而受到显著影响

（1）性别、风险承受意愿、创新程度等三个重要变量只有在国际化程度较低的情况下才会对创业成长期待产生影响。如果早期创业活动的国际化程度很高，那么上述三个变量都将无法影响创业家对于新事业未来的高成长期待。这显示出高国际化程度变量与高成长期待之间呈现难以撼动的正向关系。

（2）教育程度变量对于所有国际化程度创业家的成长期待都会有显著的影响，也就是说，不会受到国际化程度高低影响而有所改变。这也显示出，教育程度将是国际化程度之外，另一项紧密影响创业成长期待的关键变量。因此，如果高学历创业者在早期创业阶段就已积极地投入于国际市场，我们可以预期这样的创业模式必将追求高成长目标。

（四）回归分析结果

在叙述性统计分析中，我们发现性别、教育程度、家户所得、风险承受意愿、国际化程度、创新程度[①]等几个变量对于早期创业活动阶段的成长期待有较为显著的影响。为了进一步检验这些变量对成长期待影响程度的高低，以及变量间交互作用对成长期待的影响，我们采用两阶段的回归分析。在统计分析过程中，我们将主要变量减去其平均数，进行集中化处理，以避免共线性问题（表11.6）。

表 11.16　成长期待的回归分析表

变量	成长期待	
	模式一	模式二
性别	0.130^*	0.130^*
教育程度	0.227^{***}	0.183^{**}

---

① 具体分析见前文"（十）相关分析结果"。

续表

变量	成长期待	
	模式一	模式二
家户所得	0.053	0.073
风险承受意愿	0.059	0.065
国际化程度	0.219***	0.183**
创新程度	0.020	0.027
教育程度×国际化程度		0.155**
创新程度×国际化程度		0.115*
R^2	0.158	0.198
ΔR^2		0.04
F 值	8.140***	7.958***

*$p < 0.05$，**$p < 0.01$，***$p < 0.001$

由模式一分析结果发现，虽然所有变量与成长期待均呈现正向关系，但其中性别（$\beta = 0.130$，$p < 0.05$）、教育程度（$\beta = 0.227$，$p < 0.001$）及国际化程度（$\beta = 0.219$，$p < 0.001$）等三个变量对成长期待具有显著的正向影响。

虽然创新程度与成长期待不具有显著的正向关系，但在交叉分析中我们发现创新导向的新事业开发在国际市场上才较具有竞争优势，因此在模式二中增列创新程度与国际化程度交互项这个变量。模式一结果显示，教育程度与国际化程度等两个变量与成长期待的关系最为密切（$p < 0.001$），这也印证了交叉分析的主张，因此也将这两个变量的交互作用增列于模式二的分析。

模式二的分析结果显示，教育程度与国际化程度的交互作用（$\beta = 0.155$，$p < 0.01$）、创新程度与国际化程度的交互作用（$\beta = 0.115$，$p < 0.05$）等两个变量均呈现显著的正向关系，而且增加这两个交互作用变量后，模式二的解释力增加 4%（R^2 值由 0.158 增加为 0.198），显示出这两个交互作用变量对于成长期待确实产生显著影响。

第五节 结论与建议

一、结论

本书以 GEM 2010～2011 年共计 326 项我国台湾地区早期创业活动样本数据为研究对象，叙述性统计分析发现，性别、教育程度、年龄、家户所得、创业地区、风险承受意愿、国际化程度及创新程度等变量将影响我国台湾地区创业家的成长期待。以性别做进一步的交叉分析则发现，高成长期待男性创业家的特征为高学历、家户所得高、风险承受意愿高、国际化程度高、创新程度高；高成长期待女性创业家特征为高学历、居住在北部地区、风险承受意愿高、国际化程度高。在进一步的回归分析中发现，性别、教育程度、国际化程度等三个变量对高成长期待的影响特别显著，另外创新程度与国际化程度的交互作用亦呈现显著，显示出在国际化程度较高的情况下，创新程度才会对成长期待产生较显著的影响。

以下我们针对我国台湾地区创业家成长期待的研究发现做进一步的讨论。

（一）性别因素不宜被视为影响创业成长期待的重要因素

研究中发现男性在创业活动过程中相对女性具有较高的创业成长期待，而且这样的发现基本符合传统认知。女性由于社会角色定位，较多投入于能兼顾自主与家庭需求的微型创业。因此，家户所得变量对于女性创业家的成长期待虽然较男性为显著，但是如果女性因为家庭因素而将创业规模定位为微型，那么她们的创业成长期待恐将不易因为家户所得提高而有显著的改变。

传统社会对于女性角色定位的僵固性，在地域观念较为保守的南部与东部外岛地区尤其明显，因此那里的女性创业活动对于新事业成长期待也要明显低于北部地区，而后者属于经济较发达与观念较开放的城市地区。创业地区因素对于男性创业家成长期待的影响就相对不明显，南部与东部外岛地区的男性创业家仍然拥有与北部差距不大的成长期待。

显然创业对于大部分女性而言，更多是追求独立自主、兼顾家庭照顾及为家庭增加额外收入，她们并不积极追求事业成长，对于创建宏伟企业的企图心并不强烈。这也基本反映女性创业活动的特征，大都从事风险较低的微型创业，或发展能够兼顾家庭的个人工作室。

然而男性与女性仅是性别上的差异，似不应在创业目标追求上有如此巨大差异。显然是社会角色与个人认知，才造成女性创业发展的局限性。因此研究中我们也发现，高学历以及国际化程度较高的女性就能够摆脱传统社会角色的限制，她们也与男性一般在新事业开发过程中创造卓越的成就。王雪红等杰出女性创业家的表现可以证明女性与男性同样具有能够开创高成长"瞪羚"企业的能力。

随着两性平权观念日益普及，女性在家庭的地位与角色将获得提升，女性的自我价值认知也将进一步强化，预期未来性别因素对于创业成长期待的影响也将日益弱化。再加上，女性投入创业活动的比重不断提高，女性创业对于整体经济发展将扮演越来越重要的角色。因此，我们主张不宜将性别再视为影响创业成长的关键因素，反而应该更积极改变社会对于女性角色定位的认知，提升女性的创业成长期待，并且在创业机会认知、创业能力提升、创业资源提供方面给予更多的协助。

（二）教育程度与国际化程度两个变量对创业成长期待的影响最为显著

叙述性统计分析与交叉分析均显示，教育程度与国际化程度对创业成长期待的影响最为显著，而回归分析再次验证当两者均高时，对于创业的成长期待的影响将更为显著。

一般认为，高学历者拥有比较强的就业竞争优势，创业通常不会是他们的优先选项，再加上高学历未必能够提升创业成功的概率，因此高学历创业者的机会成本相对比较高，这是导致他们对于新事业成长期待较高的原因。高学历创业者对于新事业开发的高成长期待并不会受到风险承受意愿、家户所得及性别的影响。因为一旦他们决定投入创业行列，将不会甘于只是经营一项没有成长潜能的微型企业，谋生不是创业的主要动机，唯有建立一个具有高成长前景的新事业，方可平衡高学历创业者所付出的机会成本。

不过也因为高学历者的机会成本较高，创业通常不是职涯规划的优先选项，所以创业人口中拥有高学历的比例较低，在台湾地区早期创业活动人口中仅有10.6%拥有硕士以上学历，显示出如何鼓励高学历者投入创业行列、如何为高学历者创业提供更多更丰富的成就诱因，就成为在创业政策研拟上的重要工作。

同样地，国际化程度成为影响创业成长期待的关键因素，也与台湾地区市场规模较小有相当的关系。一般早期创业活动大都定位在本地市场，要等到企业立足市场，进入成长期阶段，方才考虑进军国际市场。如果能在早期创业活动阶段就将眼光放到国际市场，并进行国际营销，当然可以预期创业家对于新事业必然具有很高的成长期待。台湾地区的早期创业活动有78.6%投入在服务产业，而我国台湾地区在该产业的国际市场竞争力相对薄弱，因此早期创业活动具有高度国际化的比例也仅有11.9%。

如果高学历与高国际化程度是育成高成长新创企业的重要条件，那么这两项因素恰是台湾早期创业活动的弱项，由此也可说明早期创业活动中具有高成长期待比例不高（仅占19.1%）的原因。这也代表台湾地区未来如果要以开创更多高成长"瞪羚"企业来带动经济增长，那么首先必须克服高学历者创业意愿不足以及创业活动国际化程度太低两项瓶颈。我们以为，未来台湾需要在创业环境层面、结构层面及政策层面进行大幅度的改造创新，否则难以引导更多高学历者投入于具有高度国际化特色的创业活动，当然也无法大量育成高成长创新型中小企业。

（三）创新程度需要与国际化程度结合，对于创业成长期待的影响才会较为显著

许多文献均强调创新程度与创业成长期待之间呈现紧密的正向关系，而所谓高成长企业的特色就是创新投入量大，创新差异化程度高。但 GEM 2010～2011 年关于我国台湾地区调查数据显示，市场国际化程度要比产品与技术创新程度对于创业成长期待的影响更为显著一些。如果创业活动只是针对本地市场需求，那么纵然在产品与技术层面都具有很高的创新表现，恐怕新事业的成长表现仍然十分有限。

本书运用回归分析证明，创新程度需要与国际化程度交互作用，对于创业成长期待的影响方才显著。这样的发现也可以说明为何我国台湾地区许多以本地市场为主的文创服务产业，虽然也积极从事创新，但是创业成长表现始终无法令人满意，对于经济发展的贡献也十分有限。过去台湾当局投入在创新育成方面的资源很多，但成效并不显著，建议未来在创新育成对象选择上，也应将新创事业的国际化企图及国际市场表现纳入考虑，并重点扶植那些具有创新特色且国际化程度高的新创企业。

二、研究与实务建议

（一）提升女性创业能量

女性创业的数量虽然快速上升，但女性创业成就表现并不理想，如果只是将女性创业定位于微型与个人工作室形态，恐怕将局限女性创业的能量。纵然现有创业辅导与补助政策并未限制女性，但也未在有效提升女性创业能量与促进女性创业成长企图方面有所作为。因此，我们建议应成立提升女性创业能量的专门部门，针对女性创业的独特需求研拟辅导政策，并广泛利用创业教育与媒体倡导来提升女性的自我价值认知，尤其要鼓励高学历女性投入创业行列，以为女性创业卓越表现建立更多的典范。

（二）协助高学历者投入于创业，提升大学创业育成的能量

我国台湾地区早期高学历人数较少，就业机会较多，因此较少愿意投入创业行列。不过近年来台湾高等教育蓬勃发展，高学历求职者数量过多，并逐渐演变成高学历高失业的非常态现象。其中备受批评的就是培养过多的博士，2010 年以后台湾地区每年博士毕业生平均高达 3700 人，而大学教职市场因少子化而陷于萎缩，导致博士就业困难。我们建议台湾当局应利用当前就业市场结构失衡的机会，引导高学历者投入创业的行列，这样不但可以解决高学历失业可能引发的严重社

会问题，同时也可借机促成一大批具有高成长期待的企业。高学历并不等同于较高的创业能力，也不代表创业成功机会比较高，因此需要规划一套协助高学历者投入开创高成长企业的辅导机制。台湾当局可利用台湾地区百余所大学创业育成机构作为辅导高学历创业的园地，并提升大学创业育成的能量，进而将大学人才培育、科技创新与创业育成结合起来，为台湾下一阶段经济发展做出贡献。

（三）促进创业市场国际化与推动两岸创业合作

早期创业活动所关注的商机大都以国内市场为主，纵然海外市场也有庞大的需求，创业家们恐怕也无力兼顾。新创企业往往缺乏海外市场信息，也不具备开发海外市场所需要的企业信誉、品牌通路、顾客关系等资源条件，甚至大多数新创企业均无法承担国际营销所需要付出的庞大费用。因此，我们认为台湾当局主管部门应将创业市场国际化视为创业辅导政策的核心工作，采取主动的策略态度，构建一套促进创业市场国际化的辅导机制，可能的做法包括：为协助推广全球市场，可为新创企业产品设置专属的小龙精品奖；设置新创企业海外营销的共同平台与联合通路；为新创企业搭建能整合物流、资金流、信息流的专属国际交易平台等。中国大陆市场商机庞大，两岸同文同种，适合作为台湾地区新创企业进军海外市场的首选。因此，我们也建议台湾当局可在两岸经贸谈判中，提出推动两岸创业合作的议题，建议双方共同设置两岸创业园区，鼓励两岸创业家的合作交流，为台湾地区创业家开发利用大陆市场铺设渠道。

最后，有关商业服务产业的创业成长动能不足的问题，我们建议应将当前台湾当局推动制造业服务化、服务业科技化的产业创新策略与催生企业的创业辅导政策（刘常勇和谢如梅，2011）做出更紧密的结合，并利用制造业已有的国际市场通路基础，以及上述有关促进创业市场国际化的推动机制，相信必能提升台湾地区创业家在商业服务产业领域的成长表现，并成为带动台湾地区下一阶段经济成长的主要力量。

第十二章 女性创业意图与行动的关联性研究[①]

第一节 绪 论

近年来，全球均开始重视创业议题，原因是创业背后所隐含的创新能量及新事业创立有助于增加就业机会。其中，受到全球化趋势的影响，国际对于妇女与经济相关议题的讨论日趋增加，重点包括妇女经济主权的提升、妇女与科技发展的关系及妇女劳动资源的发挥等。同时，女性教育的普及和两性平权时代的到来，带动了女性就业率及创业率的攀升，台湾有关部门也进而开始重视女性创业的相关议题。

2012 年经济方面有关部门中小企业白皮书的数据显示，女性企业家人数占总企业家人数的 36.03%，估计每三位企业主当中就有一位是女性；经营超过 10 年的占 44.52%，以经营服务业为主的占 85.63%。另外，台湾地区相关部门于 2011 年女性创业育成班中所辅导的女性创业青年亦有 340 位已创业成功，显示出妇女创业趋势逐渐攀升，且尚有很大的成长空间。

台湾地区相关部门自 2000 年起即开始规划妇女创业辅导措施，2002 年推动"飞雁项目"，进一步将妇女创业相关活动扩大整合，从女性创业议题的开发到课程培训，协助女性跨出创业的第一步；于 2007 年推出"创业凤凰-妇女小额贷款计划"，提供妇女创业陪伴服务及融资信用保证项目；同年，经济方面有关部门中小企业处也推动"妇女创业计划"，通过创业咨询辅导服务，提供女性创业必要的协助，并于 2012 年推动"妇女创业精英计划"，借由选拔妇女创业精英，提供了辅导、创业筹资、商机媒合、广宣加值及举办经验分享会等各种服务及资源，来培育新的女性创业者。从上述多项针对女性创业所衍生出的计划方案可看出台湾当局对于女性创业议题的重视。

虽然台湾当局对于女性创业议题日趋重视，针对女性创业者提出许多计划及补助方案旨在鼓励女性从事创业行动，但是真正从事创业行动的女性却非常少。2010年 GEM 数据显示有创业意图的女性达 25.4%，实际去从事创业行动的女性却仅有6.7%（刘常勇和谢如梅，2011），可见创业意图与创业行动间出现不小的落差。

究其原因，创业往往被视为高风险的活动，在准备创业前需要筹措资金、人

---

① 本章出自谢如梅和黄晓琳（2013）。

力与设备；在实际投入创业后，则随时面临各式挑战与危机。因此，虽然台湾民众拥有高度的创业意图（蔡依伦和谢如梅，2012），但当考虑到自身能力与可能风险后，则大幅降低真正投入创业的人数。

由计划行为理论可知，意图是影响行动的重要前因（Ajzen，1991），但过去的研究受到意图到行为之间的时间差及数据搜集的限制，往往仅能探讨影响创业意图的前因（Krueger，1993），而无法验证出意图到行动之间的关系与受到的调节效果影响。此外，现有研究对于女性创业的理论探讨亦相对缺乏。

本书研究为填补这一理论与实证缺口，以 GEM 2010 年至 2012 年中国台湾地区数据库所搜集的 6021 位样本中的 3006 位女性样本进行分析。GEM 数据库为经由台湾各县市、人口、性别分层随机抽样，再以家户抽样访查后而得到的样本，应具备相当程度的代表性，此为本书研究贡献之一。

过去的创业研究显示，人们会去从事创业行动，其意图可以分为以下三个：一是为了理想而创业，二是洞察到商业机会而创业，三是为了生活而去创业（王福宁，2010）。在创业过程中，不可否认的是，女性在心理因素、社会规范、劳动市场、企业环境及经济条件上都比男性遭遇更多的困难，因此遭受的阻碍也较多。

为进一步了解影响具有创业意图的女性采取创业行动的因素，期望能从中找到关键要素来作为未来女性创业辅导的参考依据，本书研究由文献回顾中发现，女性在创业过程中所受到的阻碍包括家庭、资金、社会文化、风险及害怕失败的心理等。害怕失败是创业的重要障碍之一（Vaillant and Lafuente，2007），这是由于创业需要承受极大的不确定性及风险。2010 年 GEM 的数据显示，台湾女性害怕创业失败的认知比例占 53.7%（刘常勇和谢如梅，2011），这显示出超过半数的台湾女性认为害怕失败是阻碍她们创业的因素之一。因此本章第一个研究问题旨在探讨"害怕失败是否会阻碍具备创业意图的女性去采取创业行动"。

另外，亦有强化女性从事创业行动的因素。随着台湾女性教育的普及及劳动参与率的提升，女性在创业方面增添了自信心。根据 2010 年"性别劳动统计"的台湾劳动力参与情况的变化（1978～2010 年）发现，女性的劳参率逐年上升，2010年男性劳参率为 66.51%，女性劳参率为 49.89%，与 1978 年相比，男性减少 11.45个百分点，而女性则增加 10.76 个百分点；显示出台湾女性随着教育程度提高、社会变迁及产业结构转型，投入劳动市场的人数已逐渐增加。同时，女性创业者的人数亦随之增加，从 1987 年的 25.94%增长至 2010 年的 44.37%，可看出教育的普及及女性工作经验的增加确实对女性创业有所帮助。

因此，本章聚焦于探讨创业知识的调节效果，此处所指的创业知识是女性创业者本身拥有的教育程度、过去的工作或经验、拥有的技能、相关产业的知识，并从这些知识里头寻找到新的机会，进而将机会转变为自己创造新产品或服务的能力（Shane，2000）。因此，本章第二个研究问题旨在探讨与验证"具备创业知识的女性是否会强化创业意图与行动之间的关系"。

综合而言，本章通过两个在理论与实务上均相当重要的研究问题，以 GEM 丰富的台湾地区数据库数据进行假设验证，期望能提出有助于未来研究与政策辅导相关的建议。

第二节　文献探讨

一、创业与女性创业者

Schumpeter（1934）认为创业是一种创新活动组合的实现，包括开发新产品、推出新生产方式、为原产品开拓新市场、取得新供应来源及发展新型组织等五项活动，从事以上活动者即被称为创业者。从创业的内涵来看，Shane 和 Venkataraman（2000）更进一步强调商机的重要性，他们认为创业应该是包括商机的发现、辨识、衡量及开发的过程。另有学者认为创业是在风险与不确定环境下创造出的一个新经济组织（Dollinger，2003）。本章延续 Schumpeter（1934）、Shane 和 Venkataraman（2000）、Dollinger（2003）的说法，将创业定义为"在风险与不确定的环境下，进行创新活动组合的实现，经由商机的发现、辨识、衡量及开发，创造一个新经济组织的过程"。

在世界各地，女性选择做创业家的比例已经相当高，在许多国家的经济开发上，女性为主的新创公司扮演着非常重要的角色；然而，也有不少国家的女性的创业能力尚未被开发（Baughn et al.，2006）。因此，过去大众所论述的创业者的对象，以男性为主；但随着女性教育的普及与两性平权时代的到来，女性有了更大的发挥空间，纷纷开始从就业转而创业，并从"头家娘"变成"头家"。

本章所指称的女性创业者是指女性独自或与其他人共同创立事业、拥有企业领导人的职衔与工作，并亲身参与及决定企业的业务或行政业务者（蔡璧如，1999）。Lavoie（1984）将女性创业者定义为"女性开创一项新事业，承受伴随而来的风险、财务、行政、社会责任，并有效率地从事每天的管理工作"。另外，Moore（1990）将女性创业者带入整体的观念来探讨，将之定义为"创业家为一个在企业决策与风险承担中采取主动角色的人，且拥有该企业的大部分所有权者"。综合上述，本章将女性创业者定义为"独自或与他人创立一个新的企业，并拥有其企业管理权，具有承担风险及决策能力者"。

从研究层面来看，蓬勃发展的女性创业研究特征为：①关注探讨女性财务绩效与事业成长；②创业家个人层次的研究居多；③现在研究多半奠基在客观主义（objectivism）的本体论与知识论来进行女性创业的研究（Hughes et al.，2012）。早期开始研究女性创业主题的是 Schwartz（1976）访谈 20 位女性创业者，研究发现性别与人格特质的部分是有差异的（蔡依伦和谢如梅，2008）。

Carter 等（2001）整理了有关女性创业的 400 篇学术文章，其文献回顾发现，创业文献大多着重于论述男女在企业管理、财务、网络和绩效上有着明显的性别差异。可见早期女性创业的研究大多着重于性别角色的探讨。由过去文献可知，性别差异的确是存在于创业各项议题中。然而，在前述文献背景下，基于女性创业的独特性，已有越来越多的研究者将女性创业视为单独研究的课题，因此在本章中，性别差异并非主要探讨的议题，而是将女性视为主要研究对象，仅针对女性创业进行探讨与验证。

de Bruin 等（2007）指出，目前女性创业的研究主题很多，其中最受欢迎的主题包括融资、网络/社会资本和绩效，以及成长、成长策略和成功的相关议题的研究。其他主题则是有关个人的特征以及行为，如创业导向或自我效能、意图和动机、决策模型和洞察力，亦有少数是在研究机会辨识及制度环境等议题。

二、创业意图与创业行动的关联性

（一）创业意图

在心理学的研究中，行为意图的研究已有悠久的历史（Ajzen and Fishbein，1980），创业领域对于意图的研究也已开始有概念（Bird，1988）和经验（Brenner et al.，1991）。在这十几年来，创业意图仍是学者非常感兴趣的主题，Krueger（1993）研究指出，创业意图是了解创业过程的必要核心，归因于创业为长期的活动，创业意图即是此长期过程的第一步（Crant，1996）。

意图是一种引导我们的注意力朝向特定的目标，以实现某成果的心理状态（Bird，1988）。意图亦是个人采取行动以建立新的事业，或在现有企业中创造新价值的一种认知（Fini et al.，2009）。DeNoble 等（1999）的研究中则将创业意图定义为创业者对于创立新事业的内在认知、偏好程度与行为倾向。也就是说，当个人想要采取某种特定行为时，可从个人是否愿意努力去尝试、愿意付出多少心力去实现该行为来测知（黄怡仁，2004）。简言之，只要有行动的"想法"，亦可称为意图的表现。

意图为预测未来个人行为及组织结果的能力（Ajzen，1991），例如，企业的生存、发展及成长（Mitchel，1981），也是预测个人行为最好的方法，特别是创业行为很罕见、难预测或是很难观察时（Krueger and Brazeal，1994）。但是，一个人的意图往往会受到多面向的影响，Crant（1996）的研究结果指出创业意图与积极进取的个性、性别、教育以及父母为创业者有关。Krueger（1993）、Scott 和 Twomey（1988）的研究也表明，若是父母同为创业者，那么孩子的创业意图亦会很高。创业意图也会受到态度、个人心理因素、个人技能以及环境的影响（Fini et al.，2009）。

（二）创业行动

创业是一种将创业行动具体化的表现。行动的本身即是利用创造力和影响力开创出目前的做法，亦是创业者个人的行动（Schumpeter，1951）。换句话说，行动即是创业，由于其涉及在社会背景下创造新的事物，而不是因为执行的个人具有某种相同的心理特征（Gartner，1989）。这也意味着创业行动并非只涉及个人，因为在不同社会环境下会造就出不同的创业环境（Trulsson，1997）。因此，创业行动于社会、经济、组织及个人的生活中随处可见（Lindgren and Packendorff，2003）。

行动是创业理论的核心，当外在环境改变，而创造新的创业机会时，个人会受到过去知识、容忍不确定性的意愿等因素影响，进而产生创业行动。McMullen和 Shepherd（2006）的研究指出认知不确定性与容忍不确定性是影响创业行动的关键要素。由于未来是不可知的，行动会随着时间而改变，行动本身即充满了不确定性（Mises，1996）。而这种不确定性进一步提高了创业行动本身的困难程度（Amabile，1997；Smith and DiGregorio，2002），如创造新产品、新服务、新创企业等（Gartner，1990；Schumpeter，1934）。

意图是一种想法，也就是想从事某项行为的想法。创业意图是个人采取行动以建立新的事业，或在现有企业中创造新价值的一种认知（Fini et al.，2009）。因此，意图是行动的概念化，也就是说，若有意执行此行动，从事行动的可能性就较大（Chandrashekaran et al.，2000）。根据上面所述，提出假设一。

H1：女性的创业意图对于采取创业行动有正面显著的影响。

（三）害怕失败的调节效果

害怕是一种本然的情绪，而害怕失败是一种学习而来的人格特质，个体的害怕失败是因过去失败经验或者不愉快的回忆而加深察觉失败的后果，最后导致逃避的动机（Sager et al.，2009），因此害怕失败是个体在成就情境下实行趋近或逃避目标（及自我取向目标）的行为（Elliot，1999），这是由于人们大多以为自己对于害怕失败是无法控制的行为（Ajzen，1991）。综合上述，可知害怕失败是一种经由社会化过程而习得的人格特质，人们往往深受过去社会化经验的影响，尤其是所处环境若是多责备和高成就要求时，人们就容易养成害怕失败的心理倾向以及呈现出逃避的动机取向,造成日后面对成就情境时易产生退缩逃离的心理(卓国雄和卢俊宏，2005）。

此外，风险规避与害怕失败有着密切的关系。当一个人有较大的风险规避时，就代表其较害怕失败（Ekore and Okekeocha，2012），因此比起较大的风险，创业者更倾向于创业中所拥有的适度风险（Amit et al.，1993）。然而，适度的风险规避有时候反而会让创业者认为他们的失败概率较低，因此对于风险的感知也较低（Amit et al.，1993），但这并不表示真正所存在的风险是低的，事实上，是创业者所感知到的风险较低，这是由于创业者对于失败的恐惧所产生的心理知觉（Ekore and Okekeocha，2012）。由此可知害怕失败是个体受到所处环境的影响而产生的一种害怕的心理知觉，进而采取逃避或退缩的行为。

对于不确定性的认知亦是害怕失败的一种。当有意图的创业者在创业行动过程中，对未来的不确定性认知高时，便会产生害怕失败的心理。Milliken（1987）将不确定性分为情况、影响及反应三种类型，情况指的是无法预测未来环境的状态、变化会是什么情况；影响则是指缺乏应对方案的知识或无法预测选择后所产生的后果；反应指的是当要采取行动时，对于不确定性的反应会很明显，因为事情的改变及未解决常被认为是种威胁。Lipshitz 和 Strauss（1997）认为行动的不确定性是一种感觉上的疑虑，如阻碍或阻延行动。但这种说法是主观的，因为他认为不同人于相同情况下可能会遇到不同的问题。而不确定会造成三种影响：①因为犹豫而中断了行动（Dewey，1933）；②优柔寡断会一直持续地出现（Goldman，1986）；③让具有前瞻性的想法没有了吸引力（Yates and Stone，1992）。也就是说，当不确定性越高时，害怕失败的心理层面就会越高，进而阻碍其从事创业行动。因此，创业理论者认为在不确定情况下不利于采取创业行动，因为会产生迟疑、犹豫不决及拖延的情形（Casson，1982）。

分析造成害怕失败的原因，从总体而言，人们可能受到家庭教育及社会文化的影响，大多害怕失败，把失败看成是一种可耻的行为，因而产生了不必要的焦虑、紧张和痛苦。Conroy 于 2001 年的研究认为在成长过程中，影响人们害怕失败的因素有家族荣耀传承、父母亲对子女成就的期待、家教过于严格及亲子沟通障碍等。而在社会文化方面，人在社会化的过程中，大环境多传授"成功"或"赢"的核心价值，因为成功可能带来包括金钱的酬赏、名望、爱、社会地位、权力和尊重等优渥的社会附加价值（卓国雄和卢俊宏，2005）。

在个体方面，个人处在汲于追求卓越与相互竞争的社会环境中时，因为社会环境无法增加个人的安全感及心理健康，反而会造成人们产生不安全感，进而出现害怕失败的心理（Birney et al.，1969；卓国雄和卢俊宏，2005）。而失败会让人产生耻辱、惭愧、丢脸、无能、低自尊、信心受伤、自责和内疚等负面情绪（卓国雄和卢俊宏，2005）。可见害怕失败是从其成长过程中他人对我们的期望，以及社会观点的影响所累积而来，以至于产生了"只许成功，不许失败"的心理。

但是失败往往是迈向成功的必经之路。Timmons（1990）研究指出，创业前两年至五年间的新创公司失败率为53%,且多数企业都是经历二次失败后才成功。

但事业经营的关键并非在避免失败，而是从失败中学习，找出新的机会，并透过先前的失败经验来提升自己的经营知识（陈悦琴等，2010）。因此，经历失败创业者可以将东山再起视为一种复原力的培养，从失败的情境中学习，并将过去失败经验用于事业经营活动，使失败经验成为创业的资产，以降低再次失败的风险（陈悦琴等，2010）。

由上述文献探讨可知害怕失败往往是由于创业者无法承担未来的风险及不确定性所产生的心理。Baumol（2002）的"戴维与哥利亚的共生关系"论点中即提到，一个创业者在开创新事业，以及提供新产品（或将要发行）的同时，就代表了创业者愿意承担这过程中的风险；且经由创业者自我评估后认为创业潜在回报大于潜在风险时，才有可能会去开创该新事业。Addleson（1995）指出创业行动是由于创业者克服了先前的不确定性所产生的结果。而这种不确定性进一步提高了创业行动本身的困难度（Amabile，1997；Smith and DiGregorio，2002），如创造新产品、新服务、新创企业等（Gartner，1990；Schumpeter，1934）。因此，创业中的风险若增加，那么创业者对于害怕失败的认知便会增加，进而影响其从事创业行动。Arenius 和 Minniti（2005）的研究结果即显示害怕失败对于女性创业者会产生负向且显著的影响，也就是说害怕失败的确会降低创业意图与创业行动的关系。因此，据上所述，提出假设二。

H2：女性的创业意图与采取创业行动的关系会受到害怕失败的负向调节。

（四）创业知识的调节效果

知识被公认为是除了有形资本及劳动力外，另外一个能够使经济增长的关键因素。知识亦可以转化为产品及工艺，借此也可以开发出新的商业机会（Mueller，2006）。而 Audretsch 等（2008）的研究指出经济绩效不仅仅是新知识的创造，也必须借由敢于创新的创业者愿意去开发新的产品及工艺，才能够确定知识为经济增长的关键因素。由于新知识所创造的经济价值是不确定的，为克服知识转化为新产品及新工艺的不确定性，需要依赖风险投资，而促成风险投资产生的前提通常是创业者实行了创业行动——开创了一个新的公司（Audretsch et al.，2008）。

Audretsch（1995）的创业知识溢出理论中提到一个重要的含义，即在拥有丰富的知识背景之下，会创造出更多的创业机会，也会造就更多拥有创业意图的人。而且，若是开创的新企业在新知识的基础上失败的话，其实失败本身就创造了新的知识，也就是说创业可以产生新的学习效果（Audretsch and Keilbach，2008）。由上述文献可以发现知识在创业中的重要性。

陈志远等（2007）将知识定义为"从个人的教育背景、个人的兴趣、事业知识以及工作经验中，所累积的知识"。McMullen 和 Shepherd（2006）则将知识定义为从技术的改变去看到并寻找到新的机会，进而将机会转变为自己创造新产品或服务的能力。综合诸位学者的定义，本书将创业知识定义为"创业者本身拥有的教育程度、过去的经验（不管是过去的工作经验或创业经验皆算是）、拥有的技能、相关产业的知识，并从这些知识中寻找到新的机会，进而将机会转变为自己创造新产品或服务的能力"。

创业者的知识大多是来自过去的职涯经验（Shane and Khurana，2003；Evans and Leighton，1989）、连续创业（Kolvereid，1996）及申请专利（Roberts，1991）等，而这些知识都已被证明为促进创业行动最好的推手。

Wiklund 和 Shepherd（2003）认为创业意图及创业行动会与个人的知识有着密切的关系；而且每位创业者所累积的背景及知识可用来预测创业行动及降低失败概率。Audretsch（1995）的创业知识溢出理论中也提出，在拥有丰富的知识背景下，会创造出更多的创业机会，也会造就更多愿意从事创业行动的人。因此，可以看出创业知识对创业意图及行动的影响，许多创业者虽然拥有创业的意图，但往往没有真正去从事创业行动，许多是由于创业知识的不足，例如，Wang 和 Wong（2004）的研究就发现，学生对创业有浓厚的兴趣，然而碍于商业知识的不充足，且其并未准备好为实现创业梦想承担风险，以致无实际的创业行动。根据上述，提出假设三。

H3：女性的创业意图与采取创业行动的关系会受到创业知识的正向调节。

研究架构与各项假设之间的关系请见图 12.1。

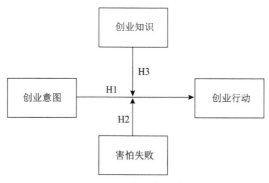

图 12.1　研究架构及假设

第三节　研 究 方 法

一、资料来源

本章以 2010 年、2011 年及 2012 年 GEM 数据库中关于我国台湾地区的资料进行分析。GEM 为国际性创业调查计划，GEM 的调查方法主要可分为：①APS，各经济体在标准与统一的研究设计与流程下，以随机抽样方式，每年电话访问收集至少 2000 笔有效资料，借以了解各经济体创业活动情形，调查内涵包括态度、活动、成就期待。②专家调查，针对九大领域共 36 位专家，进行面对面访谈，以获取不同领域专家对经济体创业环境状况的专业意见（温肇东等，2011）。

为使各经济体所得到的研究数据能够进行统一分析比较，GEM 的研究设计非常强调协调性，因此在 APS 的调查方式与内容上均采用仔细设计过的题项，并经过多年的检验，具有相当程度的稳定性。本章以 GEM 关于我国台湾地区女性 2010年（1037 份样本）、2011 年（1000 份样本）、2012 年（1004 份样本）共 3041份样本的 APS 数据库进行实证分析。

二、变量及操作性定义

本章的研究变量分别为"创业意图""创业行动""创业知识""害怕失败"四个。而控制变量的部分包含年龄、教育程度及家户所得等。

（一）创业意图

"创业意图"主要测量受测者对于未来是否创业的想法，使用的题目为"未来三年，您是否期望自行创业，或跟别人合作创业？包括任何形式的自己当老板都算"，以名目量尺计分（0=否，1=是），回答"是"者，代表其在未来三年具有创业的意图，回答"否"者，则反之（Choo and Wong，2006）。

（二）创业行动

"创业行动"系参酌 Davidsson 和 Honig（2003）的加总方式，来计算每位女性受测者对于创业行动的准备程度。本章采用四项题目"您是否正尝试自行创业，或跟别人合作创业？自己当老板、买卖商品或服务都算""您现在的工作内容是否包含正独自或跟别人一起为您的老板开展新事业或创设新公司？只要是您的工作内容跟开展新事业有关就算""目前您是否自己或跟别人共同拥有一个事业？您会帮忙经营、销售商品、提供服务，或自己当老板""过去三年内，不包括购买股票或共同基金，您个人是否投资过别人的新事业"，这四项题目皆以名目量尺计分（0=否，1=是），加总最高分为 4 分，最低分为 0 分，4 分代表创业者对创业行动的准备度非常高，0 分则代表创业行动程度非常低。

（三）害怕失败

"害怕失败"主要测量受测者是否会因为害怕失败而不去从事创业，使用的题目为"您是否会因为害怕失败而不想去创业",以名目量尺计分(0=否,1=是),回答"是"者,代表其确实会因为害怕失败而不去创业,回答"否"者则反之(Minniti and Nardone,2007)。

（四）创业知识

"创业知识"主要测量受测者是否拥有创业上的相关知识或经验,使用的题目为"您是否已经具备创业所需的知识、技能及经验",以名目量尺计分(0=否,1=是),回答"是"者,代表其拥有创业的相关知识、技能及经验,回答"否"者则反之(Ramos-Rodríguez et al.,2010)。

（五）控制变量

过去研究指出年龄与创业行动呈现倒"U"形的关系,年龄过低或过高均不利于采取创业行动。此外,教育程度与创业知识息息相关,当女性的教育程度较高,相对也较有利于创业行动。再者,创业行动首先会面临资金问题,当家户所得偏低时,将不利于创业行动的展开。为避免上述变量影响本章的实证模型效果,以年龄、教育程度及家户所得三项作为控制变量。

第四节　研究结果与分析

本章以 SPSS 19.0 统计软件进行叙述性统计、相关系数分析及多元阶层回归分析,来考验所提出的假设,并根据所得到的结果加以讨论及分析。

一、样本数据描述

本章采用 GEM 2010~2012 年的调查资料,共计 6021 份样本,其中女性有效样本共有 3006 份。问卷受测者的年龄以 25~34 岁所占比例 24.1%为最高,其次为 45~54 岁(23.1%)及 25~34 岁(23.0%)。问卷受测者的家庭收入大多分布于 0~1 600 000 元新台币,以 0~800 000 元新台币所占比例 44.4%为最高,其次为 800 001~1 600 000 元新台币(30.4%)。问卷受测者的教育程度以大学/专科所占比例 49.0%为最高,其次为高中以下(43.9%)。

二、各研究变量的相关分析

我们先针对各研究变量进行皮尔森(Pearson)积差相关分析,以探讨各变量间是否存在显著相关性与方向性。表 12.1 中为各变量的平均数、标准偏差及相关系数。

表 12.1　研究变量间的相关系数

变量	平均数	标准偏差	1	2	3	4	5	6
控制变量								
1. 年龄	4.06	1.289	—					
2. 家户所得	1.66	0.879	-0.006					
3. 教育程度	1.63	0.622	-0.296**	0.298**				
因变量								
4. 创业行动	0.30	0.669	-0.020	0.072**	0.015			
自变量								
5. 创业意图	0.26	0.441	-0.155*	0.002	0.022	0.189**		
调节变量								
6. 创业知识	0.22	0.412	0.066**	0.061**	-0.015	0.362**	0.175**	
7. 害怕失败	0.45	0.498	0.033	-0.058**	0.030	-0.088**	-0.012	-0.101**

$*p<0.05$，$**p<0.01$

由表 12.1 可得知，受测者的年龄与创业知识（$r=-0.066$，$p<0.01$）呈显著正相关，并与教育程度（$r=-0.296$，$p<0.01$）呈现显著负相关；家户所得则与教育程度（$r=0.298$，$p<0.01$）、创业行动（$r=0.072$，$p<0.01$）及创业知识（$r=0.061$，$p<0.01$）呈现显著正相关，并与害怕失败呈显著负相关（$r=-0.058$，$p<0.01$）。创业行动与创业意图（$r=0.189$，$p<0.01$）及创业知识（$r=0.362$，$p<0.01$）呈现显著正相关，并与害怕失败（$r=-0.088$，$p<0.01$）呈显著负相关；创业意图则与创业知识（$r=0.175$，$p<0.01$）有着显著正相关；最后，创业知识与害怕失败（$r=-0.101$，$p<0.01$）呈现显著负相关。由上述各研究变量间的相关系数可以得知，创业者的创业行动会与创业意图、创业知识及害怕失败皆有显著的相关性，也与本章提出的假设方向相同。

三、假设验证与研究结果

以阶层式回归模式分析创业知识与害怕失败对创业意图及创业行动的影响。首先，模式一置入控制变量（年龄、家户所得及教育程度），接着于模式二置入自变量（创业意图），模式三置入调节变量（创业知识及害怕失败），最后，置入创业知识与创业意图的交乘项，以及害怕失败与创业意图的交乘项以进行回归分析。

由表 12.2 所述，模式一为受测者的年龄、家户所得及教育程度等基本变量，结果显示其对于创业行动具有显著的解释变异量（$R^2=0.006$，$F=5.266$，$p<0.001$），可发现家户所得的高低亦有可能影响拥有创业意图的女性是否去从事创业行动，

也就是说家户所得越高的女性，就越有可能从事创业行动（表 12.2 模式一）。

表 12.2　创业知识及害怕失败对创业行动的影响

变量	因变量：创业行动			
	模式一	模式二	模式三	模式四
控制变量				
年龄	-0.020	0.008	-0.017	-0.014
家户所得	0.081***	0.079***	0.051**	0.047***
教育程度	-0.014	-0.010	0.001	-0.002
自变量				
创业意图		0.178***	0.114***	0.165***
调节变量				
创业知识			0.342***	0.318
害怕失败			-0.060***	-0.017
交乘项				
创业知识×创业意图				0.042
害怕失败×创业意图				-0.108***
R^2	0.006	0.037	0.157	0.164
ΔR^2	—	0.031	0.120	0.007
F 值	5.266***	23.980***	76.603***	60.257***

$**p<0.01$，$***p<0.001$

四、创业意图与创业行动的关系

模式二加入了自变量创业意图，由表 12.2 可看出创业意图对创业行动具有显著的解释变异量（$R^2=0.037$，$F=23.980$，$p<0.001$），比起模式一的解释变异量增加了 0.031，结果显示创业意图对创业行动确实有显著影响（表 12.2 模式二），也就是说，越有创业意图的女性，越有可能从事创业行动，此结果支持假设一"女性的创业意图对于采取创业行动有正面显著的影响"。

模式三加入了创业知识及害怕失败两个调节变量，结果显示创业知识及害怕失败对创业行动具有显著影响（$R^2=0.157$，$F=76.603$，$p<0.001$），且比起模式二的解释变异量增加了 0.12，结果显示，具有创业知识的女性从事创业行动的可能性更高；反之，越是害怕失败的女性，从事创业行动的可能性就会越低。这代表创业知识及害怕失败对创业行动具有重要的影响性（表 12.2 模式三）。

　　模式四加入自变量与调节变量的交乘项，分别为创业知识×创业意图（β=0.042，p>0.1）无显著关系，以及害怕失败×创业意图（β=-0.108，p<0.001）达显著影响（R^2=0.164，F=60.257，p<0.001），其解释变异量较模式三增加了0.007。换言之，拥有创业意图的女性，会因为害怕失败而降低其从事创业行动（表12.2模式四）。

　　当女性的创业意图越高，又不害怕失败时，其从事创业行动的可能性越高；反之，当女性的创业意图越高，而其越是害怕失败时，则会降低女性从事创业行动的可能性（图12.2），其结果支持假设二"女性的创业意图与采取创业行动的关系会受到害怕失败的负向调节"。此外，拥有创业意图的女性，并不会因为有无创业知识而影响其从事创业行动，此结果不支持假设三"女性的创业意图与采取创业行动的关系会受到创业知识的正向调节"。

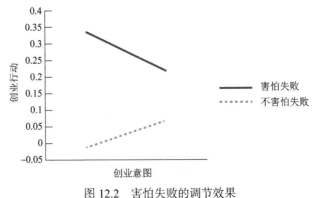

图12.2　害怕失败的调节效果

第五节　结论与建议

一、研究结论与讨论

（一）创业行动的关键前因

　　首先，实证结果显示，女性的创业意图与创业行动有着显著的正相关关系，亦即当创业意图越高时，其从事创业行动的可能性也会越高，与Chandrashekaran等（2000）的研究结果一致。具有创业意图的女性，对于创业行动已有某种程度的欲望，因此只要有适当机会他们便会去从事创业行动。

　　其次，由本章实证结果可知，女性的创业知识与创业行动有着显著的正相关系，亦即拥有创业知识越多时，就越勇于从事创业行动，Wiklund和Shepherd（2003）的研究亦验证此关系。代表当女性拥有过去相关经验、知识或是创业经验时，有助于提升从事创业行动，反之，若所拥有的创业知识少时，缺乏足够的能力面对企业营运的挑战，因此降低从事创业行动的可能性。

最后，实证结果显示害怕失败与创业行动有着显著负相关关系，亦即当女性较害怕失败时，从事创业行动的可能性就会降低，此结果与 Arenius 和 Minniti（2005）的研究相呼应，当女性对于未来的不确定性感较强时，就会产生退缩及畏惧，进而产生害怕失败的心理，此时，便阻碍了女性去从事创业行动；反之，当女性较不害怕时，对于从事创业行动的可能性便会提高。推论其原因，可能是由于我国台湾地区的社会文化，推崇成功创业者，而轻视创业失败者，此外，失败之后需面对投入的资金与努力付诸流水的巨大风险，因此，对于创业的未来不确定性感越强时，担心失败的心理压力也会越大，因此降低有创业意愿的女性去采取行动的可能性。

（二）害怕失败与创业知识的调节效果

害怕失败对于创业意图及创业行动的关系有显著负调节效果，亦即当女性拥有创业意图时，其会因为害怕失败而阻碍其从事创业行动；此研究结果虽与 Arenius 和 Minniti（2005）的研究相似，不同之处在于本章将其视为创业意图至创业行动过程中的调节变量。害怕失败对于女性创业者有一定的影响，即使拥有非常高的创业意图，但是当其对于未来不确定感认知非常高时，其害怕失败的心理因素便会产生，此时便会产生畏惧、退缩及担忧等，她们会不断反复地检视此创业行动的得失利弊，当所得到的利益小于潜在成本时，便会阻碍其从事创业行动。

另外，创业知识为调节变量时无显著的影响关系，此结果与本章推论不符，亦即拥有创业意图的女性并不会因为是否拥有创业知识而影响其从事创业行动。综合而论，我们认为导致创业知识的调节效果不显著的原因，可能有二：首先，由本章的实证结果可知创业知识是影响行动的重要前因，因此知识仍具备一定程度的重要性，然而实际上，创业者本身并不一定要具备极高的创业知识水平，可搭配由创业团队成员的专业知识或是外部业师的辅导协助来弥补，因此较高的创业意图能有助于创业行动的产生，但结合创业知识的增强或减弱效果反而不显著。其次，许多创业者立基于某些技术或产品，例如，女性创业中占大多数的小吃餐饮、手工艺品、服饰化妆品批发等，当创业者拥有足够的技术与产品来源时，对于创业知识、经验及相关技能的调节效果将较难发挥。

（三）家户所得对创业行动的影响

我们在研究中发现家户所得亦是影响创业行动的重要因素。结果显示家户所得与创业行动显著正相关，此结果于 Autio（2005）的研究中获得支持，此研究结果的意涵为：当女性的家户所得越高时，就越有可能从事创业行动。推论其原因，可能是家户所得高的女性可能有着即使创业失败亦还可以重新再来的机会，但是对于家户所得低的女性而言，在创业时就会显得更小心翼翼，必定会经过一番评估，才会考虑是否该创业，若是评估的结果不尽理想，便会阻碍其从事创业行动。

二、理论贡献与实务意涵

本章的理论贡献如下：首先，随着女性创业的比例与重要性渐增，有必要深入且单独地探讨女性创业的相关议题，本章的研究着眼于创业意图与行动之间的关联性，发现创业意图的确是影响创业行动的重要前因，在理论贡献上，可弥补现有女性创业研究的不足。

其次，创业意图至行动之间的研究甚少，主因来自样本的接触不易，我国台湾地区民众虽普遍具备较高的创业意图，但实际投入创业准备者分散在各个角落，除非真正登记开业，否则难以接触到筹备中的新生创业者。本章以 GEM 2010～2012 年关于我国台湾地区的数据库搭配严谨的抽样过程与大规模样本，透过电话访问到 3006 个样本，在数据的严谨性上应更能符合我国台湾地区女性的状况。

最后，害怕失败在创业研究文献中较少被提及，有创业意图很容易，但愿意冒高度风险实际投入资源与时间者寡，本书研究结果显示害怕失败的确是降低有创业意图的女性采取行动的影响要因，建议后续研究可针对害怕失败、风险承受及失败学习等相关议题加以探讨，应有助于扩展女性创业研究的理论应用范围。

在实务意涵方面，虽然创业知识作为直接变量时呈现显著正相关，作为调节变量时则无显著的关系，但是知识对于每位创业者而言都是非常重要的个人资产，创业知识可以让创业者拥有更稳固的基础，于未来面对各种不确定及风险时，才能够有够周全的评估，因此，本章建议拥有创业意图的女性创业者可以多累积相关的经验，不管是相关产业的工作经验、技术或是知识等，对于未来预备创业皆是有利的工具。

本章发现害怕失败是阻碍女性采取创业行动的关键要素，建议可从两方面着手加以改善：首先，害怕失败是心理认知因素，有时候是自己吓自己或是他人的经验与社会文化观念灌输所致，若要克服此种心理因素，并非抗拒不愿尝试，反而更应该仔细评估可能的风险与报酬，甚至通过一些实际的试误（如试吃、试卖或是市场调查），来了解真正可能必须付出的成本与利益，而不是抗拒面对。其次，失败与学习息息相关，许多创业成功案例均是由无数次失败经验累积而成，因此若要推广女性创业，建议应协助建构安全网，如创业保险制度、各种创业演练与模拟平台、失败后的心理辅导及协助等，而非一味鼓励创业，却忽略不断尝试失败与站起来的过程。换言之，若有较佳的创业安全网，则能降低害怕失败的压力与后续负担。

三、研究限制与建议

第一，本章的研究限制在于变量的信度与效度的衡量，由于创业意图、创业知识及害怕失败皆为单一题项，无法对这三个变量进行信度与效度的分析。然而，由于 GEM 的题项已经过十多年、全球将近 70 个国家或地区的资料收集与验证，应仍具有一定的信度与效度。

第二，本章虽整合 2010～2012 年的数据库数据，但每位受访者均为独立在单一时间进行访问，因此属于横断面的研究，无法真实反映出拥有创业意图的女性是否真正去从事创业行动，亦无法深入了解此过程中她们又受到哪些因素的影响，因此，建议未来研究应该朝纵贯面的研究方向，通过长期的追踪调查来观察拥有创业意图的女性是否真会从事创业行动，而此过程中又有哪些因素阻碍或促使其从事创业行动。

研究结果显示，家户所得对于女性创业行动有相当显著的影响，建议后续研究可针对资金相关议题进行探讨。此外，本章仅针对女性样本进行分析，探讨在创业意图至行动之间的调节变量，若后续研究欲比较性别差异，可着眼于探讨创业知识的影响效果。

参 考 文 献

蔡璧如. 1999. 十七位女老板的故事——对父权、商场文化及"企业家精神"的性别反思. 高雄: 政治大学中山人文社会科学研究所硕士学位论文.

蔡依伦, 谢如梅. 2008. 女性创业推动之模式建构与案例分析: 社会营销观点. 创业管理研究, 3(1): 61-92.

蔡依伦, 谢如梅. 2012. 台湾女性创业制度与创业者图像之研究: 应用全球创业观察资料库. 创业管理研究, 7(2): 77-104.

陈东升. 1992. 制度学派理论对正式组织的解析. 台湾大学社会科学论丛, 40: 111-133.

陈家声, 戴士娴. 2007. 创业家社会网络行为之质性研究. 创业管理研究, 2(4): 1-24.

陈家声, 吴奕慧. 2007. 华人创业家心理与行为特质之初探. 创业管理研究, 2(1): 1-30.

陈意文. 2009. 创新产品的资源拼凑与价值实现之研究: 采新资源基础观点之定性与定量分析. 台北: 政治大学科技管理研究所博士学位论文.

陈悦琴, 蔡明宏, 林明杰. 2010. 创业家失败经验对东山再起事业经营之影响研究: 以意会活动观点探讨. 管理学报, 27(6): 571-601.

陈志远, 张胜立, 魏式琦, 等. 2007. 人格特质、社会资本、先前知识对创业机警性影响之实证研究: 创业家与经理人的比较分析. 创业管理研究, 2(4): 25-56.

甘薇玑, 温肇东, 洪铅财, 等. 2014. 创业论坛Ⅱ: 因应创新创业生态政策座谈会. 创业管理研究, 9(1): 91-106.

洪世章, 蔡碧凤. 2006. 企业兴业与成长: 比较个案研究. 中山管理评论, 14(1): 79-117.

黄怡仁. 2004. 南部地区科技大学应届毕业女学生创业意图及其相关影响因素之研究——以计划行为理论为基础. 台南: 南台科技大学技职教育与人力资源发展研究所硕士学位论文.

李信兴. 2011. 创业机会确认: 先前知识与创业警觉性之关联性实证研究. 高雄: 中山大学博士学位论文.

廖学寅. 2004. 台湾中小企业创业家人格特质与创业绩效关系之研究. 台北: 辅仁大学管理学研究所硕士学位论文.

林家五, 黄国隆, 郑伯埙. 2004. 从认同到开创: 创业家的动态释意历程. 中山管理评论, 12(2): 337-397.

刘常勇, 谢如梅. 2006. 创业管理研究之回顾与展望: 理论与模式探讨. 创业管理研究, 1(1): 1-43.

刘常勇, 谢如梅. 2011. 全球创业观察: 2010 台湾研究报告.

刘常勇, 谢如梅. 2012.台湾创业家成长期待之研究 .创业管理研究, 7(2): 1-34.

刘常勇, 谢如梅, 陈韦廷. 2007. 建构创业经验与机会确认之关系架构. 创业管理研究, 2(3): 51-72.

王福宁. 2010. 创业意图前因后果变项之研究: 以新生创业家为例. 高雄: 义守大学企业管理研究所硕士学位论文.

温肇东. 2000. 创新机构知识的开发与流通——以育成中心为例. http://nccur.lib.nccu.edu.tw/
    bitstream/140.119/3764/1/892416H004019.pdf[2013-02-03].

温肇东, 蔡淑梨, 张道恒. 2000. 技术创业者在育成中心之加值研究. 台北: "国科会" 计划 "技
    术创造力特性与开发研究" 研讨会.

温肇东, 刘常勇, 谢如梅, 等. 2010. 台湾创业环境调查与建议: 专家观点. 创业管理研究, 5(4):
    35-72.

温肇东, 刘常勇, 谢如梅. 2011. 台湾创业现况调查与政策意涵: 全球创业观察观点. 台北: 2011
    第十四届科际整合管理研讨会.

温肇东, 谢如梅. 2010. 全球创业观察(GEM)之文献回顾与未来方向. 创业管理研究, 5(2):
    27-48.

巫立宇. 2001. 高科技新创企业合作网络模式之研究. 台北: 政治大学国际贸易研究所博士学位
    论文.

吴弦派, 谢如梅, 方伟骏. 2012. 人脉扩展好, 还是深化好? 台湾资通讯产业创业家社会网络策
    略之研究. 中小企业发展季刊, (25): 67-92.

吴奕慧. 2004. 华人创业家适性量表的建构. 台北: 台湾大学商学研究所硕士学位论文.

谢如梅. 2010. 创业机会确认: 先验知识与创业警觉性之关联性实证研究. 高雄: 中山大学博士
    学位论文.

谢如梅, 蔡依伦. 2016. 时势造英雄: 创业制度与创业活动之关连性研究. 组织与管理, 9(1):
    89-124.

谢如梅, 黄晓琳. 2013. 女性创业意图与行动之关联性研究: 害怕失败及创业知识为调节变量.
    商略学报,5(3): 187-202.

谢如梅, 刘常勇. 2009. 创新机会辨识: 创业警觉能力、先前知识与资讯获取之关联性研究. 组
    织与管理, 2(2): 77-108.

周雪光. 2003. 组织社会学十讲. 北京: 社会科学文献出版社.

庄正民, 朱文仪, 黄延聪. 2001. 制度环境、任务环境、组织型态与协调机制——越南台商的实
    证研究. 管理评论, 20(3): 123-151.

卓国雄, 卢俊宏. 2005. 中文版表现失败评估量表之修订研究: 探索性和验证性因素分析. 大专
    体育学刊, 7(2): 111-123.

Acs Z J, Audretsch D B. 2003. Introduction to the Handbook of Entrepreneurship Research//Acs Z J,
    Audretsch D B. Handbook of Entrepreneurship Research. Vol 1. Boston: Springer: 3-20.

Acs Z J, Autio E, Szerb L. 2014. National systems of entrepreneurship: measurement issues and
    policy implications. Research Policy, 43(3): 476-494.

Acs Z J, Szerb L, Autio E. 2016. Global Entrepreneurship Index 2016. Washington D C: The Global
    Entrepreneurship and Development Institute.

Addleson M. 1995. Equilibrium versus understanding: towards the restoration of economics as social
    theory. London: Routledge.

Adner R, Kapoor R. 2010. Value creation in innovation ecosystems: how the structure of
    technological interdependence affects firm performance in new technology generations. Strategic
    Management Journal, 31(3): 306-333.

Ahlstrom D, Bruton G D. 2010. Rapid institutional shifts and the co-evolution of entrepreneurial firms in transition economies. Entrepreneurship Theory and Practice, 34(3): 531-554.

Ajzen I. 1991. The theory of planned behavior. Organizational Behavior and Human Decision Processes, 50(2): 179-211.

Ajzen I, Fishbein M. 1980. Understanding Attitudes and Predicting Social Behavior. Englewood Cliffs: Prentice-Hall.

Aldrich H E. 1999. Organizations Evolving. London: Sage.

Aldrich H E, Fiol C M. 1994. Fools rush in? The institutional context of industry creation. Academy of Management Review, 19(4): 645-670.

Aldrich H E, Martinez M A. 2001. Many are called, but few are chosen: an evolutionary perspective for the study of entrepreneurship. Entrepreneurship Theory and Practice, 25(4): 41-56.

Aldrich H E, Wiedenmayer G. 1993. From traits to rates: an ecological perspective on organizational foundings//Katz J A, Brockhaus R H. Advances in Entrepreneurship, Firm Emergence, and Growth. Greenwich: JAI Press: 145-195.

Aldrich H E, Zimmer C. 1986. Entrepreneurship through social networks//Sexton D, Smilor R. The Art and Science of Entrepreneurship. Cambridge: Ballinger: 3-23.

Allinson C W, Chell E, Hayes J. 2000. Intuition and entrepreneurial behaviour. European Journal of Work and Organizational Psychology, 9(1): 31-43.

Alvarez S A, Barney J B. 2002. Resource-based theory and the entrepreneurial firm//Hitt M A, Ireland R D, Camp S M, et al. Strategic Entrepreneurship: Creating a New Mindset. Malden: Blackwell: 89-105.

Alvarez S A, Barney J B. 2013. Epistemology, opportunities, and entrepreneurship: comments on Venkataraman et al.(2012) and Shane(2012). Academy of Management Review, 38(1): 154-157.

Alvarez S A, Busenitz L W. 2001. The entrepreneurship of resource-based theory. Journal of Management, 27(6): 755-775.

Amabile T M. 1997. Entrepreneurial creativity through motivational synergy. The Journal of Creative Behavior, 31(1): 18-26.

Amit R, Glosten L, Muller E. 1993. Challenges to theory development in entrepreneurship research. Journal of Management Studies, 30(5): 815-834.

Amit R, MacCrimmon K R, Zietsma C, et al. 2001. Does money matter? Wealth attainment as the motive for initiating growth-oriented technology ventures. Journal of Business Venturing, 16(2): 119-143.

Amit R, Muller E, Cockburn I. 1995. Opportunity costs and entrepreneurial activity. Journal of Business Venturing, 10(2): 95-106.

Arabsheibani G, de Meza D, Maloney J, et al. 2000. And a vision appeared unto them of a great profit: evidence of self-deception among the self-employed. Economics Letters, 67(1): 35-41.

Ardichvili A, Cardozo R, Ray S. 2003. A theory of entrepreneurial opportunity identification and development. Journal of Business Venturing, 18(1): 105-123.

Arenius P, Minniti M. 2005. Perceptual variables and nascent entrepreneurship. Small Business Economics, 24(3): 233-247.

Audretsch D B. 1995. Innovation and Industry Evolution. Cambridge: MIT Press.

Audretsch D B. 2007. The Entrepreneurial Society. New York: Oxford University Press.

Audretsch D B, Acs Z J. 1994. New-firm startups, technology, and macroeconomic fluctuations. Small Business Economics, 6(6): 439-449.

Audretsch D B, Bönte W, Keilbach M. 2008. Entrepreneurship capital and its impact on knowledge diffusion and economic performance. Journal of Business Venturing, 23(6): 687-698.

Audretsch D B, Fritsch M. 1994. The geography of firm births in Germany. Regional Studies, 28(4): 359-365.

,Audretsch D B, Keilbach M. 2008. Resolving the knowledge paradox: knowledge-spillover entrepreneurship and economic growth. Research Policy, 37(10): 1697-1705.

Audretsch D B, Thurik A R. 2000. Capitalism and democracy in the 21st century: from the managed to the entrepreneurial economy. Journal of Evolutionary Economics, 10(1/2): 17-34.

Autio E. 2005. GEM 2005 Report on High-Expectation Entrepreneurship. London: The Global Entrepreneurship Research Association.

Autio E. 2011. High-aspiration entrepreneurship//Minniti M. The Dynamics of Entrepreneurship: Evidence from Global Entrepreneurship Monitor. Oxford: Oxford University Press: 409-447.

Babb E M, Babb S V. 1992. Psychological traits of rural entrepreneurs. The Journal of Socio-Economics, 21(4): 353-362.

Baker T, Nelson R E. 2005. Creating something from nothing: resource construction through entrepreneurial bricolage. Administrative Science Quarterly, 50(3): 329-366.

Baker T, Miner A S, Eesley D T. 2003. Improvising firms: bricolage, account giving and improvisational competencies in the founding process. Research Policy, 32(2): 255-276.

Bandura A. 1997. Self-Efficacy: The Excercise of Control. New York: Freeman.

Barney J B. 1986. Strategic factor markets: expectations, luck, and business strategy. Management Science, 32(10): 1231-1241.

Barney J B. 1991. Firm resources and sustained competitive advantage. Journal of Management, 17(1): 99-120.

Baron R A. 1998. Cognitive mechanisms in entrepreneurship: why and when enterpreneurs think differently than other people. Journal of Business Venturing, 13(4): 275-294.

Baron R A. 2000. Social Capital. New York: John Wiley & Sons, Ltd.

Baron R A. 2006. opportunity recognition as pattern recognition: how entrepreneurs "connect the dots" to identify new business opportunities. Academy of Management Perspectives, 20(1): 104-119.

Baron R A. 2007. Behavioral and cognitive factors in entrepreneurship: entrepreneurs as the active element in new venture creation. Strategic Entrepreneurship Journal, 1(1/2): 167-182.

Baron R A, Ensley M D. 2006. Opportunity recognition as the detection of meaningful patterns: evidence from comparisons of novice and experienced entrepreneurs. Management Science, 52(9): 1331-1344.

Baron R A, Shane S A. 2008. Entrepreneurship: A Process Perspective. 2nd ed. Mason: Thomson South-Western.

Barrick M R, Mount M K. 1991. The big five personality dimensions and job performance: a meta-analysis. Personnel Psychology, 44(1): 1-26.

Bates T. 1995. Self-employment entry across industry groups. Journal of Business Venturing, 10(2): 143-156.

Bates T, Servon L. 2000. Viewing self employment as a response to lack of suitable opportunities for wage work. National Journal of Sociology, 12(2): 23-55.

Baughn C C, Chua B L, Neupert K E. 2006. The normative context for women's participation in entrepreneruship: a multicountry study. Entrepreneurship Theory and Practice, 30(5): 687-708.

Baum J R, Locke E A, Smith K G. 2001. A multidimensional model of venture growth. Academy of Management Journal, 44(2): 292-303.

Baumol W J. 2002. Entrepreneurship, innovation and growth: the David-Goliath symbiosis. Journal of Entrepreneurial Finance and Business Ventures, 7(2): 1-10.

Begley T M, Boyd D P. 1987. Psychological characteristics associated with performance in entrepreneurial firms and smaller businesses. Journal of Business Venturing, 2(1): 79-93.

Begley T M, Tan W L. 2001. The socio-cultural environment for entrepreneurship: a comparison between East Asian and Anglo-Saxon countries. Journal of International Business Studies, 32(3): 537-553.

Begley T M, Tan W L, Schoch H. 2005. Politico-economic factors associated with interest in starting a business: a multi-country study. Entrepreneurship Theory and Practice, 29(1): 35-55.

Bellu R R. 1988. Entrepreneurs and managers: are they different?//Kirchhoff B, Long W, McMullan W, et al. Frontiers of Entrepreneurship Research. Babson Park: Babson College: 16-30.

Bhagavatula S, Elfring T, van Tilburg A, et al. 2010. How social and human capital influence opportunity recognition and resource mobilization in India's handloom industry. Journal of Business Venturing, 25(3): 245-260.

Bhat S A, Khan R A. 2014. Entrepreneurship education ecosystem: an assessment study of J&K state. International Journal of Economics, Commerce and Management, 2(4): 269-273.

Bhide A. 2000. The Origin and Evolution of New Businesses. Oxford: Oxford University Press.

Birch D, Haggerty A, Parsons W. 1996. Who's Creating Jobs?. Cambridge: Cognetics.

Bird B. 1988. Implementing entrepreneurial ideas: the case for intention. Academy of Management Review, 13(3): 442-453.

Birney R C, Burdick H, Teevan R C. 1969. Fear of Failure. New York: Van Nostrand.

BizMiner. 2002. Startup business risk index: major industry report.

Blanchflower D G, Oswald A J. 1998. What makes an entrepreneur?. Journal of Labor Economics, 16(1): 26-60.

Bogenhold D, Staber U. 1991. The decline and rise of self-employment. Work, Employment and Society, 5(2): 223-239.

Bonnett C, Furnham A. 1991. Who wants to be an entrepreneur? A study of adolescents interested in a young enterprise scheme. Journal of Economic Psychology, 12(3): 465-478.

Borgatti S P, Foster P C. 2003. The network paradigm in organizational research: a review and typology. Journal of Management, 29(6): 991-1013.

Borjas G J. 1986. The self-employment experience of immigrants. Journal of Human Resources, 21(4): 485-506.

Borjas G J, Bronars S G. 1989. Consumer discrimination and self employment. Journal of Political Economy, 97(3): 581-605.

Boswell J. 1973. The Rise and Decline of Small Firms. London: George Allen and Unwin.

Bowen D D, Hisrich R D. 1986. The female entrepreneur: a career development perspective. Academy of Management Review, 11(2): 393-407.

Boyd R L. 1990. Black and Asian self-employment in large metropolitan areas: a comparative analysis. Social Problems, 37(2): 258-274.

Brass D J, Galaskiewicz J, Greve H R, et al. 2004. Taking stock of networks and organizations: a multilevel perspective. Academy of Management Journal, 47(6): 795-817.

Brenner O C, Pringle C D, Greenhaus J H. 1991. Perceived fulfillment of organizational employment versus entrepreneurship: work values and career intentions of business college graduates. Journal of Small Business Management, 29(3): 62-74.

Brewer M B. 1979. In-group bias in the minimal intergroup situation: a cognitive-motivational analysis. Psychological Bulletin, 86(2): 307-324.

Brockhaus R H. 1980. Risk taking propensity of entrepreneurs. Academy of Management Journal, 23(3): 509-520.

Brodsky M A. 1993. Successful female corporate managers and entrepreneurs: similarities and differences. Group and Organization Management, 18(3): 366-378.

Bruderl J, Preisendorfer P. 1998. Network support and the success of newly founded businesses. Small Business Economics, 10(3): 213-225.

Bruderl J, Preisendorfer P, Ziegler R. 1992. Survival chances of newly founded business organizations. American Sociological Review, 57(2): 227-242.

Brush C G, Greene P G, Hart M M. 2001. From initial idea to unique advantage: the entrepreneurial challenge of constructing a resource base. Academy of Management Executive, 15(1): 64-78.

Bruton G D, Ahlstrom D, Li H L. 2010. Institutional theory and entrepreneurship: where are we now and where do we need to move in the future?. Entrepreneurship Theory and Practice, 34(3): 421-440.

Bruton G D, Lau C M, Obloj K. 2014. Institutions, resources and firm strategies: a comparative analysis of entrepreneurial firms in three transitional economies. European Journal of International Management, 8(6): 697-720.

Bruyat C, Julien P A. 2001. Defining the field of research in entrepreneurship. Journal of Business Venturing, 16(2): 165-180.

Burke A E, FitzRoy F R, Nolan M A. 2000. When less is more: distinguishing between entrepreneurial choice and performance. Oxford Bulletin of Economics and Statistics, 62(5): 565-587.

Burt R S. 1992. Structural Holes: The Social Structure of Competition. Cambridge: Harvard University Press.

Burt R S, Knez M. 1995. Kinds of third-party effects on trust. Rationality and Society, 7(3):

255-292.

Busenitz L W. 1996. Research on entrepreneurial alertness. Journal of Small Business Management, 34(4): 35-44.

Busenitz L W, Barney J B. 1997. Differences between entrepreneurs and managers in large organizations: biases and heuristics in strategic decision-making. Journal of Business Venturing, 12(1): 9-30.

Busenitz L W, Lau C M. 1996. A cross-cultural cognitive model of new venture creation. Entrepreneurship Theory and Practice, 20(4): 25-40.

Busenitz L W, Plummer L A, Klotz A C, et al. 2014. Entrepreneurship research (1985–2009) and the emergence of opportunities. Entrepreneurship Theory and Practice, 38(5): 981-1000.

Busenitz L W, Gomez C, Spencer J W. 2000. Country institutional profiles: unlocking entrepreneurial phenomena. Academy of Management Journal, 43(5): 994-1003.

Busenitz L W, West G P, Shepherd D, et al. 2003. Entrepreneurship research in emergence: past trends and future directions. Journal of Management, 29(3): 285-308.

Buston P M, Emlen S T. 2003. Cognitive processes underlying human mate choice: the relationship between self-perception and mate preference in Western society. Proceedings of the National Academy of Sciences, 100(15): 8805-8810.

Butt A, Khan W. 1996. Effects of transferability of learning from pre-start-up experiences//Reynolds P, Birley S, Butler J, et al. Frontiers of Entrepreneurship Research. Babson Park: Babson College: 108-116.

Bygrave W D. 1997. The Portable MBA in Entrepreneurship. New York: John Wiley and Sons.

Bygrave W D, Hofer C W. 1992. Theorizing about entrepreneurship. Entrepreneurship Theory and Practice, 16(2): 13-22.

Caird S. 1991. Testing enterprise tendency in occupational groups. British Journal of Management, 2(4): 177-186.

Carland J W. 1982. Entrepreneurship in a small business setting: an exploratory study. Athens: University of Georgia.

Carroll G R, Mosakowski E. 1987. The career dynamics of self-employment. Administrative Science Quarterly, 32(4): 570-589.

Carter S, Anderson S, Shaw E. 2001. Women's business ownership: a review of the academic, popular and Internet literature. Glasgow: University of Strathclyde.

Casson M. 1982. The Entrepreneur: An Economic Theory. Lanham: Rowman & Littlefield.

Casson M. 2005. Entrepreneurship and the theory of the firm. Journal of Economic Behavior and Organization, 58(2):327-348.

Chandler G N, Hanks S H. 1994. Market attractiveness, resource-based capabilities, venture strategies, and venture performance. Journal of Business Venturing, 9(4):331-349.

Chandler G N, Hanks S H. 1998. An examination of the substitutability of founders human and financial capital in emerging business ventures. Journal of Business Venturing, 13(5): 353-369.

Chandler G N, Honig B, Wiklund J. 2005. Antecedents, moderators, and performance consequences of membership change in new venture teams. Journal of Business Venturing, 20(5): 705-725.

Chandler G N, Lyon D W. 2001. Issues of research design and construct measurement in entrepreneurship research: the past decade. Entrepreneurship Theory and Practice, 25(4): 101-113.

Chandrashekaran M, McNeilly K, Russ F A, et al. 2000. From uncertain intentions to actual behavior: a threshold model of whether and when salespeople quit. Journal of Marketing Research, 37(4): 463-479.

Choi Y R, Shepherd D A. 2004. Entrepreneurs' decisions to exploit opportunities. Journal of Management, 30(3): 377-395.

Choo S, Wong M. 2006. Entrepreneurial intention: triggers and barriers to new venture creations in Singapore. Singapore Management Review, 28(2): 47-64.

Cobas J A. 1986. Paths to self-employment among immigrants: an analysis of four interpretations. Sociological Perspectives, 29(1): 101-120.

Cobas J A, DeOllos I. 1989. Family ties, co-ethnic bonds, and ethnic entrepreneurship. Sociological Perspectives, 32(3): 403-411.

Conroy D E. 2001. Fear of failure: an exemplar for social development research in sport. Quest, 53(2): 165-183.

Cooper A C. 2003. Entrepreneurship: the past, the present, the future//Acs Z J, Audretsch D B. Handbook of Entrepreneurship Research. Vol 1. Boston: Springer: 21-34.

Cooper A C, Artz K W. 1995. Determinants of satisfaction for entrepreneurs. Journal of Business Venturing, 10(6): 439-457.

Cooper A C, Dunkelberg W C. 1987. Entrepreneurial research: old questions, new answers and methodological issues. American Journal of Small Business, 11(3): 11-23.

Cooper A C, Folta T B, Woo C. 1995. Entrepreneurial information search. Journal of Business Venturing, 10(2): 107-120.

Cooper A C, Woo C Y, Dunkelberg W C. 1988. Entrepreneurs' perceived chances for success. Journal of Business Venturing, 3(2): 97-108.

Corbett A C. 2007. Learning asymmetries and the discovery of entrepreneurial opportunities. Journal of Business Venturing, 22(1): 97-118.

Covin J G, Slevin D P. 1989. Strategic management of small firms in hostile and benign environments. Strategic Management Journal, 10(1): 75-87.

Crant J M. 1996. The proactive personality scale as a predictor of entrepreneurial intentions. Journal of Small Business Management, 34(3): 42-49.

Cromie S. 1987. Motivations of aspiring male and female entrepreneurs. Journal of Organizational Behavior, 8(3): 251-261.

Cromie S, Birley S. 1992. Networking by female business owners in Northern Ireland. Journal of Business Venturing, 7(3): 237-251.

Cromie S, O'Donaghue J. 1992. Assessing entrepreneurial inclinations. International Small Business Journal, 10(2): 66-73.

Cunha M P. 2005. Bricolage in organization. FUENL Working Paper Series, No 474. https://papers. ssrn.com/sol3/papers.cfm?abstract_id=882784[2006-02-19].

Davidsson P. 1989. Entrepreneurship and after? A study of growth willingness in small firms. Journal of Business Venturing, 4(3): 211-226.

Davidsson P, Honig B. 2003. The role of social and human capital among nascent entrepreneurs. Journal of Business Venturing, 18(3): 301-331.

Davidsson P, Lindmark L, Olofsson C. 1994. New firm formation and regional development in Sweden. Regional Studies, 28(4): 395-410.

Davidsson P, Low M B, Wright M. 2001. Editors' introduction: Low and MacMillan ten years on—achievements and future directions for entrepreneurship research. Entrepreneurship Theory and Practice, 25(4): 5-15.

Davidsson P, Wiklund J. 2001. Levels of analysis in entrepreneurship research: current research practice and suggestions for the future. Entrepreneurship Theory and Practice, 25(4): 81-100.

De Bruin A, Brush C G, Welter F. 2007. Advancing a framework for coherent research on women's entrepreneurship. Entrepreneurship Theory and Practice, 31(3): 323-339.

De Clercq D, Arenius P. 2006. The role of knowledge in business start-up activity. International Small Business Journal, 24(4): 339-358.

De Clercq D, Danis W M, Dakhli M. 2010. The moderating effect of institutional context on the relationship between associational activity and new business activity in emerging economies. International Business Review, 19(1): 85-101.

Dean T J, Brown R L, Bamford C E. 1998. Differences in large and small firm responses to environmental context: strategic implications from a comparative analysis of business formations. Strategic Management Journal, 19(8): 709-728.

DeCarlo J F, Lyons P R. 1979. A comparison of selected personal characteristics of minority and non-minority female entrepreneurs. Journal of Small Business Management, 17(4): 22-29.

Delmar F, Davidsson P. 2000. Where do they come from? Prevalence and characteristics of nascent entrepreneurs. Entrepreneurship and Regional Development, 12(1): 1-23.

DeNoble A F, Jung D, Ehrlich S B. 1999. Entrepreneurial self-efficacy: the development of a measure and its relationship to entrepreneurial action//Reynolds P, Bygrave W, Manigart S, et al. Frontiers of Entrepreneurship Research. Babson Park: Babson College: 73-87.

DeTienne D R, Chandler G N. 2007. The role of gender in opportunity identification. Entrepreneurship Theory and Practice, 31(3): 365-386.

Dew N, Velamuri S R, Venkataraman S. 2004. Dispersed knowledge and an entrepreneurial theory of the firm. Journal of Business Venturing, 19(5): 659-679.

Dewey J. 1933. How We Think: A Restatement of the Relation of Reflective Thinking to the Educative Process. 2nd ed. Boston: Heath.

Dimov D P. 2004. The individuality of opportunity recognition//Bulter J E. Opportunity Identification and Entrepreneurial Behavior. Greenwich: Information Age Publishing: 135-162.

Dollinger M J. 2003. Entrepreneurship: Strategies and Resources. 3rd ed. Upper Saddle River: Prentice Hall.

Dolton P J, Makepeace G H. 1990. Self employment among graduates. Bulletin of Economic Research, 42(1): 35-54.

Domenico M D, Haugh H, Tracey P. 2010. Social bricolage: theorizing social value creation in social enterprises. Entrepreneurship Theory and Practice, 34(4): 681-703.

Douglas E J. 1999. Entrepreneurship as a career choice: attitudes, entrepreneurial intentions, and utility maximization//Reynolds P, Bygrave W, Manigart S, et al. Frontiers of Entrepreneurship Research. Babson Park: Babson College: 152-166.

Drucker P F. 1985. Innovation and Entrepreneurship. New York: Harper and Row.

Drucker P F. 1993. Innovation and Entrepreneurship. New York: Harper Collins.

Durand D E. 1975. Effects of achievement motivation and skill training on the entrepreneurial behavior of black businessmen. Organizational Behavior and Human Performance, 14(1): 76-90.

Eisenhauer J G. 1995. The entrepreneurial decision: economic theory and empirical evidence. Entrepreneurship Theory and Practice, 19(4): 67-79.

Ekore J O, Okekeocha O C. 2012. Fear of entrepreneurship among university graduates: a psychological analysis. International Journal of Management, 29(2): 515-524.

Elfring T, Hulsink W. 2003. Networks in entrepreneurship: the case of high-technology firms. Small Business Economics, 21(4): 409-422.

Elliot A J. 1999. Approach and avoidance motivation and achievement goals. Educational Psychologist, 34(3): 169-189.

Evans D S, Leighton L S. 1989. Some empirical aspects of entrepreneurship. The American Economic Review, 79(3): 519-535.

Feeser H R, Dugan K W. 1989. Entrepreneurial motivation: a comparison of high and low growth high tech founders//Brockhaus R, Churchill N, Katz J, et al. Frontiers of Entrepreneurship Research. Babson Park: Babson College: 13-27.

Fernandez M, Kim K C. 1998. Self-employment rates of Asian immigrant groups: an analysis of intragroup and intergroup differences. International Migration Review, 32(3): 654-681.

Fiet J O, Patel P C. 2008. Entrepreneurial discovery as constrained, sytematic search. Small Business Economics, 30(3): 215-229.

Fini R, Grimaldi R, Marzocchi G L, et al. 2009. The foundation of entrepreneurial intention. Frederiksberg: Academy of management Summer Conference 2009.

Fisher R A. 2012. Optical Phase Conjugation. New York: Academic Press.

Fogel G. 2001. An analysis of entrepreneurial environment and enterprise development in Hungary. Journal of Small Business Management, 39(1): 103-109.

Freeman J R. 1982. State entrepreneurship and dependent development. American Journal of Political Science, 26(1): 90-112.

Freytag A, Thurik R. 2010. Entrepreneurship and Culture. Heidelberg: Springer.

Gaglio C M. 2004. The role of mental simulations and counterfactual thinking in the opportunity identification process. Entrepreneurship Theory and Practice, 28(6): 533-552.

Gaglio C M, Katz J A. 2001. The psychological basis of opportunity identification: entrepreneurial alertness. Small Business Economics, 16(2): 95-111.

Gartner W B. 1985. A conceptual framework for describing the phenomenon of new venture creation. Academy of Management Review, 10(4): 696-706.

Gartner W B. 1989. Some suggestions for research on entrepreneurial traits and characteristics. Entrepreneurship Theory and Practice, 14(1): 27-38.

Gartner W B. 1990. What are we talking about when we talk about entrepreneurship. Journal of Business Venturing, 5(1): 15-28.

Gartner W B. 2001. Is there an elephant in entrepreneurship? Blind assumptions in theory development. Entrepreneurship Theory and Practice, 25(4): 27-39.

Gartner W B, Bird B J, Starr J A. 1992. Acting as if: differentiating entrepreneurial from organizational behavior. Entrepreneurship Theory and Practice, 16(3): 13-32.

Gartner W B, Shane S A. 1995. Measuring entrepreneurship over time. Journal of Business Venturing, 10(4): 283-301.

Gimeno J, Folta T B, Cooper A C, et al. 1997. Survival of the fittest? Entrepreneurial human capital and the persistence of underperforming firm. Administrative Science Quarterly, 42(4): 750-783.

Ginn C W, Sexton D L. 1990. A comparison of the personality type dimensions of the 1987 Inc. 500 company founders/CEOs with those of slower-growth firms. Journal of Business Venturing, 5(5): 313-326.

Glinka B, Thatchenkery T. 2013. A comparative study of perceptions towards entrepreneurship in India, Poland, and the USA. International Journal of Human Resources Development and Management, 13(2/3): 119-135.

Gnyawali D R, Fogel D S. 1994. Environments for entrepreneurship development: key dimensions and research implications. Entrepreneurship Theory and Practice, 18(4): 43-62.

Goldman A I. 1986. Epistemology and Cognition. Cambridge: Harvard University Press.

Granovetter M. 1973. The strength of weak tie. American Journal of Sociology, 78(6): 1360-1380.

Granovetter M. 1985. Economic action and social structure: the problem of embeddedness. American Journal of Sociology, 91(3): 481-510.

Granovetter M. 1995. The economic sociology of firms and entrepreneurs//Portes A. The Economic Sociology of Immigration: Essays on Networks, Ethnicity, and Entrepreneurship. New York: Russell Sage Foundation: 128-165.

Greenberger D B, Sexton D L. 1988. An interactive model of new venture initiation. Journal of Small Business Management, 26(3): 1-7.

Greene P. 2000. Self-employment as an economic behavior: an analysis of self-employed women's human and social capital. National Journal of Sociology, 12: 1-55.

Gregoire D A, Noel M X, Déry R, et al. 2006. Is there conceptual convergence in entrepreneurship research? A co-citation analysis of Frontiers of Entrepreneurship Research, 1981–2004. Entrepreneurship Theory and Practice, 30(3): 333-373.

Greve A, Salaff J W. 2003. Social networks and entrepreneurship. Entrepreneurship Theory and Practice, 28(1): 1-22.

Guesnier B. 1994. Regional variations in new firm formation in France. Regional Studies, 28(4): 347-358.

Gundry L K, Welsch H P. 2001. The ambitious entrepreneur: high growth strategies of women-owned enterprises. Journal of Business Venturing, 16(5): 453-470.

Hallen B L, Eisenhardt K M. 2012. Catalyzing strategies and efficient tie formation: how entrepreneurial firms obtain investment ties. Academy of Management Journal, 55(1): 35-70.

Hannan M T, Freeman J. 1989. Organization Ecology. Cambridge: Harvard University Press.

Hayek F A. 1945. The use of knowledge in society. The American Economic Review, 35(4): 519-530.

Hechavarria D M, Ingram A. 2014. A review of the entrepreneurial ecosystem and the entrepreneurial society in the United States: an exploration with the global entrepreneurship monitor dataset. Journal of Business and Entrepreneurship, 26(1): 1-35.

Hills G E, Shrader R C. 1998. Successful entrepreneurs' insights into opportunity recognition//Peynolds P, Bygrave W, Carter N, et al. Frontiers of Entrepreneurship Research. Babson Park: Babson College: 30-41.

Hills G E, Welsch H. 1986. Entrepreneurship behavioral intentions and student independence, characteristics and experiences. The Sixth Annual Babson College Entrepreneurship Research Conference.

Hills G E, Lumpkin G T, Singh R P. 1997. Opportunity recognition: perceptions and behaviors of entrepreneurs//Reynolds P, Bygrave W, Carter N, et al. Frontiers of Entrepreneurship Research. Babson Park: Babson College: 168-182.

Hills G E, Shrader R C, Lumpkin G T. 1999. Opportunity recognition as a creative process//Reynolds P, Bygrave W, Manigart S, et al. Frontiers of Entrepreneurship Research. Babson Park: Babson College: 216-227.

Hines G H. 1973. Achievement motivation, occupations, and labor turnover in New Zealand. Journal of Applied Psychology, 58(3): 313-317.

Hoang H, Antoncic B. 2003. Network-based research in entrepreneurship: a critical review. Journal of Business Venturing, 18(2): 165-187.

Honig B, Davidsson P. 2000. The role of social and human capital among nascent entrepreneurs. Academy of Management Proceedings, (1): B1-B6.

Hornaday J A, Aboud J. 1971. Characteristics of successful entrepreneurs1. Personnel Psychology, 24(2): 141-153.

Hughes K D, Jennings J E, Brush C, et al. 2012. Extending women's entrepreneurship research in new directions. Entrepreneurship Theory and Practice, 36(3): 429-442.

Hull D L, Bosley J J, Udell G G. 1980. Renewing the hunt for the heffalump: identifying potential entrepreneurs by personality characteristics. Journal of Small Business Management, 18(1): 11-18.

Huston T L, Levinger G. 1978. Interpersonal attraction and relationships. Annual Review of Psychology, 29: 115-156.

Huyghebaert N, Van de Gucht L M. 2004. Incumbent strategic behavior in financial markets and the exit of entrepreneurial start-ups. Strategic Management Journal, 25(7): 669-688.

Hwang H, Powell W W. 2005. Institutions and entrepreneurship//Alvarez S A, Agarwal R, Sorenson O. Handbook of Entrepreneurship Research. Vol 2. Boston: Springer: 201-232.

Ibarra H. 1993. Personal networks of women and minorities in management: a conceptual framework. Academy of Management Review, 18(1): 56-87.

Ireland R D, Reutzel C R, Webb J W. 2005. Entrepreneurship research in AMJ: what has been published, and what might the future hold?. Academy of Management Journal, 48(4): 556-564.

Isenberg D. 2011. The entrepreneurship ecosystem strategy as a new paradigm for economic policy: principles for cultivating entrepreneurship. Dublin: Institute of International European Affairs.

Jennings P D, Greenwood R, Lounsbury M D, et al. 2013. Institutions, entrepreneurs, and communities: a special issue on entrepreneurship. Journal of Business Venturing, 28(1): 1-9.

Johannisson B. 2000. Networking and entrepreneurial growth//Sexton D L, Lawrence H. The Blackwell Handbook of Entrepreneurship. Oxford: Blackwell: 368-386.

Johnson B R. 1990. Toward a multidimensional model of entrepreneurship: the case of achievement motivation and the entrepreneur. Entrepreneurship Theory and Practice, 14(3): 39-54.

Johnson J H. 1986. Life Events as Stressors in Childhood and Adolescence. Newbury Park: Sage Publications.

Johnson P S, Cathcart D G. 1979. New manufacturing firms and regional development: some evidence from the Northern Region. Regional Studies, 13(3): 269-280.

Kaish S, Gilad B. 1991. Characteristics of opportunities search of entrepreneurs versus executives: sources, interests, general alertness. Journal of Business Venturing, 6(1): 45-61.

Kangasharju A. 2000. Regional variations in firm formation: panel and cross-section data evidence from Finland. Papers in Regional Science, 79(4): 355-373.

Kaufmann P J. 1999. Franchising and the choice of self-employment. Journal of Business Venturing, 14(4): 345-362.

Kazanjian R K. 1988. Relation of dominant problems to stages of growth in technology-based new ventures. Academy of Management Journal, 31(2): 257-279.

Kelly D J, Bosma N, Amoros J E. 2011. Global Entrepreneurship Monitor 2010 Global Report. Babson Park: Babson College.

Kelly D J, Singer S, Herrington M. 2012. Global Entrepreneurship Monitor 2011 Global Report. Babson Park: Babson College.

Kenney M, von Burg U. 1999. Technology, entrepreneurship and path dependence: industrial clustering in Silicon Valley and Route 128. Industrial and Corporate Change, 8(1): 67-103.

Kihlstrom R E, Laffont J J. 1979. A general equilibrium entrepreneurial theory of firm formation based on risk aversion. Journal of Political Economy, 87(4): 719-748.

Kilduff M, Tsai W. 2003. Social Networks and Organizations. Thousand Oaks: Sage.

Kirchhoff B A. 1994. Entrepreneurship and Dynamic Capitalism: The Economics of Business Firm Formation and Growth. Westport: Praeger.

Kirzner I M. 1973. Competition and Entrepreneurship. Chicago: University of Chicago Press.

Kirzner I M. 1979. Perception, Opportunity, and Profit: Studies in the Theory of Entrepreneurship. Chicago: University of Chicago Press.

Kirzner I M. 1985. Discovery and the Capitalist Process. Chicago: University of Chicago Press.

Klepper S, Sleeper S. 2005. Entry by spinoffs. Management Science, 51(8): 1291-1306.

Knight F H. 1921. Risk, Uncertainty and Profit. New York: Hart, Schaffner and Marx.

Ko S. 2004. Bisociation and opportunity//Butler J E. Opportunity Identification and Entrepreneurial Behavior. Greenwich: Information Age Publishing: 99-114.

Ko S, Butler J E. 2007. Creativity: a key link to entrepreneurial behavior. Business Horizons, 50(5): 365-372.

Kolvereid L. 1992. Growth aspirations among Norwegian entrepreneurs. Journal of Business Venturing, 7(3): 209-222.

Kolvereid L. 1996. Prediction of employment status choice intentions. Entrepreneurship Theory and Practice, 21(1): 47-58.

Kolvereid L, Isaksen E. 2006. New business start-up and subsequent entry into self-employment. Journal of Business Venturing, 21(6): 866-885.

Kourilsky M L. 1994. MADE-IT (Mothers and Daughters Entrepreneurs—In Teams). Kansas City: Center for Entrepreneurial Leadership Inc., Ewing Marion Kauffman Foundation.

Kourilsky M L, Walstad W B. 1998. Entrepreneurship and female youth: knowledge, attitudes, gender differences, and educational practices. Journal of Business Venturing, 13(1): 77-88.

Kristiansen S. 2004. Social networks and business success: the role of subcultures in an African context. American Journal of Economics and Sociology, 63(5): 1149-1171.

Krueger Jr N F. 1993. The impact of prior entrepreneurial exposure on perceptions of new venture feasibility and desirability. Entrepreneurship Theory and Practice, 18(1): 5-21.

Krueger Jr N F. 2003. The cognitive psychology of entrepreneurship//Acs Z J, Audretsch D B. Handbook of Entrepreneurship Research. Vol 1. Boston: Springer: 105-140.

Krueger Jr N F, Brazeal D V. 1994. Entrepreneurial potential and potential entrepreneurs, Entrepreneurship Theory and Practice, 18(3): 91-104.

Landes D S. 1998. The Wealth and Poverty of Nations: Why Some Are So Rich and Some are So Poor. New York: W.W. Norton.

Lavoie D. 1984. A new era for female entrepreneurship in the 80's. Journal of Small Business-Canada, 2(3): 34-43.

Lechler T. 2001. Social interaction: a determinant of entrepreneurial team venture success. Small Business Economics, 16(4): 263-278.

Lee C, Lee K, Pennings J M. 2001. Internal capabilities, external networks, and performance: a study on technology-based ventures. Strategic Management Journal, 22(6/7): 615-640.

Lee D Y, Tsang E W. 2001. The effects of entrepreneurial personality, background and network activities on venture growth. Journal of Management Studies, 38(4): 583-602.

Lentz B F, Laband D N. 1990. Entrepreneurial success and occupational inheritance among proprietors. The Canadian Journal of Economics, 23(3): 563-579.

Lerner M, Brush C G, Hisrich R D. 1995. Factors affecting performance of Israeli women entrepreneurs: an examination of alternative perspectives//Bygrave W, Bird J, Birley S, et al. Frontiers of Entrepreneurship Research. Babson Park: Babson College: 308-322.

Lévi-Strauss C. 1968. Structural Anthropology: Translated from the French by Claire Jacobson and Brooke Grundfest Schoepf. Westminster, London: the Penguin Press.

Li Y, Zahra S A. 2012. Formal institutions, culture, and venture capital activity: a cross-country analysis. Journal of Business Venturing, 27(1): 95-111.

Lichtenstein B M B, Brush C G. 2001. How do "resource bundles" develop and change in new ventures? A dynamic model and longitudinal exploration. Entrepreneurship Theory and Practice, 25(3): 37-58.

Liñán F, Chen Y W. 2009. Development and cross-cultural application of specific instrument to measure entrepreneurial intentions. Entrepreneurship Theory and Practice, 33(3): 593-617.

Lindgren M, Packendorff J. 2003. A project-based view of entrepreneurship: towards action-orientation, seriality and collectivity//Steyaert C, Hjorth D. New Movements in Entrepreneurship. Cheltenham: Edward Elgar Publishing: 86-102.

Lipshitz R, Strauss O. 1997. Coping with uncertainty: a naturalistic decision-making analysis. Organizational Behavior and Human Decision Processes, 69(2): 149-163.

Long J E. 1982. The income tax and self-employment. National Tax Journal, 35(1): 31-42.

Low M B, MacMillan I C. 1988. Entrepreneurship: past research and future challenges. Journal of Management, 14(2): 139-161.

Lumpkin G T, Lichtenstein B B. 2005. The role of organizational learning in the opportunity-recognition process. Entrepreneurship Theory and Practice, 29(4): 451-472.

Lundstrom A, Stevenson L A. 2006. Entrepreneurship Policy: Theory and Practice. Vol 9. Boston: Springer.

Ma R, Huang Y C, Shenkar O. 2011. Social networks and opportunity recognition: a cultural comparison between Taiwan and the United States. Strategic Management Journal, 32(11): 1183-1205.

Martinelli A. 2005. The social and institutional context of entrepreneurship//Corbetta G, Huse M, Ravasi D. Crossroads of Entrepreneurship. Boston: Springer: 53-73.

Marvel M R, Lumpkin G T. 2007. Technology entrepreneurs' human capital and its effects on innovation radicalness. Entrepreneurship Theory and Practice, 31(6): 807-828.

Mason C, Brown R. 2014. Entrepreneurial ecosystems and growth oriented entrepreneurship. Paris: OECD.

McClelland D C, Atkinson J W, Clark R A, et al. 1953. The Achievement Motive. New York: Appleton-Century-Crofts.

McEvily B, Zaheer A. 1999. Bridging ties: a source of firm heterogeneity in competitive capabilities. Strategic Management Journal, 20(12): 1133-1156.

McMullen J S, Shepherd D A. 2006. Entrepreneurial action and the role of uncertainty in the theory of the entrepreneur. Academy of Management Review, 31(1): 132-152.

McMullen J S, Bagby D, Palich L E. 2008. Economic freedom and the motivation to engage in entrepreneurial action. Entrepreneurship Theory and Practice, 32(5): 875-895.

Mesch G S, Czamanski D. 1997. Occupational closure and immigrant entrepreneurship: Russian Jews in Israel. The Journal of Socio-Economics, 26(6): 597-610.

Middleton K W. 2010. Developing Entrepreneurial Behavior. Gothenburg: Chalmers University of Technology.

Milliken F J. 1987. Three types of perceived uncertainty about the environment: state, effect, and response uncertainty. Academy of Management Review, 12(1): 133-143.

Miner J B. 2000. Testing a psychological typology of entrepreneurship using business founders. The Journal of Applied Behavioral Science, 36(1): 43-69.

Miner J B, Smith N R, Bracker J S. 1989. Role of entrepreneurial task motivation in the growth of technologically innovative firms. Journal of Applied Psychology, 74(4): 554-560.

Minniti M. 2004. Entrepreneurial alertness and asymmetric information in a spin-glass model. Journal of Business Venturing, 19(5): 637-658.

Minniti M, Nardone C. 2007. Being in someone else's shoes: the role of gender in nascent entrepreneurship. Small Business Economics, 28(2/3): 223-238.

Mises L V. 1996. Human Action: A Treatise on Economics. 4th ed. San Francisco: Fox and Wilkes.

Mitchel J O. 1981. The effect of intentions, tenure, personal, and organizational variables on managerial turnover. Academy of Management Journal, 24(4): 742-751.

Mitchell J C. 1969. Social Networks in Urban Situations: Analyses of Personal Relationships in Central African Towns. Manchester: Manchester University Press.

Mitchell R K, Busenitz L, Lant T, et al. 2002. Toward a theory of entrepreneurial cognition: rethinking the people side of entrepreneurship research. Entrepreneurship Theory and Practice, 27(2): 93-104.

Moore D P. 1990. An examination of present research on the female entrepreneur—suggested research strategies for the 1990's. Journal of Business Ethics, 9(4/5): 275-281.

Moore J F. 1993. Predators and prey: a new ecology of competition. Harvard Business Review, 71(3): 75-86.

Moore J F. 1996. The Death of Competition: Leadership and Strategy in the Age of Business Ecosystems. New York: Harper Business.

Mueller P. 2006. Exploring the knowledge filter: how entrepreneurship and university–industry relationships drive economic growth. Research Policy, 35(10): 1499-1508.

Murphy G B, Trailer J W, Hill R C. 1996. Measuring performance in entrepreneurship research. Journal of Business Research, 36(1): 15-23.

Nambisan S, Baron R A. 2013. Entrepreneurship in innovation ecosystems: Entrepreneurs' self-regulatory processes and their implications for new venture success. Entrepreneurship: Theory and Practice, 37(5): 1071-1097.

Newbert S L, Tornikoski E T, Quigley N R. 2013. Exploring the evolution of supporter networks in the creation of new organizations. Journal of Business Venturing, 28(2): 281-298.

Nohria N. 1992. Information and search in the creation of new business ventures: the case of the 128 venture group//Nohria N, Robert E. Networks and Organizations: Structure, Form, and Action. Boston: Harvard Business School Press: 240-261.

O'Donnell A, Gilmore A, Cummins D, et al. 2001. The network construct in entrepreneurship research: a review and critique. Management Decision, 39(9): 749-760.

Ozcan P, Eisenhardt K M. 2009. Origin of alliance portfolios: entrepreneurs, network strategies, and firm performance. Academy of Management Journal, 52(2): 246-279.

Ozgen E, Baron R A. 2007. Social sources of information in opportunity recognition: effects of mentors, industry networks, and professional forums. Journal of Business Venturing, 22(2): 174-192.

Ozgen E, Sanderson S. 2006. Do men and women entrepreneurs differ in their reliance on sources of information in opportunity recognition in technical fields?. Academy of Entrepreneurship Journal, 12(2): 47-65.

Parker S C. 2009. The Economics of Entrepreneurship. Cambridge: Cambridge University Press.

Penrose E T. 1959. The Theory of the Growth of the Firm. New York: John Wiley & Sons.

Politis D. 2005. The process of entrepreneurial learning: a conceptual framework. Entrepreneurship Theory and Practice, 29(4): 399-424.

Powell W W, Koput K W, Smith-Doerr L. 1996. Interorganizational collaboration and the locus of innovation: networks of learning in biotechnology. Administrative Science Quarterly, 41(1): 116-145.

Ramos-Rodríguez A R, Medina-Garrido J A, Lorenzo-Gómez J D, et al. 2010. What you know or who you know? The role of intellectual and social capital in opportunity recognition. International Small Business Journal, 28(6): 566-582.

Ray S, Cardozo R N. 1996. Sensitivity and creativity in entrepreneurial opportunity recognition: a framework for empirical investigation. London: Global Entrepreneurship Research Conference.

Reuber A R, Fischer E M. 1993. The learning experiences of entrepreneurs//Churchill N, Birley S, Doutriaux J, et al. Frontiers of Entrepreneurship Research. Babson Park: Babson College: 234-245.

Reynolds P D. 1997. Who starts new frms? Preliminary explorations of firms-in-gestation. Small Business Economics, 9(5): 449-462.

Reynolds P D. 2007. Entrepreneurship in the United States: The Future is Now. Vol 15. Boston: Springer.

Reynolds P D, White S B. 1997. The Entrepreneurial Process: Economic Growth, Men, Women, and Minorities. Westport: Quorum Books.

Ripsas S. 1998. Towards an interdisciplinary theory of entrepreneurship. Small Business Economics, 10(2): 103-115.

Ritsilä J, Tervo H. 2002. Effects of unemployment on new firm formation: micro-level panel data evidence from Finland. Small Business Economics, 19(1): 31-40.

Roberts E B. 1991. Entrepreneurs in High Technology: Lessons from MIT and Beyond. New York: Oxford University Press.

Roberts E B, Wainer H A. 1971. Some characteristics of technical entrepreneurs. IEEE Transactions on Engineering Management, EM-18(3): 100-109.

Robinson P B, Sexton E A. 1994. The effect of education and experience on self-employment success. Journal of Business Venturing, 9(2): 141-156.

Robinson P B, Stimpson D V, Huefner J C, et al. 1991. An attitude approach to the prediction of entrepreneurship. Entrepreneurship Theory and Practice, 15(4): 13-32.

Rogers E M, Bhowmik D K. 1970. Homophily-heterophily: relational concepts for communication research. Public Opinion Quarterly, 34(4): 523-538.

Sager S S, Lavallee D, Spray C M. 2009. Coping with the effects of fear of failure: a preliminary investigation of young elite athletes. Journal of Clinical Sport Psychology, 3(1): 73-98.

Sambharya R, Musteen M. 2014. Institutional environment and entrepreneurship: an empirical study across countries. Journal of International Entrepreneurship, 12(4): 314-330.

Sanders J M, Nee V. 1996. Immigrant self-employment: the family as social capital and the value of human capital. American Sociological Review, 61(2): 231-249.

Sarasvathy D K, Simon H A, Lave L. 1998. Perceiving and managing business risks: differences between entrepreneurs and bankers. Journal of Economic Behavior & Organization, 33(2): 207-225.

Sarasvathy S D. 2001. Causation and effectuation: toward a theoretical shift from economic inevitability to entrepreneurial contingency. Academy of Management Review, 26(2): 243-263.

Sarasvathy S D. 2003. Entrepreneurship as a science of the artificial. Journal of Economic Psychology, 24(2): 203-220.

Sarasvathy S D. 2008. Effectuation: Elements of Entrepreneurial Expertise. Cheltenham: Edward Elgar Publishing.

Sarasvathy S D, Dew N, Velamuri S R, et al. 2003. Three views of entrepreneurial opportunity//Acs Z J, Audretsch D B. Handbook of Entrepreneurship Research. Vol 1. Boston: Springer: 141-160.

Sarasvathy S D, Read S, Dew N, et al. 2011. Effectuation Entrepreneurship. New York: Routledge.

Sarkar M B, Echambadi R A J, Harrison J S. 2001. Alliance entrepreneurship and firm market performance. Strategic Management Journal, 22(6/7): 701-711.

Saxenian A. 1994. Regional Advantage: Culture and Competition in Silicon Valley and Route 128. Cambridge: Harvard University Press.

Schefczyk M. 2001. Determinants of success of German venture capital investments. Interfaces, 31(5): 43-61.

Schildt H A, Zahra S A, Sillanpää A. 2006. Scholarly communities in entrepreneurship research: a co-citation analysis. Entrepreneurship Theory and Practice, 30(3): 399-415.

Schiller B R, Crewson P E. 1997. Entrepreneurial origins: a longitudinal inquiry. Economic Inquiry, 35(3): 523-531.

Schumpeter J A. 1934. The Theory of Economic Development. Cambridge: Harvard University Press.

Schumpeter J A. 1951. The historical approach to the analysis of business cycles. Cambridge: Conference on Business Cycles, the National Bureau of Economic Research: 149-162.

Schwartz E B. 1976. Entrepreneurship-New female frontier. Journal of Contemporary Business, 5(1): 47-76.

Scott M G, Twomey D F. 1988. The long-term supply of entrepreneurs: students' career aspirations in relation to entrepreneurship. Journal of Small Business Management, 26(4): 5-13.

Senyard J M, Davidsson P, Baker T, et al. 2011. Resource constraints in innovation: the role of bricolage in new venture creation and firm development//Maritz A. Proceedings of the 8th AGSE International Entrepreneurship Research Exchange. Melbourne: Swinburne University of Technology: 609-622.

Seth S, Sen A. 1995. Behavioural characteristics of women entrepreneurs and executives vis-a-vis their male counterparts: an empirical study. Social Science International, 11 (1/2): 18-33.

Sexton D L, Bowman N B. 1984. Entrepreneurship education: suggestions for increasing effectiveness. Journal of Small Business Management, 22 (2): 18-25.

Shane S. 1996. Hybrid organizational arrangements and their implications for firm growth and survival: a study of new franchisors. Academy of Management Journal, 39 (1): 216-234.

Shane S. 2000. Prior knowledge and the discovery of entrepreneurial opportunities. Organization Science, 11 (4): 448-469.

Shane S. 2003. A General Theory of Entrepreneurship: The Individual-Opportunity Nexus. Cheltenham: Edward Elgar Publishing.

Shane S. 2005a. Angel investing: a Report prepared for the federal reserve banks of Atlanta, Cleveland, Kansas City, Philadelphia and Richmond. Journal of Business Venturing, 2 (4): 299-341.

Shane S. 2005b. Finding Fertile Ground: Identifying Extraordinary Opportunities for New Venture. Upper Saddle River: Wharton School Publishing.

Shane S. 2012. Reflections on the 2010 AMR decade award: delivering on the promise of entrepreneurship as a field of research. Academy of Management Review, 37 (1): 10-20.

Shane S, Khurana R. 2001. Career experiences and firm foundings. Anatheim: Academy of Management Meetings.

Shane S, Khurana R. 2003. Bringing individuals back in: the effects of career experience on new firm founding. Industrial and Corporate Change, 12 (3): 519-543.

Shane S, Stuart T. 2002. Organizational endowments and the performance of university start-ups. Management Science, 48 (1): 154-170.

Shane S, Venkataraman S. 2000. The promise of entrepreneurship as a field of research. Academy of Management Review, 25 (1): 217-226.

Shapero A. 1975. The displaced, uncomfortable entrepreneur. Psychology Today, 9 (6): 83-88.

Shepherd D A, DeTienne D R. 2005. Prior knowledge, potential financial reward, and opportunity identification. Entrepreneurship Theory and Practice, 29 (1): 91-112.

Shepherd D A, Douglas E J, Shanley M. 2000. New venture survival: ignorance, external shocks, and risk reduction strategies. Journal of Business Venturing, 15 (5/6): 393-410.

Sine W D, David R J. 2010. Institutions and entrepreneurship. Research in the Sociology of Work, 21: 1-26.

Singh R P. 2000. Entrepreneurial opportunity recognition through social networks. New York: Garland Publishing.

Slotte-Kock S, Coviello N. 2010. Entrepreneurship research on network processes: a review and ways forward. Entrepreneurship Theory and Practice, 34 (1): 31-57.

Smith B R, Matthews C H, Schenkel M T. 2009. Differences in entrepreneurial opportunities: the role of tacitness and codification in opportunity identification. Journal of Small Business Management, 47 (1): 38-57.

Smith K G, Gannon M J, Grimm C, et al. 1988. Decision making behavior in smaller entrepreneurial and larger professionally managed firms. Journal of Business Venturing, 3(3): 223-232.

Smith K, DiGregorio D. 2002. Bisociation, discovery and the role of entrepreneurial action//Hitt M A, Ireland R D, Camp S M, et al. Strategic Entrepreneurship: Creating a New Mindset. Malden: Blackwell: 127-150.

Specht P H. 1993. Munificence and carrying capacity of the environment and organization formation. Entrepreneurship Theory and Practice, 17(2): 77-86.

Spencer J W, Gómez C. 2004. The relationship among national institutional structures, economic factors, and domestic entrepreneurial activity: a multicountry study. Journal of Business Research, 57(10): 1098-1107.

Stam E, Chantal H, van Andre S, et al. 2011. Ambitious entrepreneurship, high-growth firms, and macroeconomic growth//Minniti M. The Dynamics of Entrepreneurship: Evidence from Global Entrepreneurship Monitor Data. Oxford: Oxford University Press: 231-250.

Steffens P R, Senyard J M, Baker T. 2009. Linking resource acquisition and development processes to resource-based advantage: bricolage and the resource-based view. Adelaide: 6th AGSE International Entrepreneurship Research Exchange.

Stewart W H, Watson W E, Carland J C, et al. 1999. A proclivity for entrepreneurship: a comparison of entrepreneurs, small business owners, and corporate managers. Journal of Business venturing, 14(2): 189-214.

Stinchfield B T, Nelson R E, Wood M S. 2012. Learning from Levi-Strauss' legacy: art, craft, engineering, bricolage, and brokerage in entrepreneurship. Entrepreneurship Theory and Practice, 37(4): 889-921.

Storey D J. 1982. Entrepreneurship and the New Firm. London: Croom Helm.

Storey D J. 1994. Understanding the Small Business Sector. London: Routledge.

Stuart T E, Sorenson O. 2007. Strategic networks and entrepreneurial ventures. Strategic Entrepreneurship Journal, 1(3/4): 211-227.

Suddaby R, Bruton G D, Si S X. 2015. Entrepreneurship through a qualitative lens: insights on the construction and/or discovery of entrepreneurial opportunity. Journal of Business Venturing, 30(1): 1-10.

Suresh J, Ramraj R. 2012. Entrepreneurial ecosystem: case study on the influence of environmental factors on entrepreneurial success. European Journal of Business and Management, 4(16): 95-101.

Swedberg R. 2000. Entrepreneurship: The Social Science View. Oxford: Oxford University Press.

Tang J, Tang Z, Lohrke F T. 2008. Developing an entrepreneurial typology: the roles of entrepreneurial alertness and attributional style. International Entrepreneurship and Management Journal, 4(3): 273-294.

Taylor M P. 1996. Earnings, independence or unemployment: why become self-employed?. Oxford Bulletin of Economics and Statistics, 58(2): 253-266.

Taylor M P. 1999. Survival of the fittest? An analysis of self-employment duration in Britain. The Economic Journal, 109(454): 140-155.

Taylor M P. 2001. Self-employment and windfall gains in Britain: Evidence from panel data.

Economica, 68(272): 539-565.

Teixeira R A. 2011. The Disappearing American Voter. Washington D C: Brookings Institution Press.

Timmons J A. 1990. New Venture Creation. Homewood: Irwin.

Timmons J A. 1999. New Venture Creation: Entrepreneurship for the 21st Century. Boston : McGraw-Hill.

Timmons J A, Spinelli S. 2007. New Venture Creation: Entrepreneurship for the 21st Century. 7th ed. Boston: McGraw-Hill.

Tolbert P S, David R J, Sine W D. 2011. Studying choice and change: the intersection of institutional theory and entrepreneurship research. Organization Science, 22(5): 1332-1344.

Trulsson P. 1997. Strategies of Entrepreneurship: Understanding Industrial Entrepreneurship and Structural Change in Northwest Tanzania. Linköping: Linköpings universitet.

Turner J C. 1987. Rediscovering the Social Group: A Self-Categorization Theory. Oxford: Blackwell.

Tyson L, Petrin T, Rogers H. 1994. Promoting entrepreneurship in Eastern Europe. Small Business Economics, 6(3): 165-184.

Ucbasaran D, Westhead P, Wright M. 2001. The focus of entrepreneurial research: contextual and process issues. Entrepreneurship Theory and Practice, 25(4): 57-80.

Ucbasaran D, Westhead P, Wright M. 2008. Opportunity identification and pursuit: does an entrepreneur's human capital matter?. Small Business Economics, 30(2): 153-173.

Ucbasaran D, Westhead P, Wright M. 2009. The extent and nature of opportunity identification by experienced entrepreneurs. Journal of Business Venturing, 24(2): 99-115.

Uusitalo R. 2001. Homo entreprenaurus?. Applied Economics, 33(13): 1631-1638.

Vaghely I P, Julien P A. 2010. Are opportunities recognized or constructed? An information perspective on entrepreneurial opportunity identification. Journal of Business Venturing, 25(1): 73-86.

Vaillant Y, Lafuente E. 2007. Do different institutional frameworks condition the influence of local fear of failure and entrepreneurial examples over entrepreneurial activity?. Entrepreneurship and Regional Development, 19(4): 313-337.

Valliere D, Peterson R. 2009. Entrepreneurship and economic growth: evidence from emerging and developed countries. Entrepreneurship & Regional Development, 21(5/6): 459-480.

van de Ven H. 1993. The development of an infrastructure for entrepreneurship. Journal of Business Venturing, 8(3): 211-230.

van Praag C M, Cramer J S. 2001. The roots of entrepreneurship and labour demand: individual ability and low risk aversion. Economica, 68(269): 45-62.

van Praag C M, van Ophem H. 1995. Determinants of willingness and opportunity to start as an entrepreneur. Kyklos, 48(4): 513-540.

Veciana J M, Urbano D. 2008. The institutional approach to entrepreneurship research. Introduction. International Entrepreneurship and Management Journal, 4(4): 365-379.

Venkataraman S. 1997. The distinctive domain of entrepreneurship research. Advances in Entrepreneurship, Firm Emergence and Growth, 3(1): 119-138.

Venkatraman N, Ramanujam V. 1986. Measurement of business performance in strategy research: a

Wu Y S. 1989. Marketization of politics: the Taiwan experience. Asian Survey, 29(4): 382-400.

Yates J F, Stone E R. 1992. The risk construct//Yates J F. Risk-taking Behavior. New York: John Wiley & Sons: 1-26.

Yu T F. 2001. Entrepreneurial alertness and discovery. The Review of Austrian Economics, 14(1): 47-63.

Zahra S A, Wright M. 2011. Entrepreneurship's next act. Academy of Management Perspectives, 25(4): 67-83.

Zietsma C. 1999. Opportunity knocks-or does it hide? An examination of the role of opportunity recognition in entrepreneurship//Reynolds P, Bygrave W, Manigart S, et al. Frontiers of Entrepreneurship Research. Babson Park: Babson College: 242-256.

comparison of approaches. Academy of Management Review, 11(4): 801-814.

Verheul I, Wennekers S, Audretsch D, et al. 2002. An eclectic theory of entrepreneurship: policies, institutions and culture//Audretsch D, Thurik R, Verheul I, et al. Entrepreneurship Determinants and Policy in a European-US Comparison. Vol 27. Boston: Springer: 11-18.

Vissa B. 2012. Agency in action: entrepreneurs' networking style and initiation of economic exchange. Organization Science, 23(2): 492-510.

Vissa B. 2011. A matching theory of entrepreneurs' tie formation intentions and initiation of economic exchange. Academy of Management Journal, 54(1): 137-158.

Vissa B, Chacar A S. 2009. Leveraging ties: the contingent value of entrepreneurial teams' external advice networks on Indian software venture performance. Strategic Management Journal, 30(11): 1179-1191.

Vogel P. 2013. The employment outlook for youth: building entrepreneurial ecosystems as a way forward. Saint-Petersburg: Conference Proceedings of the G20 Youth Forum: 17-21.

von Hippel E. 1986. Lead users: a source of novel product concepts. Management Science, 32(7): 791-805.

Wang C K, Wong P K. 2004. Entrepreneurial interest of university students in Singapore. Technovation, 24(2): 163-172.

Ward E A. 1993. Motivation of expansion plans of entrepreneurs and small business managers. Journal of Small Business Management, 31(1): 32-38.

Ward T B. 2004. Cognition, creativity, and entrepreneurship. Journal of Business Venturing, 19(2): 173-188.

Weber M. 1920. The Protestant Ethic and the Spirit of Capitalism. New York: Penguin Books.

Wessner C W. 2004. Entrepreneurship and the innovation ecosystem policy lessons from the United States//Audretsch D, Grimn H, Wessner C. Local Heroes in the Global Village: Globalization and New Entrepreneurship Policies. New York: Springer: 67-89.

West III G P, Meyer G D. 1998. To agree or not to agree? Consensus and performance in new ventures. Journal of Business Venturing, 13(5): 395-422.

Wiklund J, Shepherd D. 2003. Aspiring for, and achieving growth: the moderating role of resources and opportunities. Journal of Management Studies, 40(8): 1919-1941.

Wiklund J, Davidsson P, Audretsch D B, et al. 2011. The future of entrepreneurship research. Entrepreneurship Theory and Practice, 35(1): 1-9.

Williamson P J, De Meyer A. 2012. Ecosystem advantage: how to successfully harness the power of partners. California Management Review, 55(1): 24-46.

Wit G. 1993. Models of self-employment in a competitive market. Journal of Economic Surveys, 7(4): 367-397.

Wong P K, Ho Y P, Autio E. 2005. Entrepreneurship, innovation and economic growth: evidence from GEM data. Small Business Economics, 24(3): 335-350.

Wooten K C, Timmerman T A, Folger R. 1999. The use of personality and the five-factor model to predict new business ventures: from outplacement to start-up. Journal of Vocational Behavior, 54(1): 82-101.